中华人民共和国司法部法治建设与法学理论研究部级科研项目
《“一带一路”沿线战略支点国家海洋法律制度研究》（编号20SFB4062）

公海保护区与相关海洋法制度的关系及发展路径研究

张蕾 著

THE RELATIONSHIP OF
HIGH SEAS MPAS WITH RELEVANT LAW OF THE SEA REGIMES AND
DEVELOPMENT PATHWAYS

法律出版社
LAW PRESS · CHINA
北京

图书在版编目(CIP)数据

公海保护区与相关海洋法制度的关系及发展路径研究 / 张蕾著. -- 北京 : 法律出版社, 2023

ISBN 978 - 7 - 5197 - 7297 - 0

Ⅰ. ①公… Ⅱ. ①张… Ⅲ. ①国际海域—海洋法—研究 Ⅳ. ①D993.5

中国国家版本馆 CIP 数据核字(2023)第 009163 号

公海保护区与相关海洋法制度的关系及发展路径研究
GONGHAI BAOHUQU YU XIANGGUAN HAIYANGFA ZHIDU DE GUANXI JI FAZHAN LUJING YANJIU

张 蕾 著

策划编辑 蒋 橙
责任编辑 蒋 橙
装帧设计 鲍龙卉

出版发行 法律出版社
编辑统筹 法律应用出版分社
责任校对 朱海波
责任印制 刘晓伟
经 销 新华书店

开本 710 毫米×1000 毫米 1/16
印张 20.25 **字数** 276 千
版本 2023 年 2 月第 1 版
印次 2023 年 2 月第 1 次印刷
印刷 北京盛通印刷股份有限公司

地址:北京市丰台区莲花池西里 7 号(100073)
网址:www.lawpress.com.cn
投稿邮箱:info@lawpress.com.cn
举报盗版邮箱:jbwq@lawpress.com.cn

销售电话:010 - 83938349
客服电话:010 - 83938350
咨询电话:010 - 63939796

书号:ISBN 978 - 7 - 5197 - 7297 - 0
定价:88.00 元

凡购买本社图书,如有印装错误,我社负责退换。电话:010 - 83938349

目录

导　论

公海自由原则是现代海洋法中公海制度形成与确立的基石。1609 年，荷兰法学家雨果·格劳秀斯(Hugo Grotius)在其著作《海洋自由论》(*Marc Libecum*)中提出，海洋属于全人类共有物，任何人均不能对海洋主张所有权。[1] 18 世纪后，各国逐步接受了格劳秀斯的海洋自由论，由此，"海洋自由"成为之后公海自由原则的理论基础。然而在当时，此主张激起了各方对于海洋主权归属的争论。[2] 直至 19 世纪，公海自由原则才被确立并且得到广泛的国际实践支持，[3] 成为 1982 年《联合国海洋法公约》(以下简称《海洋法公约》)的核心内容之一。根据《海洋法公约》的规定，公海是"不包括在任何国家的专属经济区、领海、内水或者群岛国的群岛水域内的全部海

〔1〕 See Hugo Grotius, *The Free Sea*, trans. by Richard Hakluyt, The Indianapolis: Liberty Fund, Inc., 2003, p. 25.

〔2〕 See Yoshifumi Tanaka, *The International Law of the Sea (Second Edition)*, Cambridge: Cambridge University Press, 2015, p. 142.

〔3〕 See Ram Prakash Anand, *Origin and Development of the Law of the Sea*, The Hague: Martinus Nijhoff Publishers, 1983, p. 232.

在传统实践中，海洋保护区作为一种海洋空间管理工具大多与实际领土控制及国家管辖权相联系，既包括国家享有主权的海域，即在领海、内水中建立的保护区，也包括主权以外的海域，如在专属经济区、大陆架上建立的保护区。而在公海建立海洋保护区则于20世纪90年代才开始，目前全球范围内主要建有四个公海保护区，分别是大西洋海洋保护区网络、地中海派拉格斯海洋保护区，以及在南极建立的南奥克尼群岛海洋保护区和罗斯海保护区。

海洋法是确立各海域法律地位，并调整各国在利用海洋各个领域中活动的原则、规则、规章、制度的总体，不仅规制人类利用海洋及海洋资源的各类活动，规制保护海洋环境和海洋资源的人类活动也是海洋法体系的重要组成部分。作为一种生物多样性原生境保护的形式，公海保护区的建立与管理已被付诸国际实践。《海洋法公约》、《生物多样性公约》、相关海洋环境法原则以及诸如《21世纪议程》、联合国大会决议等都对公海保护区这一议题有所涉及，此外，现有公海保护区实践所依据的区域性条约也为公海保护区的建立提供了法律依据。但值得注意的是，在海洋法体系中尚未构建起公海保护区制度，甚至没有明确、统一的法律框架对公海保护区进行规范，公海保护区法律规范仍有很大的改进和完善空间。

为实现公海保护区的保护目标和效果，可能对海洋环境与生物多样性造成威胁的人类活动通常会受到公海保护区管理措施的规制。如公海捕鱼、航行、科学研究，以及由于公海与国际海底（以下简称“区域”）在地缘上的结合，使得“区域”内的人类活动也会被考虑在内。但是，在传统海洋法体系中，任何国家都享有在公海范围内捕鱼、航行、科学研究、铺设海底电缆等自由，并且对公海上的船舶实行船旗国管辖。由此公海保护区对相关活动的管理措施很有可能会对公海制度产生一定的冲击。与部分公海纵向相连接的“区域”以及其资源为“人类共同继承财产”，由国际海底管理局代表全人类进行管理。虽然《海洋法公约》将公海与“区域”的治理划分为两项独立的制度，但海洋生态环境的一体性决定了“区域”活动对水体环境必然会产生影响。由此，公海保护区的管理措施与“区域”制度之间会存在什么关系值得研究。并且沿海国主张的外大陆架与“区域”相连接，公海保护区也有可能与之发生与“区域”类似的重合。那么公海保护区的管理措施与沿海国对于外大陆架的管理如何协调同样需要考虑。此外，两极法律制度既是海洋法体系中的一部分，又具有其自身的独特性，随着公海保护区在世界范围内的不断发展，其与两极法律制度之间的关系也是本书研究内容之一。公海保护区在南极海域呈现数量增多、面积变大的趋势，在现有的南奥克尼群岛大陆架海洋保护区和罗斯海保护区产生之后，其他公海保护区的提案也在加紧进行。但南极条约体系与《海洋法公约》在南极海域适用时存在重叠，日后公海保护区法律框架的搭建有必要将与南极制度的衔接考虑在内。与南极地区不同的是，北极地区尚未有建立公海保护区的实践，但是北极海域国家和相关组织也开始了对公海保护区制度的探索，公海保护区法律框架的形成与完善也将有利于北极海域公海保护区的发展。

公海治理领域国际法的“碎片化”现象（fragmentation of international law）在一定程度上造成了公海保护区与现行海洋法体系中相关法律制度之间的不协调。为此，有必要完善公海保护区的法律框架，并且加强公海保护区成员国与非成员国之间的协商与合作，以与现行国际法保持一致。对于国际合作，《海洋法公约》第192条、第194条规定了各国采取措施合作保护海洋环境的一般义务；《生物多样性公约》、《鱼类种群协定》等国际公约也对国家间合作保护海洋生物资源作出了相应的规定，国际社会采取更加有拘束力的措施保护海洋环境和海洋生物多样性是一种趋势，成员国与非成员国之间的合作将会更加紧密。

《海洋法公约》确立的规则和制度影响并重塑着各国的海洋意识和海洋行为，各国的利益关切亦随之改变，海洋争夺更加激烈。〔1〕 在公海上设立数量更多、规模更大的海洋保护区是未来海洋保护区发展的方向。但是，建立公海保护区仍有一系列问题亟待解决。特别是在缺乏完善的国际法律制度约束下，公海保护区的建立很有可能导致某些国家以此为借口扩大本国的管辖范围，开展新一轮的"海洋圈地运动"。例如，1995 年 3 月，加拿大抓捕西班牙渔船一案中，尽管最终法庭授予加拿大这类沿海国获得对过度捕捞洄游鱼类种群活动的直接执行力，但其以保护海洋生物资源为由在本国管辖范围以外海域进行执法的实践是否会在公海保护区管理中重演，值得警惕。〔2〕 公海保护区法律制度的构建与完善必将随着现行实践的推动而发展，处理公海保护区与现行海洋法体系中相关制度之间的关系是其中的重要一环，因而加强对于议题的研究确有必要。

国际政治、经济、军事、科技活动等都与海洋息息相关，人类可持续发展也必然离不开海洋。中国的海洋强国战略是国家和平发展战略的重要组成部分，重点是维护和确保中国的海洋权益。但是，中国海洋强国战略的实施并非旨在单纯地获取最大的海洋资源及利益，而是同时考虑到其他国家的

〔1〕 参见姜延迪：《国际海洋秩序与中国海洋战略研究》，吉林大学国际政治系 2010 年博士学位论文。

〔2〕 参见桂静：《不同维度下公海保护区现状及其趋势研究——以南极海洋保护区为视角》，载《太平洋学报》2015 年第 5 期。

合理诉求和关切，寻求适当的利益平衡，以确保互利共赢。[1] 作为一个负责任的大国，中国近年来积极参与国际秩序的建构，在公海治理上，中国既享有潜在的全方位利益，也需要应对诸如公海保护区此类新议题带来的挑战，所以应当高度重视其中的话语权。公海保护区法律规范的制定过程和谈判过程将为中国参与设计公海法律规则提供机遇，这一机遇可以使中国从以往的“游戏参与者”变成“规则制定者”。因此，需加强对公海保护区理论的研究和把握，为中国在公海保护区事务中的应有立场与谈判方向夯实理论支撑，以维护中国在公海应有的海洋权益。

一、国内外关于公海保护区法律问题的研究现状

自 20 世纪 90 年代起，中外学者就开始对海洋保护区（marine protected areas、marine reserves 等）问题展开研究，并产生了不少研究成果，[2] 但公海保护区这一议题的产生时间比较短。通过学术搜索引擎搜索中英文关键词“公海保护区”，所得文章大多数是对公海保护区所涉问题的总体性研究，或是对现有某一公海保护区实践进行的梳理与研究。国内的研究成果在数量上明显少于国外，但近几年也呈现出增长的势头。综合国内外学界对于公海保护区议题的研究来看，主要研究问题集中在以下几个方面：其一，对设立公海保护区法律基础进行分析；其二，对公海保护区的管辖问题以及其与

---

〔1〕 竺子华：《从海洋大国到海洋强国》，载中华人民共和国国防部网站，http://www.mod.gov.cn/intl/2015-04/07/content_4578701.htm，2020 年 1 月 30 日最后访问。

〔2〕 例如，Clem Tisdell, James M. Broadus, *Policy Issues Related to the Establishment and Management of Marine Reserves*, Coastal Management 17(1), 1989, pp. 37-53; IUCN, *Guidelines for Establishing Maine Protected Areas*, Gland, Switzerland, 1992; Susan Gubbay, *Marine Protected Areas—Past, Present and Future*, Springer Netherlands, 1995。

海自由形成了冲击,但二者之间也具有兼容性。[1] 有学者认为,二者之间在理念上是全球治理与自由秩序的关系,在内容上是条约义务与习惯权利的关系,在执行上是沿海国与船旗国管辖的关系,虽然公海保护区与公海自由原则之间存有矛盾,但这并不影响公海保护区与公海自由之间是相互融合、促进和平衡的关系。[2] 另有学者将公海元叙事模式引入公海保护区构建领域,认为公海保护区与公海自由之间的冲突与协调问题可以转化为如何正确诠释公海自由制度张力的问题,结合善意原则与“弃权理论”为预判公海保护区发展趋势与理解其合法性提供了新颖的论述。[3]

国内学者对现有公海保护区实践的研究,除了介绍现有四大公海保护区设立背景和现状外,[4]主要涉及的是南极海洋保护区相关法律问题的研究。关于南极海洋保护区建设的研究,有学者根据《南极海洋生物资源养护公约》(CCAMLR)及南极生物资源养护科学委员会历年报告将南极海洋保护区的建设按时间顺序划分成起步阶段(2000~2004年)、科学推进阶段(2005~2008年)、实质进展阶段(2009~2011年)、僵持阶段(2012~2014年)进行了全面的梳理,并且聚焦主要国家对此两个提案的法律与政治关注,并进行理论分析。[5] 有学者研究总结了南大洋海洋保护区建设中的主

---

〔1〕 史晓琪、张晏瑲:《公海保护区与公海自由制度的关系及发展进路研究》,载《中国海商法研究》2017年第1期。

〔2〕 张磊:《论公海自由与公海保护区的关系》,载《政治与法律》2017年第10期。

〔3〕 马得懿:《公海元叙事与公海保护区的构建》,载《武汉大学学报》(哲学社会科学版)2018年第3期。

〔4〕 桂静、范晓婷、公衍芬等:《国际现有公海保护区及其管理机制概览》,载《环境与可持续发展》2013年第5期。

〔5〕 唐建业:《南极海洋保护区建设及法律政治争论》,载《极地研究》2016年第3期。

要法律争议焦点，如集中在南极海洋保护区的合法性、必要性与可行性等问题。[1] 这些争议问题反映了国际社会在海洋生物资源养护与合理利用、人类当代利益与后代利益、粮食安全与可持续发展等合法利益之间的平衡与取舍。除此外之，还对南极海洋生物资源养护委员会建立管理海洋保护区的主体资格以及《南极海洋生物资源养护公约》中“养护”和“利用”两大目标的平衡进行分析。[2] 还有学者对南极海洋保护区建立的条件进行了分析，认为南极海洋保护区的建立应满足捕捞种群数量减少到一定程度、有最佳科学证据证明、考虑国家的“合理利用”以及制定完善的执行措施等条件。[3]

对于中国参与公海保护区谈判或建设的对策建议主要以两种形式呈现在学者的研究中：一类是学者在对公海保护区相关问题进行阐述之后，在文章的最后一部分回归中国；另一类是专门对中国参与公海保护区事物对策建议的研究。有学者提出，中国在海洋保护区建设理念上偏保守，应当需要新的建制和发展理念，即一方面要完善国家管辖范围内海域保护区的建设，另一方面应当考虑独立或与其他国家合作在国家管辖范围以外海域建立保护区。[4] 有学者在对建立公海保护区的潜在利益和固有挑战作出全面分析

---

〔1〕 陈力：《南极海洋保护区的国际法依据辨析》，载《复旦学报》（社会科学版）2016 年第 2 期。

〔2〕 李洁：《南大洋海洋保护区建设的最新发展与思考》，载《中国海商法研究》2016 年第 4 期。

〔3〕 闫朱伟、朱建庚：《南极海洋保护区建立的法律问题分析》，载《浙江海洋学院学报》（人文科学版）2016 年第 4 期。

〔4〕 张晓：《海洋保护区与国家海洋发展战略》，载《南京工业大学学报》（社会科学版）2017 年第 1 期。

后,提出我国在参与公海保护区建设中要综合权衡其利弊得失。[1] 另有学者为我国参与公海保护区谈判提出了对策,包括对在公海建立海洋保护区持支持态度、对于公海保护区的划定总体上要采取审慎的态度,保守的构建、提高和优化公海治理等,为国家未来的海洋权益争取到可能的发展空间。[2] 也有学者认为,由于公海保护区建设会对我国的远洋渔业造成挑战,因此,通过 SWOT-PEST(把优势、劣势、机会和威胁这四个要素从政治、经济、社会和技术的宏观环境下选择发展)分析矩阵对我国参与公海保护区建设所面临的内部和外部环境进行分析得出,我国参与公海保护区将会有不同的战略选择,其中最为契合我国实际的战略目标是一方面积极参与公海渔业资源保护行动推动国际合作,另一方面提升本国的法律、科技等支撑力量。[3]

除上述比较集中的研究问题外,还有少量其他与公海保护区相关的问题研究。例如,有学者从公海保护区现状、全球环境公约看公海保护区的实践及其存在的问题,从国家利益视角看公海保护区的影响等不同纬度总体分析了公海保护区现状及其发展趋势。[4] 目前在北极海域虽然尚未有公海保护区实践,但有学者根据当前公海保护区的发展趋势,对北极海域公海保护区的发展作了前瞻性分析。[5] 还有学者对目前积极参与公海保护区事物

---

〔1〕 姜丽、范晓婷、罗婷婷等:《关于我国建立公海保护区问题的探讨》,载《环境与可持续发展》2013 年第 5 期。

〔2〕 何志鹏、李晓静:《公海保护区谈判中的中国对策研究》,载《河北法学》2017 年第 5 期。

〔3〕 熊敏思、吴祖立、陆亚男等:《我国参与公海保护区建设的战略选择——基于 SWOT-PEST 的分析》,载《渔业信息与战略》2016 年第 3 期。

〔4〕 桂静:《不同维度下公海保护区现状及其趋势研究——以南极海洋保护区为视角》,载《太平洋学报》2015 年第 5 期。

〔5〕 白佳玉、李玲玉:《北权海城视角下公海保护区发展态势与中国因应》,载《太平洋学报》2017 年第 4 期。

的主要国家如美国、加拿大、欧盟、澳大利亚关于海洋保护区，包括公海保护区的管理、法律与政策、立场进行了梳理与介绍。[1]

国内学者虽然对外大陆架制度、“区域”制度这两个与公海保护区在地缘上有联系的部分进行了不少研究，但关于公海保护区与外大陆架制度、“区域”制度之间的关系鲜有涉及，而在国外学者的研究中有所提及。此外，国内的现有研究中也缺少了对“国家管辖海域外生物多样性养护与可持续利用协定”中所涉公海保护区发展模式的探讨，这一研究问题也在国外学者的研究中有所涉及。

（二）国外研究现状

国外学界对于公海保护区的研究在数量上多于国内学界的研究，并且所设研究问题范围也较广泛。国外学界许多与公海保护区相关的文章中包含了对于公海保护区设立的法律基础的分析，其中涉及的内容主要是对现有全球公约层面的研究和软法性法律文件的分析以及对公海保护区建立与管理的指导原则进行了梳理。目前，无论是《海洋法公约》还是《生物多样性公约》都停留在一种原则性的精神导向阶段，没有对公海保护区进行直接规制的国际法依据；而“软法”性质的国际文件诸如《21 世纪议程》（*Agenda* 21）、《里约环境与发展宣言》（*Rio Declaration on Environment and Development*，以下简称《里约宣言》）虽然对于各国并没有法律约束力，但对公海保护区的

〔1〕 范晓婷：《公海保护区的法律与实践》，海洋出版社 2015 年版。

设立具有指导作用。[1] 有学者认为，现有的公海管理制度并没有一个完整的国际法律框架，对公海资源和环境的保护作用因此受限，进一步提出运用国际公益信托的概念，认为需要形成一个完善的公海管理的国际法律框架，以保护公海资源和环境为前提来管理公海活动。[2] 关于公海保护区所涉的建立与管理的指导原则，认为对于可适用于公海保护区的指导性原则可以包括预防原则、使用最佳科学依据、合作原则、生态系统方法、可持续并公平使用生物资源、污染者付费原则等。[3] 由于公海保护区的管理措施涉及航行、渔业、海洋科学研究等，有学者就对于与之相关的国际层面的管理机构及在其主导下制定的公约进行了比较全面的梳理与介绍，包括国际海事组织及其制定的一系列与航行相关的公约和关于海洋环境保护的措施、国际粮农组织及其制定的与公海渔业保护相关的协定及管理措施、国际捕鲸委员会及其制定的《国际捕鲸管制公约》等。[4] 无论是对于公海保护区的国际

〔1〕 例如，Robin Warner, *Marine Protected Areas-Developing Regulatory Frameworks for Areas beyond National Jurisdiction*, Australian Zoologist 39, 2015, pp. 1 – 7, Kristina M. Gjerde, Anna Rulska-Domino, *Marine Protected Areas beyond National Jurisdiction: Some Practical Perspectives for Moving Ahead*, The International Journal of Marine and Coastal Law 27, 2012, pp. 351 – 373, Tullio Scovazzi, *Marine Protected Areas on the High Seas: Some Legal and Policy Considerations*, The International Journal of Marine and Coastal Law 19, 2004, pp. 1 – 17.

〔2〕 Rosemary Rayfuse, Robin Warner, *Securing a Sustainable Future for the Oceans beyond National Jurisdiction: The Legal Basis for an Integrated Cross-Sectoral Regime for High Seas Governance for the 21st Century*, The International Journal of Marine and coastal Law 23, 2008, pp. 399 – 421.

〔3〕 Duncan E. J. Currie, Mischa Davis, *Governance Principles Relevant to Marine Biodiversity in Areas beyond National Jurisdiction Submission to the Chair*, Views on the Elements of a Draft Text of an International Legally Binding Instrument under the United Nations Convention on the Law of the Sea on the Conservation and Sustainable Use of Marine Biological Diversity of Areas beyond National Jurisdiction, Submitted by Delegations to the Chair of the Preparatory Committee Established by General Assembly Resolution 69/292. 2016.

〔4〕 Petra Drankier, *Marine Protected Areas in Areas beyond National Jurisdiction*, International Journal of Marine & Coastal Law 27, 2012, pp. 291 – 350.

法基础、指导原则的分析还是对与其管理措施相关的国际组织及国际公约的梳理,国际学界的研究都比国内学界的研究更为细致和完善。

国外学界对于公海保护区与现有海洋法相关制度之间关系的研究与国内学界类似,同样集中在公海保护区的管辖问题以及与公海自由原则之间的潜在冲突方面,对此问题的涉及多见于学者对于公海保护区总体性研究中的一部分。[1] 也有为数不多的几篇文献提及了有关公海保护区与外大陆架制度及"区域"制度的关系,但并没有作全面的分析。如有学者通过分析《海洋法公约》相关条款及国际海底管理局的管理职能得出,国际海底管理局无权对公海水体部分制定环境保护规则,但由于"区域"的勘探活动将会影响到整体海洋环境,因此需要国际海底管理局与相关部门进行合作。[2] 关于公海保护区与外大陆架制度的关系学界研究很少,仅有两篇文章中提及公海保护区在地理位置上可能与沿海国的外大陆架发生纵向重叠,并以东北大西洋海洋保护区网络的处理实践为例提及了其解决此种情况的做法。[3]

---

〔1〕 例如,Ingvild Ulrikke Jakobsen, *Marine Protected Areas in International Law: An Arctic Perspective*, Brill, 2016. Karen N. Scott, *Conservation on the High Seas: Developing the Concept of the High Seas Marine Protected Areas*, International Journal of Marine & Coastal Law 27, 2012, pp. 849 – 857.

〔2〕 Kristina M. Gjerde, Anna Rulskadomino, *Marine Protected Areas beyond National Jurisdiction: Some Practical Perspectives for Moving Ahead*, International Journal of Marine & Coastal Law 27, 2012, pp. 351 – 373; Michael Lodge, et al., *Seabed Mining: International Seabed Authority Environmental Management Plan for the Clarion-Clipperton Zone. A Partnership Approach*, Marine Policy 49, 2014, pp. 66 – 72.

〔3〕 Yoshifumi Tanaka, *Reflections on High Seas Marine Protected Areas: A Comparative Analysis of the Mediterranean and the North-East Atlantic Models*, Nordic Journal of International Law 81, 2012, pp. 295 – 326; B. C. O' Leary, R. L. Brown, et al., *The First Network of Marine Protected Areas (MPAs) in the High Seas: The Process, the Challenges and Where Next*, Marine Policy 36, 2012, pp. 598 – 605.

域划界问题的模式。通过梳理和分析上述两种模式的优势与缺陷,为日后其他公海保护区的建设提出经验借鉴。[1] 关于南极海洋保护区的研究,有学者梳理了南极海洋保护区的发展进程,[2]总结了南极海洋保护区建立的科学条件与法律依据,[3]分析了阻碍南极海洋保护区建设的因素,认为南大洋的渔业资源成为越来越多国家追逐的利益,而对资源开发的需求在一定程度上阻碍了南大洋生物资源养护的进程。[4] 也有学者探讨了资源的合理利用与养护之间的关系。[5] 总体来说,国内外学界对南极海洋保护区的研究都比较充分,而对于东北大西洋海洋保护区网络的研究国外学者的关注较多。

除上述内容外,也有学者对北极建立公海保护区问题有所涉及,但此类研究数量很少,并且内容上与上述对于公海保护区法律问题的总体性研究有所重合,只是结合了北极海域环境保护情况。也有学者在此基础上对于北极国家是否能够展开合作以建立公海保护区提出见解,认为将公海保护区建设与现有北极海洋保护区网络计划相联结在未来有可能实现,但以北

---

〔1〕 Yoshifumi Tanaka, *Reflections on High Seas Marine Protected Areas: A Comparative Analysis of the Mediterranean and the North-East Atlantic Models*, Nordic Journal of International Law 81, 2012, pp. 295－326.

〔2〕 Cheryle Hislop, Julia Jabour, *Quality Counts: High Seas Marine Protected Areas in the Southern Ocean*, Ocean Yearbook 29, 2015, pp. 166－191.

〔3〕 Ben Milligan, *Marine Protected Areas in Antarctic Waters: A Review of Policy Options in the Context of International Law*, in Clive H. Schofield, Seokwoo Lee, Moon-Sang Kwon eds., *The Limits of Maritime Jurisdiction*, Leiden: Brill, 2013, pp. 549－574.

〔4〕 Cassandra M. Brooks, *Competing Values on the Antarctic High Seas: CCAMLR and the Challenge of Marine Protected Areas*, Polar Journal 3, 2013, pp. 277－300.

〔5〕 Danielle Smith, Jeffrey Mcgee, Julia Jabour, *Marine Protected Areas: A Spark for Contestation over "Rational Use" of Antarctic Marine Living Resources in the Southern Ocean?*, Australian Journal of Maritime & Ocean Affairs, 2016, pp. 1－19.

极各国缔结具有约束力的区域性条约的形式推动公海保护区建设十分困难。[1]

二、理论框架

公海保护区与相关法律制度的关系问题实质是公海治理的法律问题。在全球治理理念运用在公海领域的背景之下,结合建构主义理论,可以为本书所要分析的公海保护区与现行海洋法体系的关系问题以及尝试提出的应对路径提供理论支撑,对促进公海保护区实践的发展起到有力的推动作用。

公海治理的基本理论来源即全球治理理论。综合权威学者论著以及相关国际组织的各种文件可知,所谓"全球治理"是指为了解决全球性的公共问题与增进全球公共利益,包括国家与非国家行为体在内的各种公共、私人机构及个人,通过制定和实施具有约束力的正式或非正式的国际机制,对全球范围的各个领域进行多层次的、网络式的协调与行动,它是全球化时代下国际政治与公共事务管理相结合的产物。[2] 对于全球问题,为避免国家权力的相互倾轧,通过国际合作制定国际规范,建立可预期的国际制度,进而逐步塑造公正、有效的全球化模式是人类社会的可行性途径。[3] 无论是国

[1] Ingvild Ulrikke Jakobsen, *Marine Protected Areas as a Tool to Ensure Environmental Protection of the Marine Arctic: Legal Aspects*, in Elizabeth Tedsen, Sandra Cavalieri, R. Andreas Kraemer eds., *Arctic Marine Governance: Opportunities for Transatlantic Cooperation*, Springer Berlin Heideberg, 2014, pp. 215 – 236; Kamrul Hossain, Kathleen Morris, *Protecting Arctic Ocean Marine Biodiversity in the Area Beyond National Jurisdiction: Plausible Legal Frameworks for Protecting High Arctic Waters*, in Gemma Andreone eds., *The Future of the Law of the Sea: Bridge Gaps between National, Individual and Common Interests*, Springer International Publishing, 2017, pp. 105 – 126.

[2] 参见刘志云:《论全球治理与国际法》,载《厦门大学学报》(哲学社会科学版)2013 年第 5 期。

[3] 参见赵骏:《全球治理视野下的国际法治与国内法治》,载《中国社会科学》2014 年第 10 期。

际强权的约束,还是国际制度的建构,抑或是全球信仰和价值的达成,法治都是人类理念的选择。[1] 法治是维护国际社会秩序的有效方式,也是适合全球化时代的治理手段,[2]具体的国际法律制度便成为特定领域全球治理的重要工具。在海洋治理领域,管理体制、法律规范及实施机制共同构成的海洋治理框架日趋成熟。[3] 这一治理框架已在国际层面、区域层面及国家层面的海洋治理实践中得到广泛实施。但新问题的产生对现有海洋治理框架构成了一定的冲击,当然,法律制度并不是静态的,而必将经历动态的发展。国际关系学科中的建构主义理论运用文化动力模型来解释和论证国际规范的生成与遵守,开辟了一种反思主义的研究路径。[4] 本书便借用了建构主义对国际法生成与遵守的研究路径,以此为思路展开对公海保护区制度的研究。

建构主义强调知识、文化、规范、观念、意识形态等非物质因素在国际关系形成中的作用,认为相互依赖、共同外敌等原因促使国家之间认识到集体利益的重要性,因而愿意接受某些共同的国际规范,以限制本国的行为。[5] 这种观念使得建构主义回答了在最基本的层次上国家为什么要遵守国际法的问题,即"利用社会心理学和组织理论……建构主义试图为法律的诉求提

---

〔1〕 参见赵骏:《全球治理视野下的国际法治与国内法治》,载《中国社会科学》2014 年第 10 期。

〔2〕 参见何志鹏:《国际法治何以必要——基于实践与理论的阐释》,载《当代法学》2014 年第 2 期。

〔3〕 See Juan Luis Suárez de Vivero, Juan Carlos Rodríguez Mateos, *New Factors in Ocean Governance: From Economic to Security-Based Boundaries*, Marine Policy 28, 2004, p. 187.

〔4〕 参见刘志云:《论全球治理与国际法》,载《厦门大学学报》(哲学社会科学版)2013 年第 5 期。

〔5〕 See Jutta Brunnée, Stephen J. Toope, *International Law and Constructivism: Elements of an International Theory of International Law*, Columbia Journal of Transnational Law 39, 2000, p. 21; Alexander Wendt, *Social Theory of International Politics*, Journal of Politics 95, 1999, p. 136.

供社会理论基础,法律主张它的规范和规则塑造了行为的方式,这些方式不仅仅是利益的附带现象"[1]。

建构主义学者还使用了"生命周期"模型概括和解释了国际法律规范的生成与遵守:国际规范的形成必将经历兴起阶段、普及阶段、内化阶段这三个阶段的发展过程。首先,国际法律规范不是凭空产生,而是因某种现象、事件或事物而触发,由某一或某些施动者所创造。在国际法的发展实践中,国家扮演着最重要的施动者角色,根据建构主义代表性人物亚历山大·温特(Alexander Wendt)的观点,正是在国家之间互动并得到国家承认的规范才能成为具有法律意义的国际规范。[2] 此外,国际组织、非政府组织以及个人都可以是规范的施动者。国际法律规范始源阶段的表现形态多样,可能会经历很长时间,也可能伴随着激烈的斗争。在这一阶段,国际规范尚处于萌芽之中,在法律意义上仅为某种法律规范的议案或者提案。规范起源之后,就逐步进入第二个阶段,即通过各种机制向国际社会扩张和普及,并且向其他国家内部逐步渗透,也就是规范的"社会化"阶段。在这一阶段,规范的社会化一方面是通过规范施动者的说服、教育、施压而实现,另一方面是通过目标国家自己的学习以及模仿来实现。[3] 在规范经过"社会化"之后,无论是形成国际条约还是习惯法,只有在得到了足够数量的国家支持与遵守之后,才能成为具有法律效力意义的国际法律规范。[4] 最后,是国际法律

---

〔1〕 参见[美]罗伯特·D. 基欧汉主编:《新现实主义及其批判》,郭树勇译,北京大学出版社2002年版,第21页。

〔2〕 参见方长平:《国家利益分析的建构主义视角》,载《教学与研究》2002年第6期。

〔3〕 参见方长平:《国家利益分析的建构主义视角》,载《教学与研究》2002年第6期。

〔4〕 参见刘志云:《国际法研究的建构主义路径》,载《厦门大学学报》(哲学社会科学版)2009年第4期。

规范的内化阶段。一旦国际法律规范最终被一国政府接受,该规范就成为这个国家"理所当然"的东西,遵守规范便是一种自动行为。[1] 此时,国家利益已不是外生与给定的,而是内发地、自主地根据规范的要求重新建构。国家遵守国际法与其说是强制服从,不如说是自愿更为确切。[2]

反观海洋法的产生和各项制度的发展,同样遵循了上述国际法律规范的生命周期规律。公海保护区这一新兴议题的出现对海洋法体系中的相关制度产生了一定的冲击,由此表明公海治理的法律规范仍在兴起阶段,至多过渡进入社会化阶段。此外,建构主义理论还为分析"为什么"和"怎么办"提供了理论支撑和思考路径。

利益是国家行为的依据。建构主义强调规范、法律、习俗、学习和观念等非物质因素在根本上改变了国家的身份和利益,而国家身份和利益的改变又影响着国家的行为。[3] 社会习得和模仿构成了国家的文化选择,在行为体(主要是国家)构建集体身份和认知时起到重要作用。[4] 在社会学范畴,人类对海洋的认知被称为海洋意识。海洋意识的形成是基于人类海洋活动的发展。综合世界各国海洋活动的发展历程来看,人类海洋意识的变迁经历了由敬畏海洋到利用海洋,由近海到更远和更深的大洋,由认识海洋资源、疆域的重要性到海洋国土意识、资源意识、环境意识、权益意识等的形

---

〔1〕 参见刘志云:《国际法研究的建构主义路径》,载《厦门大学学报》(哲学社会科学版)2009年第4期。

〔2〕 See Harold Hongju Koh, *Why Do Nations Obey International Law*?, Yale Law Journal 106, 1997, p. 2659.

〔3〕 See Alexander Wendt, *Social theory of international politics*, Gambridge: Cambridge University Press, 1999, pp. 96,383.

〔4〕 参见夏安凌、黄真:《文化、合作与价值——建构主义国际合作理论评析》,载《当代亚太》2007年第5期。

成。海洋法及各项海洋法律制度的形成与发展体现了国际行为体海洋意识的变迁,形成了相互依存、共同命运的认知,并作用于海洋法各项制度。这种动态的由认知变迁作用于国家行为,再到国际集体身份的形成,直至作用于海洋法制度的变迁解释了公海保护区作为海洋治理的新途径是公海立法理念的更迭,是其与现行海洋法体系不协调的原因之一。其后,建构主义的国际合作理论解决了"合作何以发生"以及"合作为何"的问题。建构主义认为,国际体系的文化从宏观上决定了合作能否发生;合作的目的是在集体身份的基础上建立合作型文化,在这种文化中,合作不仅是唯一的行为方式,更是一种思维方式。

三、研究思路与主要内容

(一)研究思路

在公海设立海洋保护区是海洋法理念的更新,其作为一种保护公海海洋环境与生物资源可持续利用的方式,已被付诸国际实践。本书的研究目标在于选取国际法视角,结合理论与现有实践,探究目前公海保护区与现行海洋法体系中相关法律制度之间存在何种关系,并思考如何应对,最后尝试为我国参与公海保护区制度构建提出建议。围绕上述目标,尝借用建构主义对国际法律规范生成与遵守的研究路径为线,串联全书。公海保护区制度尚在构建与发展之中,这一新兴议题的出现对海洋法体系中既有的相关制度产生了一定的冲击,主要表现为其与公海制度、国际海底制度及外大陆架制度、两极法律制度的关系问题上。国际法律规范处于动态发展之中,公海保护区与上述海洋法制度之间的碰撞只是阶段性的,由于公海保护区的建立与管理处在多个海洋法部门的交叉点上,因此公海保护区制度的产生

第一章　公海保护区概况

第一节　公海保护区的发展历程

新事物的产生可以说是在特定的社会背景和条件下对当下社会现象或需求的能动反映,符合历史发展的必然趋势。公海保护区也不例外。考察公海保护区的产生和发展历史不仅为了追溯其产生的背景和缘由,更是为了能够从全局的角度分析与理解这个制度的核心内容以及与现行海洋法制度的关系。

一、从陆地到海洋——海洋保护区的缘起

生态环境与自然资源是人类赖以生存的基本条件,也是社会经济活动发展的物质基础,而人类经济活动的飞速发展也反作用于生态环境与自然资源。环境污染程度在经济发展的初始阶段是较低的,但随着经济发展的增速,当今工业所需资源已经超过了自然环境的承受能力,其再生速度已难以负荷。种种环境问题的出现逐渐困扰和阻碍人类社会的发展,为此,建立

保护区(protected areas)成为近代人类保护生态系统、自然资源、自然遗迹等的一种重要手段。保护区的名称多种多样,如最常用的自然保护区(nature reserve)以及国家公园(national parks)、生态群落保护区(community conserved areas)等。保护区蕴含着巨大的生态价值和经济价值,它对保护自然环境与资源、维护生态平衡、探索自然的发生演变规律和资源的合理利用方式等都具有重要作用。1992年的《生物多样性公约》将保护区定义为"一个划定地理界限、为达到特定保护目标而指定或实行管制和管理的地区"[1]。此定义只是表明保护区的设立是为了"达到特定保护目标",却并没有说明是为了达到何种目标。其后,1994年世界自然保护联盟(International Union for the Conservation of Nature, IUCN)将保护区定义为:"一个清晰定义的地理空间,通过法律或其他有效途径认可、投入和管理,以实现长期自然养护和相关的生态系统服务和文化价值。"[2]世界自然保护联盟关于保护区的定义和分类标准被联合国采纳,越来越多的国家也将其纳入国内法体系之中。

著名的德国法学家和政治思想家卡尔·施米特(Carl Schmitt)在他的文章《陆地与海洋》中写道:"人是一种陆地动物,他在坚实的陆地上驻足,行走……陆地是他的立足点和根基;他由此获得了自己的视角,这也决定了他观察世界的方式。"[3]陆地是所有人类生存和活动的基础,保护区的生成也

---

〔1〕《生物多样性公约》第2条。

〔2〕See IUCN: A protected area is a clearly defined geographical space, recognized, dedicated and managed, through legal or other effective means, to achieve the long-term conservation of nature with associated ecosystem services and cultural values. (IUCN Definition 2008).

〔3〕[德]卡尔·施米特:《陆地与海洋——古今之"法"变》,林国基、周敏译,华东师范大学出版社2006年版,第2页。

从陆地上萌芽。保护区的类型多为自然保护区,主要用于保护陆地上一些区域内脆弱的生态系统、濒危物种以及其栖息地等。早在1872年,美国就建立了世界上第一个自然保护区——黄石国家公园。随着人类对海洋的利用逐渐深入,海洋问题涌现,世界各国对海洋环境与资源问题愈加重视,陆地上自然保护区的概念逐渐延伸和扩展到海洋领域,出现了海洋保护区。

1935年,美国在弗罗里达州设立了杰佛逊堡海洋保护区(Fort Jefferson Reserve),此举是在1872年黄石国家公园建成后,陆地自然保护区理念首次延伸运用至海洋生态系统保护工作中。[1] 截至20世纪80年代,世界范围内海洋保护区的运用大幅增加,1970年至1995年,全球海洋保护区的数量由118个增长至1306个。[2] 并且在这一时期,海洋保护区的设立位置由沿海国的近海岸、领海,逐步扩展到了更远的专属经济区。[3]

海洋保护区这一概念和用语最早于世界自然保护联盟在1962年举办的国家公园世界大会(World Conference of National Parks)上提出。随着海洋保护区逐渐为国际社会所接纳,国际公约、区域性公约以及"软法"性质的国际法律文件等都不同程度地将海洋保护区问题纳入其中。

值得注意的是,海洋保护区的设立目标多种多样,如保护濒危物种、维护或修复生物种群总数、作为保育区、保护生态系统或者作为参照区等。此外,作为特定区域以应对气候变化带来的影响以及如捕鱼、航运等特定人类

---

〔1〕 See Jean Francois Noel, Jean Yves Weigel, *Marine Protected Areas: From Conservation to Sustainable Development*, International Journal of Sustainable Development 10, 2007, p. 234.

〔2〕 See Jean Francois Noel, Jean Yves Weigel, *Marine Protected Areas: From Conservation to Sustainable Development*, International Journal of Sustainable Development 10, 2007, p. 234.

〔3〕 See Yoshifumi Tanaka, *Reflections on High Seas Marine Protected Areas: A Comparative Analysis of the Mediterranean and the North-East Atlantic Models*, Nordic Journal of International Law 81, 2012, p. 299.

活动也是海洋保护区的设立目标。[1] 上述不同的设立目标使得海洋保护区有了不同的名称。在通用术语方面，海洋保护区又称为海洋公园(marine parks)、生物圈保护区(biosphere reserves)、自然保护区(nature reserves)，这与前文阐述的保护区名称通用；在专有术语方面，又根据功能的不同有所区分，如禁渔区(fishing prohibition zones)、渔业保育区(fishing reserves)；即便是海洋保护区这一名称在不同语境下的英文表述也不尽相同，如"marine protected areas""marine reserves""marine sanctuaries"等。[2]

2003年，《生物多样性公约》项下的海洋与海岸保护区临时技术小组对"海洋和海岸保护区"加以定义："毗邻或位于海洋环境内的任何特定区域，与其水体、动植物群落和历史文化特征，受到法律或者包括习惯在内的其他有效手段的保护，使得海洋和(或)海岸生物多样性受到高于周围环境的保护。"[3] 从字面上看，"海洋和海岸保护区"这一用语在地理上有所限制，可推断其关注的重点区域在海岸及近海。这与《生物多样性公约》的适用范围有所关联，因为该公约适用于国家管辖范围以内海域。

以保护海洋环境免受海事活动影响为目标，国际海事组织(International Maritime Organazation，IMO)提出了选定在生态、社会经济、科学研究上具有重要性，又极易受海事活动损害的生态脆弱海域为"特别敏感区域"(Particularly Sensitive Sea Areas，PSSA)，需要通过国际海事组织采取行动予

[1] See Karen N. Scott, *Conservation on the High Seas: Developing the Concept of High Seas Marine Protected Areas*, International Journal of Marine and Coastal Law 27, 2012, p. 850.

[2] See Gary W. Allison, Jane Lubchenco, Mark H. Carr, *Marine Reserves Are Necessary but Not Sufficient for Marine Conservation*, Ecological Applications 8, 1998, p. 1431.

[3] See Secretariat of the Convention on Biological Diversity, *Technical Advice on the Establishment and Management of a National System of Marine and Coastal Protected Areas*, CBD Technical Series No. 13, 2004, p. 7.

以特别保护。但特别敏感区域主要是通过国际海事组织所制定的对航行的规制和限制来实现对特定区域的保护,并没有将其他人类活动涵盖在内。

上述这两个例子说明,不同国际组织由于其职责范围不同及其所规制海洋活动的不同,发展出了在其职责范围内的海洋保护区类型和相应定义。但建立海洋保护区的国际实践十分复杂,如果采用过于狭窄的定义会无法涵盖所有海洋保护区的类型,而在一定程度上宽泛的界定能够更好地概括海洋保护区的内涵。

广义的海洋保护区概念则是综合不同类型海洋保护区的共同本质加以概括的结果。目前,已被国际社会普遍接纳和采用的是世界自然保护联盟对"海洋保护区"的定义,即"通过法律或其他有效方式建立的,对其中部分或全部环境进行封闭保护的潮间带或潮下带任何区域,包括其上覆水体及相关的动植物群落、历史及文化属性"[1]。海洋保护区的总体目标是维护海洋生物多样性以及其生产力,包括生态上的生命支持系统。世界自然保护联盟对海洋保护区的定义有一定的宽泛度,能够将不同类型的海洋保护区涵盖在内。从这一定义可以看出:第一,海洋保护区是通过法律或其他有效方式建立的。"法律方法"在此可以理解为既包括国内法,也包括国际法,即海洋保护区的建立需要与现行国际法相一致。现有公约和国际法律文件对此作出了积极回应。例如,2002 年在可持续发展问题世界首脑会议上通过的《可持续发展问题世界首脑会议执行计划》(*Plan of Implementation of the World Summit on Sustainable Development*)中指出,海洋保护区的建立需要符

〔1〕 See IUCN, *Guidelines for Protected Area Management Categories*, Gland: Switzerland and Cambridge, 1994, p. 7.

合国际法并且以科学信息为依据;[1] 又如,联合国大会第五十七届会议通过的57/141号决议呼吁各国要建立符合国际法、以科学知识为基础的海洋保护区。[2] 第二,海洋保护区的范围纵向上包括水体与海底,横向上则并没有说明是在国家管辖范围以内还是国家管辖范围以外的水域建立。由此可以理解为一般意义上的海洋保护区建立并没有地理位置上的限制。第三,世界自然保护联盟关于海洋保护区定义的保护对象广泛,不仅包括海洋环境和海洋生物,还兼顾海洋地貌、历史和文化特征等。在实践中,沿海国通常根据世界自然保护联盟的上述定义并结合其实际情况,对海洋保护区进行了不同的定义。[3]

作为对陆地自然保护区理念的延伸,海洋保护区同陆地保护区一样都是对自然环境与自然资源的就地保护形式(area based management tools)。[4] 但是,海洋区域划分的不同使得海洋保护区的建立与管理比陆地自然保护区复杂得多。陆地自然保护区大都建立在一国陆上领土之内,完全受国内法的规制;而海洋保护区则是建立在一个流动的立体空间里。按照《海洋法公约》对海域的划分,可以区分为国家管辖范围内海域,即内水、领海、毗连区、群岛和群岛水域、专属经济区和大陆架;以及国家管辖以外海域,即公海与国际海底。根据《海洋法公约》的规定,不同海域区划适用不同的法律制

---

[1] 《可持续发展问题世界首脑会议执行计划》第32段(c)。

[2] 《联合国大会第五十七届会议大会决议》,A/RES/57/141,第53段。

[3] 例如,我国海洋管理部门对海洋保护区的定义是:"以海洋自然环境和自然资源保护为目的,依法把包括保护对象在内的一定面积的口岸、河口、岛屿、湿地或海域划出来,进行特殊保护和管理的地区。"详见《中华人民共和国海洋环境保护法》第22条、第23条。

[4] See *Report to the Chair of the Preparatory Committee on the Draft Text of an International Legally Binding Agreement under the LOSC for the Conservation and Sustainable Use of Marine Biological Diversity in ABNJ*, 2015, p. 2.

度。例如,即便领海构成沿海国领土的一部分,受沿岸国主权的支配,但沿岸国对领海主权的行使还受一个传统规则的限制,即外国船舶享有无害通过的自由。[1] 因此,虽然沿海国可以在国家管辖范围内的水域建立海洋保护区,并根据其国内法对海洋保护区进行规制与管理,但同时需要符合《海洋法公约》等相关国际公约的规定,与第三国在相应海域享有的权利相协调。再者,按照地理位置的划分,海洋保护区既可以建在国家管辖范围以内海域,也有可能在国家管辖范围之外的公海上建立。

综上,海洋保护区根据设立目标、保护内容、保护手段、所在位置等的不同可以有不同的区分。本书的研究对象——公海保护区,第一,是依所在位置而细分的海洋保护区的一种,即其建立在公海,有别于沿海国在国家管辖范围内设立的海洋保护区;第二,是综合性的海洋区域管理工具,用于保护海洋生物多样性,有别于传统物种保护手段,如禁渔区,或单一部门设立的海洋保护区,如特别敏感区域;第三,为达到保护生物多样性的目的而对一切可能产生影响或威胁的人类活动加以管理与规制,这种"综合性"意味着公海保护区的管理措施将涉及多个海洋法部门。

二、从国家管辖范围内水域到公海——公海保护区的产生

如上文所述,被称为"海洋宪章"的《海洋法公约》将海洋空间划分为国家管辖范围内和国家管辖范围之外的海洋海域。各缔约国在加入《海洋法公约》之后便按照其规定逐渐完成了国家管辖范围以内海域的确权,并就各自管辖范围内的海洋环境与资源的保护展开相应的活动。例如,我

---

〔1〕《联合国海洋法公约》第17条。

国制定了《海洋环境保护法》《自然保护区条例》《海洋自然保护区管理办法》《海洋特别保护区管理办法》等相关法律与规章指导并规范海洋保护区的建设。随着海洋环境和海洋资源问题的不断涌现，国际社会的关注重点开始从国家管辖以内海域逐步扩展到国家管辖以外海域制度的修订和调整上。

在2002年第一届可持续发展世界首脑会议上，各国承诺维持包括国家管辖范围以外海洋及其生物多样性并采取行动，“根据国际法和科学信息，建立海洋保护区”[1]。由此开始，公海保护问题逐步进入人们的视域，成为国际社会关注的焦点，并出现了加强对公海进行管理的趋势。在此背景下，“公海保护区”应运而生，成为国际社会养护和可持续利用国家管辖范围以外的海洋资源与环境的重要工具，也成为国际热点问题之一。

目前国际社会尚无统一的关于公海保护区的定义。结合世界自然保护联盟对海洋保护区的界定，“公海保护区”意味着是地理位置位于公海的海洋保护区。根据《海洋法公约》对公海的定义，公海是“不包括在国家的专属经济区、领海、内水或群岛国的群岛水域的全部海域”[2]。但是，海洋保护区的保护范围包括水体和海底，如果将此运用到公海，则在公海建立的海洋保护区就将国际海底区域（以下简称“区域”）包含在内了，也有可能与沿海国所主张的外大陆架发生纵向重叠。国家管辖范围以外海域包括了公海和“区域”。在《海洋海公约》中，公海制度针对的是公海水体部分的管理；“区

---

〔1〕 See World Summit on Sustainable Development, *Agenda* 21 *Plan of Implementation*, Johannesburg Declaration on Sustainable Development, A/CONE 199 /20, Johannesburg, South Africa, September 2002, para. 32 (a) and (c).

〔2〕《联合国海洋法公约》第86条。

一、地中海派拉格斯海洋保护区

地中海派拉格斯海洋保护区(Pelagos Sanctuary-Mediterranean Sea)是法国、意大利和摩纳哥以1999年签署的《建立地中海海洋哺乳动物保护区协议》(*Agreement Relative to the Creation of a Mediterranean Sanctuary for Marine Mammals*)为法律依据而建立的,它旨在通过采取适当措施保护海洋哺乳动物及其栖息地,防止任何人类活动所造成的直接或间接的负面影响,以确保养护现状。[1] 地中海派拉格斯海洋保护区面积超过87,500km^2,其中约46%的面积覆盖法国、意大利和摩纳哥的国家管辖范围内水域,53%的面积为公海。[2] 地中海派拉格斯海洋保护区不完全坐落于公海之上,但可以说是世界上第一个涵盖公海海域的海洋保护区。

(一)发展历程

1990年,特提斯研究所(Tethys Research Institute)向欧洲环境轮值协会(European Association Rotary for the Environment)提议在公海建立一个涵盖该地区鲸类动物最重要的栖息地的保护区,即"派拉格斯项目"。"派拉格斯项目"设想在利古里亚—科西嘉—普罗旺斯盆地的公海建立一个生物圈保护区,并建立一个总部设在摩纳哥公国的国际机构,负责该区的可持续管理和保护。1993年3月,摩纳哥公国的国务大臣与法国和意大利环境部部长在布鲁塞尔签订了一份联合申明,三方将通过协议建立地中海保护区,以保护该地区的海洋哺乳动物。但随后,由于法国和意大利政府对建立该保护

[1] 《建立地中海海洋哺乳动物保护区协议》第4条。

[2] *Pelagos Sanctuary-Mediterranean Sea*, 载 https://www. tethys. org/activities-overview/conservation/pelagos-sanctuary/. 2020年5月30日最后访问。

区的兴趣退减，该保护区经历了五年的停滞期，后在非政府组织和意大利议会成员的游说下，再次提上议事日程。1999 年 11 月 25 日，摩纳哥、意大利和法国环境部部长在罗马签订了建立鲸类保护区的最终协定，2002 年该协定生效。[1]

（二）管理机制、目标及措施

根据《建立地中海海洋哺乳动物保护区协议》，由法国、意大利和摩纳哥这三个国家共同协调对该保护区海域进行监管。该保护区设有常设秘书处，秘书处于 2006 年设立，帮助缔约各方执行相关管理计划，并通过确定重要主题的联合会议协调各方行动。2007 年秘书处搬至位于意大利利古里亚区腹地的热那亚。

地中海派拉格斯海洋保护区主要涉及的物种是海豚和鲸类，建立该保护区的目标在于协调社会经济活动的和谐发展，保护海洋哺乳动物免受各种形式的人类活动干扰。根据《建立地中海海洋哺乳动物保护区协议》的规定，围绕保护目标在该保护区内采取的主要保护措施包括但不限于：（1）禁止对保护区内哺乳动物的任何故意捕获或干扰；在紧急情况或为了就地科学研究的情况下经授权可以进行非致命捕获[第 7 条（b）]。（2）禁止使用长于 2.5km 的拖网捕鱼（该项措施实际是借用了欧盟 1992 年第 345/92 号关于养护渔业资源措施的法规）。（3）协议各方应举行阶段性会议以确保协议的实施和后续评估等工作的进行；对海洋哺乳动物状况及其栖息地等进行评估。（4）加强对保护区内船舶采取措施以防止船舶与海洋哺乳动物的碰撞。[2]

---

〔1〕 *Pelagos Sanctuary-Mediterranean Sea*，载 https://www.tethys.org/activities-overview/conservation/pelagos-sanctuary/. 2020 年 5 月 30 日最后访问。

〔2〕《建立地中海海洋哺乳动物保护区协议》第 12 条。

(三)成就与不足

地中海派拉格斯海洋保护区作为保护公海环境与生物资源的先驱,向世界其他区域展示了在像地中海这样"繁忙"海域如何实施保护海洋生物资源。保护鲸类种群是一项艰巨的任务,但地中海派拉格斯海洋保护区已经产生了大量的积极成果,如建立和实施了详细的管理计划;展示了公海保护区如何在"志同道合"的国家间发酵产生,并且纳入区域法律框架;提高了公众对于保护海洋环境和生物多样性的认知;其建立过程凸显出了非政府组织对于公海保护区建立的推动作用等。可以说,地中海派拉格斯海洋保护区的建立为日后公海保护区的发展提供了有益的示范作用。但是,该保护区的一些问题也被学界诟病,如有学者称,"没有完全禁止拖网捕鱼是《建立地中海海洋哺乳动物保护区协议》的缺点,相对于 1993 年关于禁用一切拖网捕鱼的宣言来说是一种倒退"[1]。

二、东北大西洋海洋保护区网络

早在 1998 年《保护东北大西洋海洋环境公约》(*Convention for the Protection of the Marine Environment and Coastal Area of the North-East Atlantic*,OSPAR 公约)委员会(又称奥斯巴委员会,或 OSPAR 委员会)部长级会议上,各缔约方就一致同意建立海洋保护区网络,[2]但直至 2009 年才通过文件提出"建立公海保护区并将其纳入东北大西洋海洋保护区

[1] See Tullio Scovazzi, *Current Legal Developments: Mediterranean—the Mediterranean Marine Mammals Sanctuary plus Appendix "Agreement on the Creation of a Mediterranean Sanctuary for Marine Mammals"*, International Journal of Marine & Coastal Law 16, 2001, p. 134.

[2] See ASCOBANS Secretariat, *Report of the 6th Advisory Committee Meeting*, Aberdeen, United Kingdom, 12 – 14 April 1999, p. 24.

网络之内"[1]。2010 年,在挪威的卑尔根举行的奥斯巴委员会部长级会议通过一项决议,决定建成一个面积达 285,000 平方千米的海洋保护区网络,包括公海在内。其中包含了六个公海保护区(此后,2012 年委员会又通过了建立查理吉布斯断裂带北部海洋保护区的决议,至此,公海保护区增加至七个)(表 1)。[2] 东北大西洋海洋保护区网络的建立旨在保护与恢复受人类活动影响的生物种群及其栖息地和生态过程;遵循预防原则,防止生物种群及其栖息地和生态过程的破坏和退化;保护与维持《保护东北大西洋海洋环境公约》覆盖海域的生物多样性。[3]

表 1　东北大西洋海洋保护区网络中国家管辖范围以外海洋保护区信息

名称	保护范围	建立时间
Altair Seamount High Seas MPA (阿尔泰海山公海保护区)	阿尔泰海山上覆水体部分的生物多样性及生态系统	2010 年
Antialtair Seamount High Seas MPA (安蒂阿尔泰海山公海保护区)	安蒂阿尔泰海山上覆水体部分的生物多样性及生态系统	2010 年
Charlie-Gibbs SouthHigh Seas MPA (查理吉布斯断裂带南部公海保护区)	查理吉布斯断裂带南部海底与上覆水体部分的生物多样性及生态系统	2010 年
Josephine Seamount High Seas MPA (约瑟芬海山公海保护区)	约瑟芬海山上覆水体部分的生物多样性及生态系统	2010 年

[1] See OSPAR Commission, *OSPAR's Regulatory Regime for Establishing Marine Protected Areas (MPAs) in Areas Beyond National Jurisdiction (ABNJ) of the OSPAR Maritime Area*, Brussels: 22 – 26 June 2009, p. 1.

[2] 《东北大西洋海洋保护区网络中包含的七个国家管辖范围以外海域海洋保护区概况》,载 http://mpa.ospar.org/home_ospar/keyfigures. 2020 年 5 月 30 日最后访问。

[3] OSPAR recommendation 2003/3. 27 June 2003, p. 2.

续表

名称	保护范围	建立时间
Mar North of the Azores High Seas MPA（亚速尔群岛北部公海保护区）	亚速尔群岛北部水体部分的生物多样性及生态系统	2010 年
Milne Seamount Complex MPA（米尔恩海山复合保护区）	米尔恩海山的海底与上覆水体部分的生物多样性及生态系统	2010 年
Charlie-Gibbs NorthHigh Seas MPA（查理吉布斯断裂带北部公海保护区）	（暂无具体信息）	2012 年

（一）发展历程

2003 年，奥斯巴委员会部长级会议承诺到 2010 年建立一个包括在国家管辖范围以外海域在内的，生态和谐、管理良好的海洋保护区网络。

2007 年 3 月，奥斯巴委员会海洋保护区、物种和生境工作组就大西洋中脊的查理吉布斯断裂带作为潜在海洋保护区进行提名。奥斯巴委员会秘书处于 2008 年，与管理局秘书处联系，商谈关于建立该海洋保护区的建议。同年 6 月，该建议获得原则性同意。

2008 年 10 月，奥斯巴委员会就国家管辖范围以外海域的阿尔泰海山、安蒂阿尔泰海山、约瑟芬海山、亚速尔群岛北部大西洋中脊、米尔恩海山复合区、雷恰内斯海脊作为潜在海洋保护区进行提名。

2009 年，奥斯巴委员会在《生物多样性公约》缔约方会议上通过了一套自己的科学标准来确定重要生态海洋区域，包括自然和生物地理重要性、生态重要性、科学重要性及实用性、可行性。

2009 年 6 月，奥斯巴委员会就查理吉布斯断裂带设立保护区的一般和具体目标达成一致。阿尔泰海山、安蒂阿尔泰海山、约瑟芬海山、亚速尔群岛北部大西洋中脊、米尔恩海山复合区、雷恰内斯海脊作为潜在海洋保护区获得原则性同意,并就这些区域的一般和具体目标达成一致。

2010 年 9 月,在奥斯巴委员会部长级会议上,查理吉布斯断裂带南部、阿尔泰海山、安蒂阿尔泰海山、约瑟芬海山、亚速尔群岛北部大西洋中脊、米尔恩海山复合区被指定成为保护区。

2012 年 6 月,奥斯巴委员会协商指定查理吉布斯断裂带北部区域作为保护区。[1]

(二)管理机制、目标及措施

东北大西洋海洋保护区网络设立目标为:(1)保护和修复被人类活动严重影响的物种、生物栖息地和生态过程;(2)遵循预防原则,防止对物种、生物栖息地和生态过程的破坏;(3)保护海洋区域中具有代表性的物种、生物栖息地和生态过程。[2]

东北大西洋海洋保护区网络保护目标为:(1)保护生物栖息地和生态系统,包括海洋保护区本地、外来和迁徙物种的水域以及与重要栖息地相关的海洋生物群落;(2)防止生物多样性减少,并在可行情况下促进其恢复,以保持生态系统和生境的丰富性与可恢复性,使已知或未知物种的种群维持或恢复原有密度和年龄结构;(3)维持生态系统,组织对物种、生物栖息地和生态过程的破坏;(4)修复重要的,特别是具有高度生物多样性的生态系统和生物栖息地;(5)为受人类活动影响的野生生物提供庇护。

针对无论位于国家管辖范围内海域还是位于公海的海洋保护区管理,

[1] 《东北大西洋海洋保护区网络中包含的七个国家管辖范围以外海域海洋保护区概况》,载 http://mpa.ospar.org/home_ospar/keyfigures. 2020 年 5 月 30 日最后访问。

[2] OSPAR Commission, *Guildlines for the Management of Marine Protected Areas in the OSPAR Maritime Area*, 2003, para. 2.

奥斯巴委员会出台了《东北大西洋海洋保护区管理指南》(*Guidelines for the Management of Marine Protected Areas in the OSPAR Maritime Area*),以指导《保护东北大西洋海洋环境公约》各成员国进一步制定和实施海洋保护区管理措施。[1] 这份管理指南虽然属于对《保护东北大西洋海洋环境公约》缔约方没有法律约束力的技术指导性文件,但是其搭建起了海洋保护区的管理计划框架,对于东北大西洋海洋保护区网络以及其中单个海洋保护区的管理都具有指导作用。例如,指南中列举出了16项对于海洋保护区可能产生影响的人为活动种类,包括海洋倾废、航行、渔业、矿产资源的勘探开发、科学研究等;随后提供了可以针对以上人为活动进行规制的八种途径,包括在海洋保护区内对不同人为活动划区管理、规定活动时间,如在某种鱼类繁殖季节或产卵季节禁止捕捞、甚至禁止保护区内一切人为活动等。[2] 在该管理指南的指导下,奥斯巴委员会针对东北大西洋海洋保护区网络中的七个国家管辖范围以外海洋保护区均制定了相应的管理建议(表2)。

表2 东北大西洋海洋保护区网络中国家管辖范围以外海洋保护区管理模式和措施文件

名称	管理模式	管理措施
阿尔泰海山公海保护区	奥斯巴委员会与葡萄牙政府共同管理	《奥斯巴委员会关于阿尔泰海山公海保护区管理2010/14号建议》
安蒂阿尔泰海山公海保护区	奥斯巴委员会与葡萄牙政府共同管理	《奥斯巴委员会关于安蒂阿尔泰海山公海保护区管理2010/15号建议》

〔1〕 See Nele Matz-Lück, Jobannes Fuchs, *The Impact of OSPAR on Protected Area Management beyond National Jurisdiction: Effective Regional Cooperation or a Network of Paper Parks?*, Marine Policy 49, 2014, p. 159.

〔2〕 OSPAR Commission, *Guildlines for the Management of Marine Protected Areas in the OSPAR Maritime Area*, 2003, para. 5. 11.

续表

名称	管理模式	管理措施
查理吉布斯断裂带南部公海保护区	奥斯巴委员会	《奥斯巴委员会关于查理吉布斯断裂带南部公海保护区管理 2010/13 号建议》
约瑟芬海山公海保护区	奥斯巴委员会与葡萄牙政府共同管理	《奥斯巴委员会关于约瑟芬海山公海保护区管理 2010/16 号建议》
亚速尔群岛北部公海保护区	奥斯巴委员会与葡萄牙政府共同管理	《奥斯巴委员会关于亚速尔群岛北部公海保护区管理 2010/17 号建议》
米尔恩海山复合保护区	奥斯巴委员会	《奥斯巴委员会关于米尔恩海山复合保护区管理 2010/12 号建议》
查理吉布斯断裂带北部公海保护区	奥斯巴委员会	《奥斯巴委员会关于查理吉布斯断裂带北部公海保护区管理 2012/1 号建议》

(三)成就与不足

从内容和形式上看,东北大西洋海洋保护区网络的建立和管理在发展中不断更新。但问题在于缔约方各国是否能够按照《东北大西洋海洋保护区管理指南》这份没有法律约束力的文件在海洋保护区内制定并实施保护措施?与地中海派拉格斯海洋保护区不同的是,东北大西洋海洋保护区网络其自身并不是一个独立的海洋保护区,而是该地区所有海洋保护区的集合。除了宏观保护宗旨和保护目标一致之外,每个保护区的管理情况又有所不同。例如,约瑟芬海山保护区的保护范围仅包含保护区内的水体部分,并不涉及海底部分;而查理吉布斯断裂带海洋保护区的保护范围则包括保护区内的水体部分和海床,对于海床部分的管理还需与国际海底管理局相协调与一致。另外值得注意的是,奥斯巴委员会官方网站的数据统计显示,东北大西洋海洋保护区网络中的七个公海保护区管理机制并不完善,都缺乏具体的监督机制。加之区域内生态、政治、社会和经济问题,海洋保护区网络设立目标的实现并不乐观。

三、南奥克尼群岛南大陆架海洋保护区

在2009年11月召开的第28届南极生物资源养护委员会(Commission for the Conservation of Antarctic Marine Living Resources,CCAMLR)会议上,英国提议设立南奥克尼群岛南大陆架海洋保护区的提案获得通过,该保护区成为世界上第一个完全位于公海的海洋保护区。南奥克尼群岛南大陆架海洋保护区于2010年5月正式建立,面积约为94,000km^2,旨在保护《南极海洋生物资源养护公约》(以下简称《养护公约》)渔业分区第48.2分区内的海洋生物多样性。[1]

(一)发展历程

2002年,《南极条约》承诺到2012年实现在南大洋建设有代表性的海洋保护区体系。

2004年,《养护措施91-01》(*Conservation Measure* 91-03)确立了生态系统监测项目站点保护程序,为南奥克尼海洋保护区的建设积累了经验。

2008年,南极生物资源养护委员会科学分委员会通过了一项实现2012年目标的工作计划,确认了包括南奥克尼群岛南部海域在内的11个海洋保护区优选区。

2009年,英国向科学委员会提交了相关初步议案。同年第28届南极生物资源养护委员会大会在澳大利亚召开,会上通过了一项措施,在公海上设立了一个海洋保护区——南奥克尼群岛南大陆架海洋保护区。

---

〔1〕 Conservation Measure 91-03 (2009): Protection of the South Orkney Islands Southern Shelf. Article 1.

2010 年 5 月,南奥克尼海洋保护区正式建立。

(二)管理机制、目标及措施

南极生物资源养护委员会是根据《养护公约》建立的公约组织,为实现《养护公约》第 2 条规定的保护和维持南极海域生物资源的目的和原则,其制定了一系列关于南极海域生物资源的《养护措施》。[1] 以编号为"91"开头的《养护措施》是关于海洋保护区的,目前共有五项,其中《养护措施 91-03》是对南奥克尼群岛南大陆架海洋保护区的规定。

《养护措施 91-03》全文共九条,另外附加了南奥克尼群岛南大陆架海洋保护区的地图和边界位置数据。该项文件针对南奥克尼群岛南大陆架海洋保护区制定的保护措施包括:在保护区内禁止捕鱼,但参考科学委员会的意见,经南极生物资源养护委员会同意后,可以实施与渔业有关的科研活动,同时该科研活动必须符合保护措施的要求(第 2 条);禁止一切渔船以任何形式倾废和排污(第 3 条);禁止实施一切与渔船有关的转运活动(transhipment activities)(第 4 条);为监测保护区内交通情况,鼓励渔船在途径该区前将其船旗国信息、船只大小、IMO 编号、路线等通知南极生物资源养护委员会秘书处(第 5 条);保护措施不适用于涉及海上人员安全的紧急情况(第 6 条);南极生物资源养护委员会应当(shall)提请非公约缔约方及其公民和船只在保护区范围内注意《养护措施》的规定(第 7 条);有关南奥克尼群岛南大陆架海洋保护区的详情应当(shall)在《南极条约》协商会议上传达(第 8 条);基于科学委员会的意见,南极生物资源养护委员会应每 5 年

[1] *Browse Conservation Measures*, 载 https://www.ccamlr.org/en/conservation-and-management/browse-conservation-measures. 2020 年 5 月 30 日最后访问。

在2013年7月召开的南极生物资源养护委员会第二次特别会议上,美国与新西兰几乎原封不动地将上述联合提案进行提交,但此次会议依然无果而终。

2013年第32届南极生物资源养护委员会会议上,美国与新西兰对提案作出了修改,其后,2014年进行了第二次修改,但由于俄罗斯等国的反对以及中国的质疑,罗斯海保护区提案未获通过。2015年的会议上,各方围绕罗斯海保护区的问题依然没有达成一致,罗斯海保护区的提案有待下届会议重新讨论。

2016年第35届南极生物资源养护委员会会议上,成员方终于达成了一致,同意建立罗斯海保护区。根据《养护措施91－05》,保护区面积为150多万平方千米,是目前世界上最大的海洋保护区,于2017年12月1日生效。

(二)管理机制、目标及措施

《养护措施91－05》对罗斯海保护区进行管理。从内容上看,《养护措施91－05》的规定比《养护措施91－03》细致,并且有所创新。其一,将罗斯海保护区分为一般保护区、特别研究区、磷虾研究区。[1] 针对不同区域的活动进行区别管理和限制。例如,一般情况下罗斯海保护区全面禁止捕鱼,但在2020/21渔汛期内可以在特别研究区捕捞,可捕捞量为该区域总渔获量的15%。[2] 其二,《养护措施91－05》规定了罗斯海保护区的管理计划、研究与监测计划,并且规定了成员国应当每5年向南极生物资源养护委员会秘书处提交报告,说明其根据研究与监测计划所展开活动的情况。这一点是南奥克尼群岛南大陆架海洋保护区所缺乏的。其三,规定了科学委员会对于

[1] Conservation Measure 91－05 (2016): Rose Sea Region Marine Protected Area. Article 5.

[2] Conservation Measure 91－05 (2016): Rose Sea Region Marine Protected Area. Article 8.

特别研究区管理制度的审查义务，以考察所采取的措施是否达到了保护目标，此外还规定了至少每10年对海洋保护区养护措施进行评估的工作。其四，《养护措施91－05》的实施期限为35年，而特别研究区捕捞限量的条件有效期为《养护措施91－05》生效起30年。[1] 这一条关于时限的规定是其他公海保护区都没有设置的，特别是非政府性质的环保组织表示些许遗憾。例如，绿色和平组织（Greenpeace）在第一时间发出新闻表示其对罗斯海保护区提议通过的祝贺和欣喜，在文中提到35年保护时限的规定时写道"环境保护真正起作用就需要实施长久、持续的保护措施……虽然罗斯海保护区需要在2051年进行重新评估，但我们有信心其会变成一个简单的决定"[2]。世界自然保护联盟也表示"海洋保护区不应当有期限的，而应是永久的"[3]。实际上，罗斯海保护期限可以说是各方妥协的结果，在南极复杂的地缘政治和战略考量的形势下，缔约方能够妥协合作已属不易。其五，规定了缔约方与非缔约方、《南极条约》协商会议、国际海事组织等国际组织之间的合作问题。其中，关于南极生物资源养护委员会义务的规定同南奥克尼群岛大陆架海洋保护区的《养护措施91－03》一样；在此基础之上增加了"鼓

---

[1] Conservation Measure 91－05 (2016): Rose Sea Region Marine Protected Area. Articles 20, 21.

[2] 原文写道："To finally get agreement to protect the Ross Sea a time clause of 35 years was included, which means that in 35 years CCAMLR members will again need to decide on its future. Marine protection, to be truly effective, needs to be long lasting so we have all those years ahead of us to make sure when the Ross Sea sanctuary is up for renewal, there is no resistance to making it permanent. We're pretty confident that by 2051 it will be a simple decision!" 引自 *Victory! World's Largest Marine Protected Area Established off Antarctica!* 载 http://www.greenpeace.org/international/en/news/Blogs/makingwaves/victory-massive-new-ocean-sanctuary-establish/blog/57859/. 2020年5月30日最后访问。

[3] *Antarctic Ocean Breakthrough: Ross Sea to Become World's Largest Marine Protection Area*, 载 https://www.org/news/marine-and-polar/201611/antarctic-ocean-breakthrough-ross-sea-become-worlds-largest-marine-protection-area. 2020年5月30日最后访问。

励缔约方与国际海事组织等国际组织在航运、船舶安全及海洋环境保护方面进行合作"[1]。

(三)成就与不足

由于建立时间较短,现在评价罗斯海保护区的实际影响力还为时过早,但从现有机制来看,罗斯海保护区依然存在不少问题。最为突出的就是法律基础薄弱、设立主体合法性问题、保护期限问题等。虽然这些问题短时间内或许无法解决,但不可否认建立罗斯海保护区对推动全球公海生物多样性的保护工作具有深远影响。其作为国家管辖范围外建立海洋保护区的典型,为国家间深入开展南极海洋研究提供了合作的平台。最重要的是,随着保护区实践的深入进行,国际社会越来越意识到南极地区立法的滞后性,有望通过南极海洋保护区制度的建立推进海洋保护区工作的顺利开展。

第三节 国际谈判中关于公海保护区的关切内容

从"国家管辖海域外生物多样性养护与可持续利用协定"谈判启动,到目前协定文本草案的初步拟定,国际社会关于公海保护区的关切内容主要包括其目标、指导原则与方法、设立程序、建立公海保护区后如何实施管理措施、公海保护区与其他划区管理工具的关系、监测机制的构建等。本节将

---

[1] Conservation Measure 91－05 (2016): Rose Sea Region Marine Protected Area. Article 26, 27.

对这些关切内容作出列举。[1]

一、设立目标

（1）维护与可持续利用国家管辖范围以外海域的海洋生物多样性；

（2）保护与保全海洋环境；

（3）保护、维持、恢复海洋健康与其恢复力，包括关键生态过程、栖息地和物种，以及那些易受影响（包括气候变化）的区域，如独特、脆弱/敏感、稀有或具有高度生物多样性的栖息地，以及某些种群、稀有或濒危物种生存、功能恢复所必需的区域、濒危海洋物种（如繁殖场或产卵场），或用于大型生态系统的支持；

（4）保护有代表性的海洋生态系统、生物多样性与栖息地，包括通过在国家管辖范围以外海域建立一个全球性的具有代表性的、有效管理的划区管理工具网络，包括海洋保护区在内。

二、指导原则与方法

（1）与《海洋法公约》《鱼类种群协定》及其他相关条约保持一致；

（2）不破坏现有相关法律文书和框架，以及相关全球性、区域性和部门

[1] See Chair's Streamlined Non-Paper on Elements of a Draft Text of an International Legally-Binding Instrument under the United Nations Convention on the Law of the Sea on the Conservation and Sustainable Use of Marine Biological Diversity of Areas beyond National Jurisdiction, July 2017; Textual Proposals Submitted by Delegations by 20 February 2020, for Consideration at the Fourth Session of the Intergovernmental Conference on an International Legally Binding Instrument under the United Nations Convention on the Law of the Sea on the Conservation and Sustainable Use of Marine Biological Diversity of Areas beyond National Jurisdiction (the Conference), in Response to the Invitation by the President of the Conference in her Note of 18 November 2019. A/CONF. 232/2020/3.

（一）区域的选定

建立划区管理工具，包括海洋保护区需要根据最佳科学信息，可能采取的选定区域的标准大致包括：

（1）基于现有国际公认标准的一般标准/准则，如《生物多样性公约》所采用的显著生态或生物多样性海洋区（ecologically or biologically significant marine areas）、国际海事组织的特别敏感区域和脆弱海洋系统、管理局的特别环境利益区所考虑的独特性、稀有性、脆弱性、敏感性、有代表性、依赖性、生产力与多样性等标准；

（2）区域条约所采用的标准；

（3）适当考虑对全球性代表网络的贡献；

（4）与生存与食物安全相关的特定物种或生态系统；

（5）社会经济因素也可能是确定划区管理工具，包括海洋保护区面积大小与位置的核心因素；

（6）在可获取的最佳科学信息和适格科学咨询机构建议的基础上，进一步制定标准；

（7）各国和议定书决策机构同意的新标准。

（二）选定的过程

1. 提案

提案主体可包括：

（1）本议定书缔约方联合或独自或与相关组织一起；

（2）可能成为本议定书缔约方的国家与实体；

（3）本议定书的科学/技术委员会；

（4）其他政府间国际组织在职责范围内的提案；

(5)非政府组织。

鼓励提案主体在制定提案过程中征求利益相关者的意见,并且提案需要使用最佳科学信息、预防原则/方法,遵循生态系统方法。

提案内容包括:

(1)边界划定。

(2)对设立目标的描述。

(3)对保护区域的特征与生物多样性价值以及有关物种/生境的敏感性,包括对海洋生态系统现状的评估。

(4)对影响的描述,包括累积的影响、可能的威胁或不利影响的活动。

(5)实现特定目标所需的养护或管理措施,包括将被禁止的人类活动、管理计划和社会经济缓解措施。

(6)一份说明(如果相关),关于提案区域如何对具有生态代表性的海洋保护区网络作出贡献,包括其与现有海洋保护区或其他划区管理工具的关系。

(7)提案区域周边区域的信息,包括国家管辖范围以内海域,如《海洋法公约》第76条所指内容。

(8)有关可能干扰海洋其他合法用途以及在适当时可能产生的相关社会经济成本的信息。

(9)有关为实现保护目标可能需要采取行动的国际组织和机构的信息,包括其他国际组织的现有保护措施。

(10)是否与这些组织事先进行过磋商。

(11)识别提案的海洋保护区与现有海洋保护区之间的任何重叠,包括协调措施。

(12)时间安排:

方案一:明确规定养护和管理措施的期限;

方案二:不明示养护和管理措施的期限。

(13)监督与审查,包括一份研究和监测计划。

(14)执行计划。

2. 磋商与评估提案

磋商与评估提案的过程包括:

(1)提案通过秘书处送至:

方案一:缔约国和相关全球性、区域性或部门性机构;

方案二:所有国家,包括非缔约国,以及相关全球性、区域性或部门性组织和民间。

(2)可以邀请国家,适格的全球性、区域性或部门性组织以及民间社会代表就该提案发表评论。

(3)在考虑建立海洋保护区时,将需要与可能建立海洋保护区的国家管辖范围以外地区相邻的国家达成协议。

(4)为磋商和发表评论设定期限。

(5)磋商过程中作出的结论可以由秘书处公开,秘书处也将收集,汇编并将所有评论转发给提案方。

(6)提案方根据收到的反馈意见在一定期限内修改提案。

(7)通过科学/技术机构对提案和建议进行科学审议。

(8)科学/技术机构可以就该提案提出建议。

3. 决策

决策过程包括:

(1)建立划区管理工具,包括海洋保护区,必须与《联合国宪章》《海洋法公约》和其他相关法律文书的宗旨和原则一致。

(2)新的议定书有必要与现有区域和部门组织进行合作与协调,允许相关现有框架和非缔约方作为观察员参加全球机制的讨论。

(3)需要考虑沿海国在其国家管辖范围内海域为保护和可持续利用海洋生物多样性所采取的措施。

(4)予以相邻国家特别考虑,以使所采取的措施不会损害其可持续发展。

(5)考虑气候变化和水下噪声的影响。

(6)根据各海洋保护区的保护目标及其特征/生态系统的脆弱性以及所受压力,有必要采取不同程度的保护。

(7)选定海洋保护区的期限:

方案一:选定期限是无限期的;

方案二:选定期限是有期限的。

(8)选定海洋保护区的依据是现有最佳科学信息:

方案一:全球机制要决策:

①选定海洋保护区的边界;

②建立这样一个区域;

③海洋保护区中应采取适当的养护和管理措施;

④在选定时,需要尽一切努力达成共识;

⑤管理局是不可或缺的组成部分。

方案二:关于选定区域和可能造成影响的活动的信息将交给相关组织,由这些组织负责,考虑对这些活动采取相应的管理措施:

①当指定地区有多个相关组织负责可能危害该地区或对该地区造成不利影响的活动时,可以建立一个程序,使这些组织之间可以协调与合作,包括在审议和执行期间可能的管理措施。

②如果现有框架决定采取与缔约方大会确定的措施不同的措施,或者根本不采取任何措施,则缔约方大会将要求现有框架进行磋商。该协定的缔约国和有关的现有框架将在有关框架内尽可能多地合作,以确保这些现有框架适当尊重缔约方大会的决定并采取适当的养护和管理措施。

③可以考虑采取各种方法和手段对所有缔约国,包括相关现行框架的非成员国,采取有约束力的措施。

方案三:与建立海洋保护区有关的任何问题,都将在现有国际机制中解决:

①向区域性海洋公约的管理组织提交海洋保护区提案;

②海洋保护区,包括其相应的管理措施,都可以由区域性公约通过,在该公约的网站上公布其决定,区域性海洋公约的决定对其缔约国具有约束力;

③区域性海洋公约,或者其缔约国之一将把海洋保护区的决定送达其他相关组织,如国际海事组织、区域渔业组织、其他区域海洋组织、管理局等,缔约国有义务在其相应管理机制中制定相应目标;

④其他相关组织将考虑其管理的活动是否与保护目标相关,以及是否需要在其职权范围内采取措施;

⑤在作出决定后,海洋保护区将在该协定缔约国会议的议程上,制定责任、透明度、审查和利益相关者的参与等事项。

(9)在提议设立海洋保护区的区域,如果没有适格管理组织对某一特定活动采取措施：

方案一：缔约方将确定实现所选区域保护目标的具体措施；

方案二：此类措施将由缔约方以及可能成为缔约方的国家和实体制定和考虑；

方案三：该议定书将鼓励有关国家和组织建立一个新的组织或框架并参加其活动。

（10）选定区域后，秘书处将向缔约方和非缔约方，相关国际、区域或部门组织和利益相关者通报新建海洋保护区，以及其目标、管理措施、监督和审查计划。

四、实施

（1）海洋保护区管理措施将在决策机构通过后的一段时间内生效，届时这些措施将对缔约国在其管辖或控制下进行的程序和活动具有约束力；

（2）该议定书的缔约国有责任执行关于在其船旗国管辖或控制下的活动和程序而制定的管理措施，船旗国和有关港口国可以在执行和执行海洋保护区方面进行合作；

（3）缔约方将承诺尽其最大的努力，以确保其所属的有关组织采取必要的措施；

（4）确保海洋保护区的管理措施以某种方式在国家管辖范围以内海域实施；

（5）缔约国可以就其船只或在其控制和管辖范围内的活动和程序采取比主管国际组织更为严格的措施；

（6）尽管管理计划不适用于非缔约方，但应将其通知非缔约方，并邀请其考虑在其国家管辖范围内海域实施相应的管理措施，以实现保护区的保护目标；

(7)任何管理措施及其实施都必须与《海洋法公约》保持一致。

五、与其他划区管理工具的关系

(1)需要在《维也纳条约法公约》所规定的基本原则下解决协定所涉划区管理工具，包括海洋保护区的条款与现行相关公约或协定相关内容的关系问题。

(2)划区管理工具，包括海洋保护区，不会破坏相关的全球、区域和部门组织实施的现有海洋保护区的规定。

(3)文书中任何内容均不损害各国根据其他法律文书和框架及相关国际、区域和部门组织建立海洋保护区的权利，也不得损害国家据此所承担的义务。

(4)设立区域性和部门性划区管理工具，包括海洋保护区的程序：

方案一：现有区域性和部门性划区管理工具，包括海洋保护区，将由全球性机制认可，这一程序不会阻碍管理机构制定和实施管理措施的权能；

方案二：部门性划区管理工具（如特别敏感区域、特别环境利益区等），不需要通过全球性机制的认可程序，但其应向全球性机制进行信息共享。

六、监测机制

(1)划区管理工具，包括海洋保护区，将受到定期审查，并根据可得最佳科学证据所确定的目标进行监测。

(2)可根据审查反映的状况对特定海洋保护区的养护和管理计划及其

适用的任何具体措施进行调整。

（3）关于科学/技术机构的作用：

方案一：科学/技术机构将监管海洋保护区的监督和审查；

方案二：在适当的情况下，海洋保护区的监督和审查可委托给区域组织。

（4）要求缔约国及全球、区域和部门组织定期报告其职权范围内各项措施的执行情况。为此，该议定书可提供标准化的报告，并规定相关的报告时限。

（5）监测和审查报告提交给秘书处，以将此报告提供给适格的科学咨询机构，供其审议和提出建议；如有必要，还可提供给所有缔约国审议和决定，并告知公众以知悉。

（6）监测和审查过程将考虑到根据新议定书设立的科学委员会、国家、区域和部门机构以及相关全球和区域进程和框架、民间社会提供的科学数据和信息。

（7）审查过程将由审查报告发布。

（8）审查可能会使海洋保护区保持现状、改变现有参数，甚至取消海洋保护区。必要时，可根据获得的最佳科学证据和主管科学咨询机构的建议来调整保护目标和/或管理措施。

（9）该议定书之下可建立一个全球监测、控制和监督系统机制，以确保海洋保护区能够实现其保护目标，并查明不法船舶和不遵守规定行为。该机制将促进现有监测、控制和监督系统之间的信息共享与合作。

（10）该议定书可建立履约机制。根据审查过程的结果，各缔约国、包括民间社会在内的利益相关方、履约委员会本身可提交不履约报告。如果发现某缔约方未履行其所承诺的义务,或者就非缔约方而言,没有根据国际法就海洋环境保护与保全事项进行合作、未采取措施确保其船只或国民没有参与任何破坏议定书所述养护措施的活动,履约委员会将就纠正其作为或不作为的行动提出建议。未履约缔约方和非缔约方将收到通知,并在合理时间内作出回应和纠正。必要时,该议定书将根据履约会员会的建议采取措施以促进履约,如技术援助、能力建设等。如果缔约方和非缔约方未停止破坏海洋保护区效力的行动,或是受保护的生态系统或其组成部分受到严重威胁,则该议定书的缔约方将采取适当的对策,以确保保护目标的实现。

第二章　公海保护区的国际法基础

近年来,国际社会对于公海的海洋环境保护与生物多样性问题的关注日益增加,国际习惯法、国际公约、软法性质的法律文件等均对此有所涉及。而公海保护区作为养护和可持续利用公海海洋资源与环境的工具之一,关于其法律依据的探讨从未间断,即现行国际法体系是否为建立公海保护区提供了充分的法律依据。

第一节　国际公约

一、《海洋法公约》

1982年《海洋法公约》是全球海洋治理的"宪章",涵盖了海洋区域划分、海洋环境保护等国际海洋事务的各个方面。公海保护区,顾名思义,是建立在公海范围内的海洋保护区,其作用是保护环境与养护资源。由此可推断公海保护区问题涉及《海洋法公约》第七部分"公海"、第十二部分"海洋环境的保护与保全",以及1995年的《鱼类种群协定》。

各国有保护和保全海洋环境的义务由国际习惯法演变而来,并在《海洋法公约》第192条得以重申,即"各国有保护和保全海洋环境的义务"[1]。随后,第194条对第192条加以细化,特别是其第5款的规定。[2] 此项义务适用于所有海域,包括公海。公海保护区作为一种保护海洋生态环境的重要工具,是为实现保护目的而使用的"有必要的措施"之一,[3]继而第192条与第194条可以成为建立公海保护区的法律基础。根据《海洋法公约》附件七组成的仲裁庭在对毛里求斯诉英国的查格斯海洋保护区案(Chagos Marine Protected Area Case)裁决中称,"《海洋法公约》第194条的规定不仅限于旨在严格控制污染的措施,而是扩展到用于保护与保全海洋生态系统的措施上……海洋保护区就是这样一种措施"[4]。虽然该案涉及的并非单纯是两国关于海洋保护区的争端,但裁决中对于《海洋法公约》第194条在设立海洋保护区上是否适用作出了肯定的回答。然而,根据《海洋法公约》

[1] 《联合国海洋法公约》第192条。

[2] 《联合国海洋法公约》第194条第5款:"按照本部分采取的措施,应包括为保护和保全稀有或脆弱的生态系统,以及衰竭、受威胁或有灭绝危险的物种和其他形式的海洋生物的生存环境,而有必要的措施。"

[3] See Alexander Proelss (editor), Amber Rose Maggio, Eike Blitza, Oliver Daum (assistant editors), *United Nations Convention on the Law of the Sea: A Commentary*, München: C. H. Beck, Oxfrod: Hart, Baden-Baden: Nomos, 2017, p. 1297.

[4] See Permanent Court of Arbitration. Award of the Chagos Marine Protected Area Case (Ireland v. United Kingdom). 18 March 2015, para. 538. 原文如下:"Article 194 is accordingly not limited to measures aimed strictly at controlling pollution and extends to measures focussed primarily on conservation and the preservation of ecosystems. As repeatedly justified by the United Kingdom, the MPA is such a measure."虽然认定了海洋保护区是符合《联合国海洋法公约》第194条所规定的措施,但仲裁庭认定英国在建立查戈斯海洋保护区的行为违反了"诚信"原则和"适当顾及"义务,违反了《联合国海洋法公约》第2条第3款、第56条第2款和第194条第4款。

第89条规定,任何国家不得有效地声称将公海的任何部分置于其主权之下。[1] 因此,一国无权单方面将公海的某片区域划定为保护区并对其他国家在此区域的活动加以规制。[2] 有可能出现的情形是,一国就本国船只在公海的特定区域内活动加以规制,然而这样的限制并不能起到保护环境的作用。[3] 但与此同时,《海洋法公约》第197条、第118条规定了各国之间在保护和保全海洋环境、养护与管理公海生物资源事务方面负有合作义务。虽然条文中并没有直接提及公海保护区,但只要建立公海保护区符合"本公约的国际规则、标准和建议的办法及程序时",即可认为是各国保护与保全海洋环境合作的正当形式。由此,各国通过缔结条约以合作建立公海保护区可以认为是履行公约关于合作义务的方式之一,这也是目前公海保护区实践的主要形式。当然,建立公海保护区所缔结的条约需与《海洋法公约》相一致,并且没有对于保护区海域的主权主张。

除了《海洋法公约》之外,1995年的《鱼类种群协定》适用于国家管辖范围外海域的跨界鱼类种群和高度徊游鱼类种群的管理和养护,其对于公海生物资源的养护与管理有重要作用。[4] 《鱼类种群协定》第5条规定,沿海国和在公海捕鱼的国家应履行的一般合作义务,包括评估捕捞、其他人类活

---

〔1〕《联合国海洋法公约》第89条。

〔2〕 See Robin Churchill, *The Growing Establishment of High Seas Marine Protected Areas: Implications for Shipping*, in Richard Caddell and Rhidian Thomas eds., *Shipping, Law and the Marine Environment in the* 21st *Century: Emerging Challenges for the Law of the Sea-Legal Implications and Liabilities*, Publisher Witney: Lawtext Publishing Limited. 2013, p. 60.

〔3〕 See Robin Churchill, *The Growing Establishment of High Seas Marine Protected Areas: Implications for Shipping*, in Richard Caddell and Rhidian Thomas eds., *Shipping, Law and the Marine Environment in the* 21st *Century: Emerging Challenges for the Law of the Sea-Legal Implications and Liabilities*, Publisher Witney: Lawtext Publishing Limited. 2013, p. 60.

〔4〕《鱼类种群协定》第3条第1款。

动和环境因素对目标种群等的影响、在必要时制定养护和管理措施以维持或恢复目标种群的数量、保护海洋环境的生物多样性、采取措施防止过度捕捞等。[1] 其后第8~16条以及第17条对国际和区域合作机制进行了详细阐述。另外值得注意的是,该协定将环境法的预防原则以法条的形式列举出来,规定了“各国对跨界鱼类种群和高度洄游鱼类种群的养护、管理和开发,应广泛适用预防性做法,以保护海洋生物资源和保全海洋环境”[2]。捕鱼自由是公海自由原则的重要内容,然而《鱼类种群协定》的制定则对公海捕鱼作出了限制,由此捕鱼自由成为相对的自由,养护与管理生物资源成为重要考量因素。

《海洋法公约》对公海环境保护与生物资源可持续利用作出了规定,公海保护区作为海洋生态环境和资源的就地管理工具(area-based management tool)之一,可以为《海洋法公约》所涵盖,如第194条提到的“有必要的措施”。但是,相关规定多是原则性、概括性的规范,并没有具体针对公海保护区的规定。因此,以《海洋法公约》作为建立公海保护区的直接法律依据并不充分。《鱼类种群协定》为公海渔业问题提供了更为详尽的规范,但公海保护区所涉及的保护对象不仅包括渔业资源,还包括生态系统的保护、其他生物资源的养护和利用,因此该协定也不可完全作为建立公海保护区的法律依据。法律最具有滞后性,新问题的出现将会推动法律的修订与完善,海洋法亦如此。[3] 《鱼类种群协定》的缔结便是国际社会对公海加强管理趋

[1] 《联合国鱼类种群协定》第5条。

[2] 《联合国鱼类种群协定》第6条。

[3] See Yoshifumi Tanaka, *The International Law of the Sea* (*Second Edition*), Cambridge: Cambridge University Press, 2015, p. 20.

势的体现，也是海洋法不断发展的体现。2015 年 5 月，联合国大会第六十九次大会上通过决议，决定就国家管辖外海洋生物多样性的养护和可持续利用制定一个新的协定，也是继《鱼类种群协定》《关于执行 1982 年 12 月 10 日〈联合国海洋法公约〉第十一部分的协定》之后的第三个《海洋法公约》协定。[1] 新的协定要求国家之间在不损害"现有相关法律文书和框架以及相关的全球、区域和部门机构"的基础上，"拟定一份具有法律约束力的国际文书"，并决定通过谈判的方式处理国家管辖范围以外区域海洋生物多样性的养护和可持续利用问题，以及包括海洋保护区在内的划区管理工具、环境影响评估和能力建设及海洋技术转让等措施。可以说，该决议翻开了公海保护的新篇章，也将为在公海建立海洋保护区提供法律依据。

二、《生物多样性公约》

公海保护区问题是国际社会为保护国家管辖范围以外海域的生物多样性而提出的保护措施，而关于生物多样性保护最为全面、直接的规定在 1992 年里约地球峰会达成的《生物多样性公约》得以体现。《生物多样性公约》对"生物多样性""保护区"等重要概念作出了定义。[2] 此外，该公约规定了"就地保护"和"移地保护"两种方式以实现保护生物多样性的目标，其中"就地保护"就包括建立保护区系统的内容。[3] 此外，《生物多样性公约》也

---

〔1〕 Preparatory Committee Established by General Assembly Resolution 69/292. Development of an International Legally Binding Instrument under the United Nations Convention on the Law of the Sea on the Conservation and Sustainable Use of Marine Biological Diversity of Areas beyond National Jurisdiction, 2015, p. 1.

〔2〕《生物多样性公约》第 2 条。

〔3〕《生物多样性公约》第 8 条 a 款规定："每一缔约国应尽可能并酌情建立保护区系统或需要采取特殊措施以保护生物多样性的地区。"

涉及保护区设立与管理的内容,如有必要时,缔约国应制定准则数据以选定、建立和管理保护区或需要采取特殊措施以保护生物多样性的地区等。

但是,《生物多样性公约》适用的管辖范围主要于"生物多样性组成部分位于该缔约国管辖范围的地区内"以及"在该国管辖或控制下开展的过程和活动,无论其影响发生在何处,此种过程和活动可位于该国管辖区内也可在国家管辖区外"[1]。因此,该公约并没有直接为建立公海保护区提供法律依据,对于公海生物多样性保护问题,只是要求缔约国控制在公海的过程和活动。不过,《生物多样性公约》与《海洋法公约》对各国公海保护义务的规定相似,其第5条规定了缔约国防止对管辖领域外海域的损害义务以及"为保护和持久使用生物多样性在国家管辖范围外地区进行直接合作或通过国际组织进行间接合作的义务。"[2]

《生物多样性公约》作为框架性公约,没有对公海保护区直接加以规定。直至2004年第七次缔约方大会上通过决议首次明确指出:"海洋保护区是帮助实现国家管辖范围以外海域生物多样性保护和可持续利用的工具。"[3]同意迫切需要开展国际合作和行动,改进国家管辖范围以外海域生物多样性的保护和可持续利用,包括按照国际法并以科学信息为基础进一步建立海洋保护区,包括如海隆、深海热泉、冷水珊瑚和其他脆弱生态系统区。[4]2010年,缔约方大会通过保护区工作规划,定于2012年前对海洋建立并维护综合性的、管理有效的并在生态方面具有代表性的国家和区域保护区系

[1] 《生物多样性公约》第4条。
[2] 《生物多样性公约》第5条。
[3] 《生物多样性公约》缔约方大会第Ⅶ/5号决定,第29段、第30段。
[4] 《生物多样性公约》缔约方大会第Ⅶ/5号决定,第29段、第30段。

统。其后缔约方大会同意将这一期限延长至 2020 年。“爱知生物多样性目标”(aichi biodiversity targets)第 11 项目标规定:“截至 2020 年……10% 的沿岸和海洋区域,特别是对生物多样性和生态系统服务具有特殊重要性的区域,应当受到有效、平衡管理、具有生物代表性和连接良好的保护区体系或者其他有效的以区域为基础的养护措施的保护。”[1]此外,缔约方大会决定成立保护区问题不限名额特设工作组,支持和审查工作规划的执行情况并向大会报告。还要求保护区问题不限名额特设工作组探讨进行合作的备选方案,以便根据包括《生物多样性公约》在内的国际法并以科学资料为依据在国家管辖范围以外的海洋区域建立保护区。[2]

综上,建立公海保护区在国际公约层面并没有得到直接的法律依据。但是,《海洋法公约》目前正在进行商讨之中的“国家管辖海域外生物多样性养护与可持续利用协定”将要包含公海保护区的内容;《生物多样性公约》的发展也将公海保护区考虑在内,由此可见,国际社会针对公海的环境保护和资源养护的立法在不断完善以应对新问题的出现。目前,国际上已形成的公海保护区实践分布在地中海、东北大西洋和南极,相关的区域层面的条约为相应公海保护区的建立提供了法律依据。

第二节　区域性条约

目前,区域性条约是建立公海保护区最为直接和重要国际法依据。前

---

〔1〕 *Aichi Biodiversity Targets*,载 https://www.cbd.int/sp/targets/. 2020 年 7 月 30 日最后访问。

〔2〕《生物多样性公约》缔约方大会第Ⅶ/28 号决定,第 25 段、第 29 段。

述全球范围内四大公海保护区都是以区域性条约为基础而建立。

法国、意大利和摩纳哥合作建立地中海派拉格斯海洋保护区的法律依据是这三个国家所签署的《建立地中海海洋哺乳动物保护区协议》。而该协议又是在地中海区域性公约《保护地中海海洋环境和沿海地区公约》及其《地中海特别保护区和生物多样性议定书》框架下达成。其中,《地中海特别保护区和生物多样性议定书》于1999年生效,适用于整个地中海区域,包括其海底、底土和公海,并设立了地中海包括公海在内的"具有重要性的特别保护区域"清单。根据该议定书的规定,如果该特别保护区域的部分或全部位于公海,那么公海保护区的建立则应由相关的两个或更多毗邻国家共同合作建立。[1] 由此可以认为,《地中海特别保护区和生物多样性议定书》是建立地中海派拉格斯海洋保护区的根本法律基础。

东北大西洋公海海洋保护区网络是依据1992年的《保护东北大西洋海洋环境公约》而建立的。《保护东北大西洋海洋环境公约》的附件五规定了海洋生态系统和生物多样性保护的内容,要求公约各缔约方采取措施来保护和养护公约所规定海域中的生态系统和海洋生物多样性,在可行的情况下,修复生态系统和海洋生物多样性已经遭到破坏的海洋区域。[2] 在2003年奥斯巴委员会部长级会议上通过了"建议2003/3",与《生物多样性公约》和《赫尔辛基公约》一起形成一份共同工作计划,制定了东北大西洋海洋保护区网络的设立目标、设立程序、保护内容、适用范围等。随后,奥斯巴委员会认为在海洋保护区的建立也要考虑到海洋生态系统之间的联系,以及保护区外生态环境对保护区内一些物种和栖息地的重要作用。因此,在2010

[1] 《地中海特别保护区和生物多样性议定书》第5条。
[2] 《保护东北大西洋海洋环境公约》附件五第2条。

年奥斯巴委员会部长级会议上宣布，此前设立的“在 2010 年建成生态协调（ecological coherent）、管理良好（well-management）的海洋保护区网络”的目标并没有实现，新的期限改为，在 2012 年建成此海洋保护区网络；在 2016 年实现对此海洋保护区网络“良好管理”的目标。[1]

涉及南极两个海洋保护区最为重要的法律文件是 2011 年通过的《总体框架》。《总体框架》的序言和第 1 条中明确了建立南极海洋保护区的一般国际法依据，包括可持续发展问题世界首脑会议决议、世界自然保护联盟关于保护区的分类、《海洋法公约》以及《生物多样性公约》等国际公约。另外，序言还明确了南极海洋保护区的直接法律依据是《养护公约》。[2]

从结果上来看，区域性条约为公海保护区的建立提供了直接的法律依据；从实践上来看，四大公海保护区也已成功建立。但值得注意的是，区域性公约在为公海保护区提供法律依据的同时也暴露了相应的一些难题。最为突出的便是有效性问题，即区域内国家依据区域性公约对公海采取的措施仅能约束各缔约方，并不能限制其他国家所享有的公海自由的权利，如果缔约方数量很少，那么实际上该保护区的诸多保护和限制措施并不能起到预想的保护效果。例如，《建立地中海海洋哺乳动物保护区协议》的成员国为法国、意大利和摩纳哥这三个国家，在地中海派拉格斯海洋保护区中的公海海域，仅仅这三个国家的船只受到关于捕鱼和航行等条款的限制。如果达不到所预期的保护效果，公海保护区的设置便成了“纸面”上的保护区。

---

〔1〕 See OSPAR Commission, *OSPAR Recommendation* 2010/2 *on Amending Recommendation* 2003/3 *on a Network of Marine Protected Areas*, para. 2.2.

〔2〕《南极海洋生物资源养护公约》第 2 条以及第 9 条第 2 款(f)与(g)项。

第三节 具有"软法"性质的国际文件

随着国际社会越来越重视保护与保全海洋环境和资源,联合国已经开展了一系列有关环境问题的工作,并通过多项有影响力、具有高度国际共识的决议和宣言等国际文件。虽然这些国际文件并不像公约和协议那样具备法律强制力,但其反映出国际社会对于当前某类国际问题的普遍关注和基本认识,成为一种具有实际效力的行为规则。对于此类法律文件,学界称为"软法"。[1] "软法"在规范海洋环境保护和资源可持续利用问题上所发挥的作用不可低估,对于相关国际条约的产生和发展有着重要影响。虽然"软法"本身由于其特性一般没有就具体事项明确规定国际法主体的权利和义务,在内容上多以"提倡""鼓励"等方式使各国自愿遵守承诺,但这种方式使参与国很大程度上受制于道德与政治影响力的束缚,因而主动履行相应的承诺。因此,"软法"在一定程度上起到了对现行国际法规则的补充作用,在国际法实践中,一些"软法"的内容演变成国际法原则或是国际习惯,被视为国际法渊源之一。[2]

一、《可持续发展问题世界首脑会议的执行计划》

《21 世纪议程》(*Agenda* 21)是 1992 年在巴西里约热内卢召开的联合国

〔1〕 See Hugh Thirlway, *The Sources of International Law*, Oxford: Oxford University Press, 2014, p. 163.

〔2〕 See Malcolm N. Shaw, *International Law* (*Seventh Edition*), Cambridge: Cambridge University Press, 2014, p. 83.

环境与发展大会通过的有关全球环境问题的重要文件,鼓励世界各国以预防原则为准则对海洋环境的维护和管理采取全方位行动。[1] 之后 2002 年可持续发展世界峰会再次强调了保护海洋环境与海洋生物多样性的重要性,并且通过了一系列有关建立海洋保护区的建议。其中,《可持续发展问题世界首脑会议执行计划》重申了对《里约宣言》及《21 世纪议程》的承诺。《可持续发展问题世界首脑会议执行计划》声明,各国应当"维护国家管辖范围以内以及管辖范围以外的脆弱海洋生态系统的持续生产能力和生物多样性",并且进一步要求各国"发展和促进多种方法和工具的应用,包括生态系统方法、减少破坏性渔业实践、建设符合国际法规定并建立在科学基础上的海洋保护区(包括 2012 年之前建成代表性保护区体系)、间歇性/区域性关闭养护区域以及间歇合理地利用沿海陆地"。《可持续发展问题世界首脑会议执行计划》的上述内容对于海洋保护区相关法规的发展意义重大,《生物多样性公约》和《保护东北大西洋海洋环境公约》都将其纳入公约的决定、建议、指导方针等文件。例如,《生物多样性公约》缔约国大会决定在 2012 年之前建成代表性保护区体系(2010 年大会上决议延长至 2020 年实现)。[2]

二、联合国大会决议

虽然《海洋法公约》中没有明确关于建立和使用海洋保护区的内容,但联合国大会近几年来强调了将海洋保护区作为保护海洋环境和维护生物多

〔1〕 Agenda 21: Programme of Action for Sustainable Development. 14 June 1992, paras. 17.1, 17.2.

〔2〕 *Aichi Biodiversity Target*,载 http://www.cbd.int/sp/targets. 2020 年 5 月 30 日最后访问。

样性的重要工具。[1] 联合国大会同样制定了到2012年在全球范围内建成有代表性的海洋保护区网络的目标,鼓励世界各国在掌握最佳科学信息的基础上进一步保护重要生态群落栖息地和生态敏感区域。[2] 自2004年以来,联合国大会通过非正式协商进程和非正式特设工作组等方式,探讨了国家管辖范围以外区域海洋生物多样性的养护和可持续利用问题。非正式工作组在2011年召开的第四次会议上提出,在《海洋法公约》项下拟定关于国家管辖范围以外区域海洋生物多样性的养护和可持续利用的多边协议,其中在公海建立海洋保护区作为一种就地管理工具成为重点讨论议题之一。[3] 事实证明,非正式特设工作组会议的决议具有广泛的影响力,这次会议对国家管辖范围以外海域海洋环境与生物多样性保护和可持续利用的法律法规建设起到了极大的推动作用。在此基础上,2015年联合国大会第六十九次大会上通过决议,决定在《海洋法公约》项下制定"国家管辖海域外生物多样性养护与可持续利用协定"协定。

通过上述梳理可以看出,宣言和决议等"软法"性质国际文件促进和推动了公海保护区制度的发展,甚至在一定程度上填补了目前公海保护区相关法律法规缺失的空白。"软法"之所以能够起到上述作用,是和公海保护区制度缺失现状、环境议题的特点、"软法"本身的性质不可分的。公海环境与生物多样性资源的非排他性使得该领域的保护滞后于国家管辖范围内海

---

[1] See United Nations General Assembly, *Resolution adopted by the General Assembly*, A/Res/63/111, 12 February 2009, paras. 134, 135, 136.

[2] See United Nations General Assembly, *Resolution adopted by the General Assembly*, A/Res/66/231,24 November 2011, paras. 176, 178.

[3] See Robin Warner, *Conserving Marine Biodiversity in Area Beyond National Jurisdiction: Co-Evolution and Interaction with the Law of the Sea*, Frontiers in Marine Science 1, 2014, p.6.

域环境与资源保护工作，相关法律制度仍然缺失。自1982年《海洋法公约》通过以来，世界各国纷纷划定了管辖海域，并且依据相关公约进行了环境和资源的保护工作，如制定国内法律法规和政策并建立海洋保护区等。但是公海对所有国家开放并且不属于任何国家主权管辖范围，任何国家都可享有公海自由。对于公海环境与生物多样性资源的保护并不能给各国带来短期的现实利益，反而需要各国承担一定的义务；如果一个国家没有开展公海环境与生物多样性资源的保护工作，也不会因此而受到惩罚或者利益受损。因此，公海环境与生物多样性资源的这种公共产品使用和收益的非排他属性使得各国缺乏主动保护的动力。加之环境问题往往具有科学上的不确定性，人类对于某一特定环境现象的科学认识在相当长的一段时间内常常是不全面、不准确的，这也使得各国不愿意采取代价昂贵的环境保护措施。[1]上述因素在一定程度上导致了全球层面相关国际公约在涉及公海环境与生物多样性资源保护问题上的笼统性和宏观性。除了《海洋法公约》和《生物多样性公约》，目前国际法上并没有针对公海环境与生物多样性保护的国际公约，但上述两个主要公约也只是原则性地对这一议题有所涉及，并没有具体的、强制性的保护措施条文规范。如若对现有公约进行修改，必然要经过长时间的论证和各个国家法律间的协调，同时要受到不同国家国家利益的影响，即使形成了最终法律文本，仍然需要各个国家权力机关的批准才能生效。在这种现行法律规范明显滞后于现实变化的情况之下，国际宣言、国际组织决议等"软法"性质法律文件起到了填补的作用。此外，作为"软法"性质的国际宣言、国际组织决议等具有一定的超前性和进步性，代表法律的发

[1] 参见王铁崖：《国际法》，法律出版社1995年版，第457页。

展的同时需要考虑到环境保护……"[1]之后,世界贸易组织上诉机构在虾/海龟案中(Shrimp/Turtle Case)中称,《世界贸易组织协定》的序言中明确承认可持续发展原则,并且该原则已被认可为平衡经济、社会发展与环境保护的重要观念。[2]

在公海建立海洋保护区对维持海洋生态平衡以及海洋生物多样性的保护意义重大,特别是保护具有商业捕捞价值的鱼类种群对于海洋生物资源的可持续利用至关重要。为保持资源的商业开发价值,有效的办法是建立海洋自然保护区,把濒危资源物种的繁殖和活动区保护合并管理起来,使区域内的生物种群得以恢复。[3] 资源和生态系统的可持续是人类生存与发展的基础,可持续发展原则强调了人类经济和社会发展的同时必须保护和改善地球生态环境,确保以可持续的方式利用自然资源和环境,使人类的发展控制在地球承载能力之内。[4] 公海保护区作为保护公海环境与资源的重要工具,其设立目标和预期作用符合了可持续发展原则的内核。

二、合作原则

《联合国宪章》第74条规定:"联合国各会员国共同承诺对于本章规定之领土,一如对于本国区域,其政策必须以善邻之道奉为圭臬;并于社会、经

---

〔1〕 See Philippe Sands, Jacqueline Peel, Adriana Fabra, et al., *Principles of International Environmental Law*, Cambridge: Cambridge University Press, 2012, p. 208. 详见 I. C. J. Judgment of *Gab Cikovo-Nagymaros Project* (Hungary/Slovakia), 1997, p. 75。

〔2〕 See Appellate Body of WTO. *Report of United Stated-Import Prohibition of Certain Shrimp and Shrim Products*. WT/DS58/AB/R. 1998. p. 48, para. 129.

〔3〕 参见桂静:《公海保护区的国际法基本原则辨析》,载《江南社会学院学报》2014年第4期。

〔4〕 See Philippe Sands, Jacqueline Peel, Adriana Fabra, et al., *Principles of International Environmental Law*, Cambridge: Cambridge University Press, 2012, p. 210.

济及商业上，对世界各国之利益及幸福，予以充分之注意。”[1]这条“睦邻友好关系”原则经过转化和发展，演化成了合作原则。[2] 合作原则是国际法的一项基本原则，几乎在环境领域所有国际、区域、双边条约和文件中有所体现，并且得到广泛国家实践所支持。例如，《斯德哥尔摩宣言》第24项原则提出，保护和改善环境的国际问题应当由所有的国家，无论其大小，在平等的基础上本着合作精神来加以处理，必须通过多边或双边的安排或其他合适途径的合作[3]；又如，《里约宣言》第27项原则更简洁明了地呼吁“各国和各国人民应本着诚意合作的精神，实现本宣言所体现的各项原则，并促进可持续发展方面国际法的进一步发展”[4]。《海洋法公约》《生物多样性公约》也都肯定了合作原则。国际海洋法法庭在MOX Plant一案的裁决中称：“合作义务不仅是《海洋法公约》第十二部分海洋环境的保护与保全的基本原则，也是一般国际法中的一项基本原则……”[5]

保护公海环境和资源需要以合作原则为指导。由于国家管辖范围以外海域缺乏国家管辖权（船旗国控制除外），从而形成了治理真空，因此国际合作对于国家管辖范围以外海域的治理尤为重要。[6] 《海洋法公约》对公海海洋环境和资源保护的国际合作作出了原则性规定，要求各缔约国在养护

---

〔1〕《联合国宪章》第74条。

〔2〕See Philippe Sands, Jacqueline Peel, Adriana Fabra, et al., *Principles of International Environmental Law*, Cambridge: Cambridge University Press, 2012, p. 205.

〔3〕《斯德哥尔摩宣言》第24项原则。

〔4〕《里约宣言》第27项原则。

〔5〕See International Tribunal for the Law of the Sea. Order of the *Mox Plant Case* (*Ireland v. United Kingdom*) Case. 3 December 2001, para. 82.

〔6〕参见桂静：《公海保护区的国际法基本原则辨析》，载《江南社会学院学报》2014年第4期。

和利用公海生物资源方面进行国际合作。[1]《鱼类种群协定》为国际合作提供了更加详细的规定,特别强调了沿海国与区域性渔业管理组织的国际合作而且国际合作构成有效执行《海洋法公约》的核心。[2] 又如,《南极海洋生物资源养护公约》的序言中写道:"养护南极海洋生物资源需要国际合作,该国际合作应考虑到南极条约的规定,并应有在南极水域从事研究和捕捞活动的国家的积极参与。"[3]而目前尚在讨论中的"国家管辖海域外生物多样性养护与可持续利用协定"自2015年提出至今,历届非正式工作组的会议和报告都强调了合作原则的重要性,尤其是适用在就地管理工具,包括公海保护区的建立的问题上。[4] 现行公海保护区的建立与管理实践也体现了国际合作原则。例如,现行四大公海保护区都是由相应公约的成员国合作建立,从公海保护区的划设和管理,到收益分配的整个过程都体现了合作精神。

三、预防原则

预防原则自20世纪80年代中期出现在国际法律文本中,在此之前多为国内法体系所用。[5] 该原则旨在为存在科学不确定性的国际环境法的发展

---

〔1〕《联合国海洋法公约》第117条、第118条。

〔2〕《联合国鱼类种群协定》第三部分"关于跨界鱼类种群和高度洄游鱼类种群的国际合作机制"。

〔3〕《南极海洋生物资源养护公约》序言。

〔4〕See Preparatory Committee Established by General Assembly Resolution 69/292. Development of an International Legally Binding Instrument under the United Nations Convention on the Law of the Sea on the Conservation and Sustainable Use of Marine Biological Diversity of Areas beyond National Jurisdiction. 2015, p. 9.

〔5〕See Konrad von Moltke, *The Vorsorgeprinzip in West German Environmental Policy*, London: Institute for European Environmental Policy, 1987, p. 57.

和应用提供指导。[1] 同上述两个原则一样，预防原则也被诸多环境领域的公约纳入其中。虽然在各国际法文件中预防原则的严格定义不尽相同，但《里约宣言》第15项原则的定义是目前最为普遍使用的，即“为了保护环境，各国应按照本国的能力，广泛适用预防措施。遇有严重或不可逆转损害的威胁时，不得以缺乏科学充分确实证据为理由，延迟采取符合成本效益的措施防止环境恶化”[2]。自《里约宣言》之后，几乎所有国际环境法公约和国际法律文件中都将预防原则纳入其中，特别是海洋环境与资源保护领域。[3]

国际海洋法法庭在《咨询意见》[4]中指出，预防原则已出现在越来越多的国际条约和其他国际法律文件中，且大多体现了《里约宣言》第15项原则的定义。[5] 1995年的《鱼类种群协定》也强调了预防原则的重要性，其中第6条明确规定，缔约方有义务（shall）广泛使用预防原则来养护、管理和开发利用跨界鱼类种群和高度洄游鱼类种群，以保护海洋生物资源和海洋环境。[6]《保护东北大西洋海洋环境公约》是最具代表性的区域性海洋环境保护公约之一，预防原则就以条文的形式规定在公约之中，成为各缔约方应

---

[1] See Patricia Birnie, Alan Boyle, *International Law and the Environment*, Oxford: Oxford University Press, 2009, p. 156.

[2] 《里约宣言》第15项原则。

[3] See David Freestone, “Caution or Precaution: ‘A Rose by Any Other Name’?”, *Yearbook of International Environmental Law* 10, 2000, p. 25.

[4] 国际海洋法法庭（International Tribunal for the Law of the Sea）《咨询意见》是《国家担保个人和实体在“区域”内活动的责任和义务的咨询意见》的简称。英文：Responsibilities and Obligations of States Sponsoring Persons and Entities with Respect of Activities in the Area, Advisory Opinion。

[5] See International Tribunal for the Law of the Sea Seabed Dispute Chamber Responsibilities and Obligations of States Sponsoring Persons and Entities with Respect to Activities in the Area (Advisory Opinion), 2011, para. 127.

[6] 《联合国鱼类种群协定》第6条。

遵循的一般性义务。[1] 即有合理依据直接或间接证明损害海洋环境与生态系统的物质进入海洋环境,甚至即使没有确凿证据证明排放物和损害结果之间具有因果关系时,都应采取预防措施。设立公海保护区是一种防止区域内海洋环境与生物多样性免受人类活动干预的保护形式,其本质即是预防措施。因此,预防原则是构建公海保护区制度最为直接的一项基本原则。预防原则在国际司法实践中也有体现。例如,国际海洋法法庭在南方蓝鳍金枪鱼案(Southern Bluefin Tuna Cases)中虽然没有直接适用预防原则,但即使存在严重危害证据的科学不确定性情况下,海洋法法庭还是裁定暂停日本的捕捞活动,预防对南方蓝鳍金枪鱼种群造成严重危害。[2] 又如,国际法院在审理盖巴斯科夫·拉基玛洛大坝一案的判决中指出:"在环境保护领域,由于环境破坏或损害的不可逆性以及后续损害赔偿机制的固有局限性,警惕和预防是环境保护的必要考虑因素。"[3]

上述公海保护区可适用的基本原则已形成习惯法,对国际社会所有国家均有约束力,是公海保护区制度的国际法渊源之一。但是在公海保护区制度尚未建立,缺乏明确的主管机关之时,考虑到各国对建立公海保护区的法律依据有不同的理解,上述基本原则需要结合具体情况加以适用。

---

[1] 《保护东北大西洋海洋环境公约》第2条第2款(a)。

[2] See International Tribunal for the Law of the Sea, *Order of the Southern Bluefin Tuna Cases (New Zealand/Japan; Australia/Japan)*, 1999, paras. 79, 80.

[3] See International Court of Justice, *Judgment of Gab Cikovo-Nagymaros Project (Hungary/Slovakia)*, 1997, para. 140.

第三章　公海保护区与公海制度的冲突与兼容

公海保护区,顾名思义,是建立在公海海域的保护区。通过上述对建立公海保护区国际法依据的分析可知,目前并没有完整的国际法框架来规制公海保护区的建立和管理。虽然已有建立公海保护区的实践,但这些实践对公海自由原则和公海上的船旗国管辖权形成了一定冲击,这也是国际社会对公海保护区问题有较大争议的原因之一。那么,建立公海保护区与现行公海制度存在何种潜在冲突,现有公海保护区实践是否对此有所回应将在本章作出分析。

第一节　现行公海制度主要内容

“公海自由”是现代公海制度的核心内容,法国学者保罗·福西耶(Paul Fauchille)说,公海不构成任何国家的领土部分,任何国家不能对其主张所有权或主权或管辖权。海洋是一切国家共通的大道。[1] 关于公海自由，英国著名国际法学者奥本海（Lassa Oppenheim）更强调“公海自由”一词表明公海永远不属于任何国家主权的国际法规则，因此，公海既不是任何国家的领土，任何国家通常就没有在公海任何部分行使立法、行政、管辖的权利；同时，公海既然永远不属于任何国家的主权，任何国家也就不能以占领的方法取得公海任何一部分的权利。[2] 但“自由”并不意味着公海上没有法律秩序。船旗国的管辖权，即船旗国对本国船舶行使管辖和控制是对公海上法律秩序的保障。以下从公海制度的核心——公海自由原则、公海秩序的“保证”——船旗国管辖、公海制度发展趋势——环境保护与生物资源养护的加强这三个方面对现行公海制度的主要内容加以梳理，也是考察公海保护区与现行公海制度之间潜在冲突的基础。

一、公海自由原则

公海自由是国际社会公认的海洋法原则。1609 年格劳秀斯的短篇论著《海洋自由论》的发表，对后来公海制度的形成和发展影响深远。在当时，传统海上强国葡萄牙主张对全部印度洋以及在摩洛哥南的大西洋的主权，禁止外国船只通过其所主张的海域，葡萄牙此举实际上是为了阻碍其他国家在东印度洋群岛航线上的航行和贸易。这一做法引起了新兴海上贸易大国荷兰的不满。由此，格劳秀斯发表了著名的《海洋自由论》来反对葡萄牙的封锁行为，表明荷兰有权与印度群岛进行通航和贸易往来。格劳秀斯认为，

---

〔1〕 周鲠生：《国际法》（下册）》，武汉大学出版社 2007 年版，第 396 页。

〔2〕 劳特派特修订：《奥本海国际法》（上卷第二分册），王铁崖、陈体强译，商务印书馆 1989 年版，第 101 页。

海洋在实际上是不能通过占领而取得占有，因而海洋不能成为国家的财产。由此得出结论，海洋的本质是不受任何国家主权控制的。[1] 格劳秀斯的这一理论在18世纪后为近代各国所接受，形成了公海自由原则的理论基础。然而在当时，其主张激起了各方对于海洋主权归属的争论，其中对格劳秀斯"海洋自由"学说最具挑战力的是英国自然法学家约翰·塞尔登（John Selden）于1635年出版的《海洋封闭论或论海洋的所有权》（*Mare Clausum seu De Dominio Maris*）。这两部书的观点针锋相对，成为后世所有关于海洋问题的争议的论证资源。如果说"海洋自由"为日后公海自由原则的产生奠定了基础，那么塞尔登的"闭海论"则对领海制度的发展有着重要影响。

直到19世纪，公海自由原则才被确立并且得到广泛的国际实践支持。[2] 在1958年《公海公约》中，公海自由是最为核心的条款，其第2条列举了航行、捕鱼、铺设海底电缆和管线、飞越这四种自由，同时说明，公海自由不仅仅有上述四种自由，还包括国际法一般原则所承认之其他自由。[3] 之后，1982年《海洋法公约》中的公海自由内容，即第87条，在纳入《公海公约》第2条的基础之上形成，并成为《海洋法公约》中的重要内容。[4] 从第

〔1〕 See Hugo Grotius, *The Free Sea*, trans by Richard Hakluyt, The Indianapolis: Liberty Fund, Inc., 2003, p. 25.

〔2〕 See Ram Prakash Anand, *Origin and Development of the Law of the Sea*, The Hague: Martinus Nijhoff Publishers, 1983, p. 232.

〔3〕 北京大学法律系国际法教研室：《海洋法资料汇编》，人民出版社1974年版，第218页。

〔4〕 《联合国海洋法公约》第87条："1. 公海对所有国家开放，不论其为沿海国或内陆国。公海自由是在本公约和其他国际法规则所规定的条件下行使的。公海自由对沿海国和内陆国而言，除其他外，包括：(a)航行自由；(b)飞越自由；(c)铺设海底电缆和管道的自由，但受第Ⅵ部分的限制；(d)建造国际法所容许的人工岛屿和其他设施的自由，但受第Ⅵ部分的限制；(e)捕鱼自由，但受第二节规定条件的限制；(f)科学研究的自由，但受第Ⅵ和第ⅩⅢ部分的限制。2. 这些自由应由所有国家行使，但须适当顾及其他国家行使公海自由的利益，并适当顾及本公约所规定的同'区域'内活动有关的权利。"

87 条的内容可以看出：

第一，公海自由需要各国遵守一定的法律秩序以保证实现，即“公海自由是在本公约和其他国际法规则所规定的条件下行使的”。因此，公海自由是一种相对的自由，而非无条件行使的绝对自由。

第二，公海自由原则包括航行、飞越、铺设海底电缆和管道、建造人工设施和科学研究等六项具体内容。每一项自由权利的行使也需要符合《海洋法公约》其他部分或者其他相关国际公约的规定。例如，航行自由是公海自由最基本的一项内容，航行自由是国际交通发展的必要条件，也正是因为荷兰在东印度洋群岛航线的航行受阻致使格劳秀斯提出了海洋自由的学说。无论军舰或商船，在公海上都有完全无阻碍航行的自由，只受属于其本国的专属管辖。但是为维护公海上的秩序，任何船舶都必须悬挂一国国旗[1]，并且遵守关于船舶的制度以及海上安全、防止船舶造成海洋污染等国际法规。作为负责海上航行安全和防止船舶造成海洋污染的专门机构，国际海事组织不仅在航行船舶的“硬件”（船舶设计、设备、人员配备、操作等）方面制定了行业标准，以确保船舶的安全、节能、环保；而且制定了有关海上安全、防止船舶污染、海上运输等方面的公约和议定书，如《国际海上人命安全公约》及议定书（SOLAS）、《国际防止船舶造成污染公约》及议定书（MARPOL）、《国际干预公海油污事故公约》等。又如，公海捕鱼自由是世界各国的公共利益，但由于公海渔业资源的过度开发利用，使得国际社会开始关注公海渔业管理和养护的问题。《海洋法公约》第一个执行协定，即 1995 年《鱼类种群协定》的制定便是针对公海跨界鱼类种群和高度徊游鱼类种群

〔1〕《联合国海洋法公约》第 90 条、第 91 条。

的管理和养护。[1]《鱼类种群协定》第 5 条规定，沿海国和在公海捕鱼的国家应履行的一般合作义务，包括评估捕鱼、其他人类活动及环境因素对目标种群等的影响、必要时制定养护和管理措施以维持或恢复目标种群的数量、保护海洋环境的生物多样性、采取措施防止过度捕捞等。[2] 另外，值得注意的是，该协定将环境法的预防原则以法条的形式列举出来，规定了"各国对跨界鱼类种群和高度洄游鱼类种群的养护、管理和开发，应广泛适用预防性做法，以保护海洋生物资源和保全海洋环境"[3]。捕鱼自由是公海自由原则的重要内容，然而《鱼类种群协定》的制定则对公海捕鱼作出了限制，由此捕鱼自由成为相对的自由，而公海渔业资源以及其他生物资源的可持续开发与管理利用成为公海治理的发展方向。

第三，任何国家在行使公海自由时应当承担适当顾及义务(due regard)，顾及的对象包括行使公海自由的其他国家和《海洋法公约》所规定的同"区域"内活动有关的权利。但问题是，公约的措辞是极其模糊的，并没制定或说明适当顾及义务的内容或是具体履行标准。尽管国际法委员会(International Law Commission, ILC)将"适当顾及"义务作为一项国际法习惯法解释为，任何国家在使用公海自由时必须要避免有可能损坏其他国家使用公海自由的行为发生。[4] 然而关于适当顾及的内容和标准仍然是模糊的。

---

〔1〕《联合国鱼类种群协定》序言。

〔2〕《联合国鱼类种群协定》第 5 条。

〔3〕《联合国鱼类种群协定》第 6 条。

〔4〕 See Alexander Proelss (editor), Amber Rose Maggio, Eike Blitza, Oliver Daum (assistant editors), *United Nations Convention on the Law of the Sea: A Commentary*, München: C. H. Beck, Oxfrod: Hart, Baden-Baden: Nomos, 2017, p. 681.

二、船旗国的管辖权

公海上的管辖权主要与船舶所悬挂的国旗相关联。在公海上,法律秩序的建立是通过各国对相关国际法规则的遵守,同时与本国国内法之间进行合作而建立起来的。[1] 这种管辖权并不是对公海本身的管辖权,而只是对公海上航行的船舶、人和货物的管辖权。一般情况下,任何国家在公海上仅对本国船舶有管辖权,即船旗国的专属管辖权[2];在特殊情况下,如公海上的海盗行为、毒品走私、贩卖奴隶、非法广播行为可以由任何国家加以惩罚,无论该船悬挂何国国旗,即普遍管辖权[3]。除此之外,军舰和专用于政府非商业性服务的船舶在公海上享有不受船旗国以外任何其他国家管辖的完全豁免权[4],并且在有合理依据认为某船舶有海盗、贩卖奴隶、非法广播等嫌疑时享有登临该船舶的权利[5]。通过上述阐述可以看出,公海上存在船旗国的专属管辖权、任何国家可以实施的普遍管辖权以及军舰和政府船舶的完全豁免权。其中,普遍管辖权与海洋环境和生物资源问题并不相关,在此不作赘述。

根据国际法的习惯规则,任何国家的私有船舶、军舰和公务船舶在公海上都受其船旗国的专属管辖。因此,对于船上发生的民事或商事活动,以及犯罪行为等都视为在船旗国领土上发生的,船旗国对此享有最高的、排他的

---

[1] 劳特派特修订:《奥本海国际法》(上卷第二分册),王铁崖、陈体强译,商务印书馆1989年版,第105页。

[2] 《联合国海洋法公约》第92条。

[3] 《联合国海洋法公约》第99条、第100条、第108条、第109条。

[4] 《联合国海洋法公约》第95条、第96条。

[5] 《联合国海洋法公约》第110条第1款。

管辖权。船旗国对本国船舶的专属管辖有两个作用，一方面，可以防止他国船舶在公海上对本国船舶进行干扰或发生冲突，以确保本国船舶能够享有公海自由；另一方面，船旗国对本国船舶的专属管辖使得船旗国有义务确保本国船舶遵守有关公海活动的相关国内法和国际法，以维持公海海上秩序。[1] 可以说，公海上的良好秩序是所有国家船舶享有公海自由的先决条件；各船旗国对本国船舶公海活动的管理是维护公海海上秩序的途径，也是国内法与国际法合作、国家间合作的一种体现。

三、公海环境与生物资源养护和可持续利用

伴随航运、生物资源与非生物资源勘探开发活动等逐渐向更深远大洋的迈进，环境与资源问题相伴而生。现代公海制度不仅包括各国在公海所享有的权利，也包括对公海海洋环境及生物资源管理与保护的内容。

《海洋法公约》为全球海洋环境及生物资源的可持续发展奠定了国际法基础，也搭建起了综合性的法律框架。《海洋法公约》对于海洋生物资源的保护使用了区域管理和种别管理两种方法。区域管理的方法就是根据领海、群岛水域、专属经济区、公海的划分来管理相应水域内的生物资源。《海洋法公约》第 87 条第 1 款在规定各国享有公海捕鱼自由的同时，需遵守本公约第七部分第二节关于公海生物资源养护和管理的义务。更具体地说，第 119 条第 1 款规定，各国需采取措施将可捕捞量维持或恢复到与最高生产量相持平的水平；该条第 2 款规定了各国有义务通过国际组织提供和交换科学

〔1〕 See Yoshifumi Tanaka, *The International Law of the Sea* (*Second Edition*), Cambridge: Cambridge University Press, 2015, p. 444.

情报、渔获量、捕捞量等数据资料。〔1〕国家间的合作义务是公海海洋生物资源保护的先决条件,〔2〕因而《海洋法公约》第118条规定了各国应互相合作以养护和管理公海区域内的生物资源……为此目的,这些国家应在适当情形下进行合作,以设立分区域或区域渔业组织。〔3〕目前有代表性的区域性渔业组织包括:东北大西洋渔业委员会,其长期以来一直在区域层面采取保护海洋生态系统的行动,如在哈顿(Hatton)和罗克班克斯(Rockall Banks)区域建立了封闭区域以保护冷水珊瑚,禁止海底拖网捕捞、刺网捕捞、长拖线捕捞等;〔4〕西北大西洋渔业组织也设立了不同时限的禁捕区,禁止区域内海底拖网捕捞以保护脆弱的生态环境;〔5〕此外,东南大西洋渔业组织、地中海渔业总委员会等也采取了相应的限制措施,以保护生态资源和脆弱的栖息地。可以认为,建立区域性渔业组织是国家间履行合作义务以养护公海生物资源的一种途径。〔6〕另一种海洋生物资源保护的方法是种别管理,即对不同物种采取相应的保护措施,如《海洋法公约》分别规定了高度回游鱼种、海洋哺乳动物、溯河产卵种群、降河产卵鱼种等的养护措施。〔7〕除此之外,

---

〔1〕《联合国海洋法公约》第119条。

〔2〕See Yoshifumi Tanaka, *The International Law of the Sea (Second Edition)*, Cambridge: Cambridge University Press, 2015, p. 608.

〔3〕《联合国海洋法公约》第117条。

〔4〕*Closures on the Hatton and Rockall Banks*, 载 http://www.neafc.org/closures/hatton-rockall. 2019年11月1日最后访问。

〔5〕*Vulnerable Marine Ecosystems (VME) Closures*, 载 https://www.nafo.int/Fisheries/VME; *NAFO Conservation and Enforcement Measures*, 载 https://www.nafo.int/Fisheries/Conservation. 2019年11月1日最后访问。

〔6〕United Natones Division for Ocean Affairs and Law of the Sea. The Law of the Sea: The Regime for High-Seas Fisheries, Status and Prospects. New York, United Nations, 1992, p. 26, para. 78.

〔7〕《联合国海洋法公约》第63~68条。

国际社会针对不同物种还制定了具体的公约。例如,1995 年缔结的《鱼类种群协定》意在保护和管理跨界鱼类种群和高度洄游鱼类种群;《国际捕鲸管制公约》的制定,并建立了保护鲸国际委员会;为保护金枪鱼而缔结了《养护大西洋金枪鱼国际公约》等。

《海洋法公约》第十二部分共六节专门规定了海洋环境的保护和保全,大致可以分为三个主要内容:有关海洋环境保护的总体框架和具体内容、与其他国际海洋环境公约的协调一致、国家间的合作义务。《海洋法公约》第 192 条规定了各国有保护和保全海洋环境的义务。[1] 这种义务是无条件的,适用对象"海洋环境"将海洋作为一个整体来对待,不区分人为所作出的国家管辖范围之内或之外,因此,公海被包括在内。与其他海洋环境保护公约不同的是,《海洋法公约》对海洋的各类污染源作出了全面规制,包括来自陆地、船舶、海底、大气等,并且《海洋法公约》对与其他国际海洋环境保护相关公约之间的关系和衔接作出了规定,可以说《海洋法公约》在相关条款的制定上采用了一种达到与其他相关公约"不相上下的效果"或是"至少起到一样效果"的方法。例如,《海洋法公约》第 211 条第 2 款规定:"各国应制定法律和规章,以防止、减少和控制悬挂其旗帜或在其国内登记的船只对海洋环境的污染。这种法律和规章至少应具有与通过主管国际组织或一般外交会议制定的一般接受的国际规则和标准相同的效力。"[2] 该条文中"国际规则"在国际海事组织制定的《国际防止船舶造成污染公约》中有具体的体现。《海洋法公约》中有关海洋环境保护的条款大多采取了类似的规定,即参考其他相关国际公约。这种做法将《海洋法公约》与诸如《国际防止船舶造成

[1] 《联合国海洋法公约》第 192 条。
[2] 《联合国海洋法公约》第 211 条第 2 款。

污染公约》《防止倾倒废物及其他物质污染海洋的公约》(《伦敦倾废公约》)及其议定书等海洋环境保护公约相联系,以协调采用一致的保护标准和规定,达到保护效果。

综上所述,公海自由是现代公海制度的核心,公海上管辖权的设置、海洋环境与资源的保护是为了维护公海良好秩序和环境生物资源的可持续利用,以保障各国能够享有公海自由不受他国干扰,同时又不损害他国享有公海自由。正如法律和自由的关系一样,国际社会通过国际法规则的约束来保障公海自由的实现,但没有国际法规则约束的公海自由,就等于没有自由。

第二节 公海保护区与公海制度的冲突性

公海制度的建构经历了从自由地使用公海到有条件地使用并保护这样一个过程,这一过程实际反映出国际社会对于公海治理观念的变迁。公海保护区的产生是某些国际行为体,如国家、国际组织或非政府组织等对于保护公海所形成的集体认知,被反映在实践中便是,船舶航行和捕鱼等传统公海活动都会不同程度地影响海洋环境和生物资源,因此为实现保护目的,公海保护区的管理会采取一些保护措施或限制措施,如设置禁渔区、对区域内交通采取监测、对科学研究采取审批制度等。但这些措施必然会不同于上述现行公海制度的内容,公海保护区的建立与管理会对公海制度造成一定的挑战。以下将结合海洋法理论和现有四大公海保护区实践,分析公海保护区的建立与管理对公海自由的影响、对公海上管辖权的冲击以及对非缔约方的效力问题,并考察现有的四大公海保护区法律制度是否对上述问题提供解决途径。

一、建立公海保护区对公海自由的挑战

根据《海洋法公约》的规定,公海自由主要包括六项:航行、飞越、铺设海底电缆和管道、建造人工设施、捕鱼、科学研究自由。由于公海保护区设立的主要目的在于保护公海水体生物资源及其多样性,其所采取的保护措施必然是禁止或限制那些对海洋环境和生物资源有较大影响的人为活动。反言之,公海保护区的设立和管理措施的实施也必然会对此类人为活动自由产生影响。在上述六项公海自由中,飞越自由与海洋环境和生物资源并无关联;人工设施的建设会产生大量废弃物并且对海洋环境造成不可逆的影响,但考虑到地理位置、科学技术、资金与效用等问题,人工岛礁设施一般多建立于距离沿岸较近的水域,在公海尚未有大规模的建设,因而公海保护区的建立和管理与此类活动尚未产生冲突。从目前国际社会关注的焦点和实践层面来看,建立公海保护区对公海自由的普遍影响主要会体现在对航行、捕鱼、科学研究以及铺设海底电缆和管道的影响上。

(一)建立公海保护区对航行自由的影响

航行自由是公海自由中最为重要的一项内容,捕鱼、科研、铺设海底电缆和管道等都需要船舶航行作为首要条件。船舶航行最为常见的污染是可操作性污染。[1] 例如,船舶操作产生的未超过排污标准或允许排放的油、污

[1] See OECD Maritime Transport Committee, *Cost Savings Stemming from Non-compliance with International Environmental Regulations in the Maritime Sector*, OECD Document DSTI/DOT/MTC (2002)8/FINAL, 2003, p. 10.

水、垃圾等污染物,[1]除此之外也可能产生因操作失误或故意排放的超过排污标准的压载水、船底舱油污水等;可操作性污染发生地点较为分散,但危害不容忽视。事故性污染是指船舶航行中因过失或不可抗力等因素造成的碰撞、触礁、爆炸等意外事故所引起的油污或有毒物质泄漏,对海洋环境和社会经济都会造成重大损失。虽然事故性污染发生的概率不高,但一旦发生就会对局部海域造成巨大的,甚至不可逆的危害。此外,物理性影响也是船舶航行的影响之一。物理性影响包括发动机和机器运转产生的噪声、与生物的碰撞、对栖息地的物理性损坏等。[2] 有科学家研究指出,船舶产生的噪声对白鲸等哺乳动物的听力和生存能力会产生致命影响。[3] 正因船舶航行对海洋环境和生态系统会产生上述种种负面影响,世界范围内现有的四大公海保护区的建立都将船舶航行视为需要进行规制的人类活动之一。实际上,对船舶航行进行限制并不是公海保护区创新的管理措施,经国际海事组织批准的特别敏感海域内,便可以采取绕航、避航、领航以及船舶交通管理等措施以保护特定海域内的海洋环境。目前,四大公海保护区对航行是否采取限制措施或是在什么程度上采取限制措施不尽相同。

地中海派拉格斯海洋保护区的缔约方以分类列举的形式阐述了商船运输、帆船,甚至竞赛性质的水上活动所产生的噪声、污染以及与海洋哺乳动

[1] See OECD Maritime Transport Committee, *Cost Savings Stemming from Non-compliance with International Environmental Regulations in the Maritime Sector*, OECD Document DSTI/DOT/MTC (2002)8/FINAL, 2003, p. 21.

[2] See Marine Mammal Commission, *Marine Mammals and Noise: A sound Approach to Research and Management*, March 2007, pp. 4 – 5; David W. Laist, Amy R. Knowlton, et al., *Collisions between Ships and Whales*, Marine Mammal Science 17, 2001, p. 35.

[3] See Christine Erbe, *Underwater Noise of Whale-Watching Boats and Potential Effects on Killer Whales (Orcinus Orca), Based on An Acoustic Impact Model*, Marine Mammal Science 18, 2010, p. 394.

物的碰撞对保护区内生物资源的严重影响。[1] 但是在《建立地中海海洋哺乳动物保护区协议》中仅有第12条的第2款的b项以指导性的方式规定了缔约方应采取措施以防止船舶与海洋哺乳动物的碰撞,并没有其他条文对区域内的船舶航行作出规定。地中海派拉格斯海洋保护区的部分保护区域位于国家管辖范围以内,因而,缔约各方对本国管辖范围内的海洋保护区部分作出了有关船舶航行的限制。例如,法国在本国管辖范围内的海洋保护区部分使用了实时映射系统(real-time mapping system)用于监测船舶航行所造成的噪声情况。[2]

《保护东北大西洋海洋环境公约》第6条和附件四规定了缔约方有评估东北大西洋区域内海洋环境质量并针对环境问题采取相应措施的义务。[3] 根据该项规定,2010年奥斯巴委员会发布的《质量情况报告》(*Quality Status Report*)列举出了可能对海洋环境产生重大影响的人类活动,其中包括航运。对于东北大西洋海洋保护区内人类活动的管理,《保护东北大西洋海洋环境公约》采取了全面而宽泛的规定,但将保护区内船舶航行的相关措施排除在管理措施之外,船舶航行问题仍然遵循国际海事组织的规定。[4]

南奥克尼群岛南大陆架海洋保护区和罗斯海保护区都对保护区内的航运交通采取了监管措施。《养护措施91-03》针对南奥克尼群岛南大陆架海

---

〔1〕 *The Different Human Activitiesthat Can Have Negative Impacts on the Marine Mammals in the Sanctuary*,载 http://www.sanctuaire-pelagos.org/en/human-activities/introduction. 2018年11月1日最后访问。

〔2〕 *Underwater Noise*,载 http://www.sanctuaire-pelagos.org/en/threats/underwater-noise. 2018年11月1日最后访问。

〔3〕《保护东北大西洋海洋环境公约》第6条,附件四。

〔4〕《保护东北大西洋海洋环境公约》附件五,第4条。又见,Erik J. Molenaar, Alex G. Oude Elferink, *Marine Protected Areas in Areas beyond National Jurisdiction: The Pioneering Efforts under the OSPAR Convention*, Utrecht Law Review 5, 2009, p. 14.

洋保护区的渔船规定了"鼓励渔船在途径该区前将其船旗国信息、船只大小、IMO 编号、路线等数据信息通知南极生物资源养护委员会秘书处",使用"鼓励"一词说明船旗国并不承担通知的强制义务[1];而《养护措施 91－05》针对进入罗斯海保护区的渔船同样规定了通知义务,但此处并不是"鼓励",而是用了"应当",除此之外,罗斯海保护区还对科考船的通行进行了类似的规定,"鼓励此类船舶在途径该区前将其船旗国信息、船只大小、IMO 编号、路线等数据信息通知南极生物资源养护委员会秘书处"[2]。值得注意的是,南奥克尼群岛南大陆架海洋保护区对于区域内航运交通的限定只针对的是渔船,没有包括其他类别的船舶;罗斯海保护区的限定在此基础之上仅增加了对科考船舶的规定。由此可以推断,除上述两种类别的船舶外,其他船舶在进入或通过海洋保护区时并没有通知的义务。

通过上述对现有四大公海保护区实践的梳理可以看出,尽管各保护区的管理委员会都通过文件、研究报告、实例分析等形式确认航运是海洋保护区环境和生物资源的威胁之一,是保护区应当采取措施加以应对的问题之一。但现有实践却是对航运问题抱有"小心翼翼"的态度,并没有限制船舶通行或是采取严格的措施,仅仅采取了一定程度的监控措施,以鼓励或是规定了对过往渔船(或科研船舶)的通知义务,这项通知义务无疑在程序上增加了过往船只的负担。以罗斯海保护区对渔船的监管措施为例,《养护措施 91－05》规定了过往渔船在进入保护区之前负有通知义务,但后续并没有规

[1] Conservation Measure 91－03(2009): Protection of the South Orkney Islands Southern Shelf. Article 5.

[2] Conservation Measure 91－03(2009): Protection of the South Orkney Islands Southern Shelf. Article 24.

定如果渔船不符合保护区的设立目的会有何种处理。设想如果禁止此类渔船进入公海保护区，那么这种限制措施就违反了公海自由中的航行自由；而如果允许此类渔船在保护区域内通行，那么规定的通知义务便形同虚设，保护区的设立并不能起到应有的效用。航行自由是公海自由中最为重要的一项内容，其核心就是保障各国船舶在符合适航条件的前提下能够在公海上安全、畅通、无障碍地航行，以最为快速和经济的方式抵达目的地。公海保护区管理措施中对船舶航行设置附加条件或者限制甚至禁止航行无疑对航行自由造成了冲击。

（二）建立公海保护区对捕鱼自由的影响

设立公海保护区的重要目的就是保护生物资源及其多样性。因此，对捕鱼自由的影响较为明显。如前文所述，海洋渔业资源日益枯竭的危机使得传统"绝对自由"的公海捕鱼时代早已结束。从1893年英国诉美国的"白令海海豹仲裁案"开始，公海捕鱼"绝对自由"的观念便开始转变和发展为"相对自由"。[1] 其后1958年第一次海洋法大会通过的《日内瓦公海公约》项下的《捕鱼及养护公海生物资源公约》、1982年《海洋法公约》及之后1995年《鱼类种群协定》的制定进一步限制和限定了公海捕鱼自由，也可以说是压缩了这种自由。值得注意的是，现有的区域渔业组织已采取了相应措施保护其区域内的公海渔业资源。为实现养护目的，公海保护区所采取的管理措施如何与区域渔业组织的管理措施衔接与协调也是日后公海保护区制度需要面临的问题。

从目前四大公海保护区实践来看，为达到养护生物资源的目的，在各个

〔1〕 参见许望：《公海保护区与现行海洋法体系的关系问题研究——基于〈联合国海洋法公约〉的分析》，载《浙江海洋学院学报》（人文科学版）2015年第6期。

公海保护区内都采取了不同的禁渔措施，如在地中海派拉格斯海洋保护区内禁止对保护区内哺乳动物的任何故意捕获或干扰，禁止使用长于 2.5km 的拖网捕鱼；在南奥克尼群岛南大陆架海洋保护区范围内禁止捕鱼，除非经南极生物资源养护委员会同意实施与渔业有关的科研活动等。公海保护区对公海自由捕鱼权的直接调控确实在一定程度上制约了一些国家公海渔业捕捞产业及海洋经济利益。[1] 但从公海捕鱼自由从“绝对”走向“相对”这一过程来看，可以明确的是，未来无论是以建立公海保护区还是以其他途径对公海生物资源进行管理与养护，国际社会对捕鱼自由的限制深度和广度会有所加强和延展。

(三)建立公海保护区对其他公海自由的影响

除了对航行自由和捕鱼自由的影响之外，建立公海保护区对公海自由原则的影响还体现在对保护区内科学研究活动的批准和监督方面。根据《海洋法公约》的规定，各国享有从事科学研究的自由。但由于海洋科学研究活动中必然涉及船舶航行、机械设备等在水下的工作，或是以科研为目的进行捕捞，其对保护区内的海洋环境和生物资源将会造成一定的负面影响。因此，在公海保护区内的科学研究活动往往需要遵守比一般公海科研活动更为严格的环境保护规则，实际上为保护区内科研活动设定了更高的门槛。除地中海派拉格斯海洋保护区外，其他三大公海保护区都在不同程度上对保护区内的科学研究进行了规定。例如，《东北大西洋海洋保护区管理指

[1] 参见史晓琪、张晏瑲：《公海保护区与公海自由制度的关系及发展进路研究》，载《中国海商法研究》2017 年第 1 期。

南》中将科学研究列在需要规制的对海洋环境有负面影响的人类活动之中;[1]在南奥克尼群岛大陆架海洋保护区内进行渔业研究活动需要经过南极生物资源养护委员会的同意和监督并且符合保护区的养护措施;[2]罗斯海保护区中分为一般保护区、特别研究区、磷虾研究区,在一般保护区和磷虾研究区进行渔业相关研究活动需要与《管理措施 24 - 01》相符。[3] 在公海保护区内对科学研究活动提高"门槛"和严格控制的做法往往在客观上限制了技术和资金欠发达的国家从事公海科学研究,而资金和技术发达的国家在同领域便可抢占先机。发达国家和欠发达国家之间在公海科学研究方面的差距,以及由此所占有与获得海洋生物资源信息的差距将越来越大。这也是许多发展中国家对设立公海保护区持谨慎态度的原因之一。此外,建立公海保护区还可能对保护区内的海底工程排放噪声和废弃物进行限制、对航空飞越的噪声进行限制等,都会对现有公海自由原则产生冲击。

二、公海保护区管理与船旗国管辖权的冲突

船旗国在公海上的管辖权是对公海上人和物的管辖,并不是对公海本身进行的管辖。公海保护区设立在不属于任何国家主权范围的公海水域,无论是国家间依照条约建立还是在国际组织、区域性组织的倡导下建立,公海保护区内的一系列管理措施必定是某个或多个国家来实际执行和实施。由此会使特定国家获得一定程度的管辖权,这种管辖权与船旗国管辖权便

[1] See OSPAR Commission, *Guildlines for the Management of Marine Protected Areas in the OSPAR Maritime Area*, 2003, para. 5. 10.

[2] Conservation Measure 91 - 03(2009): Protection of the South Orkney Islands Southern Shelf. Article 2.

[3] Conservation Measure 91 - 05(2016): Rose Sea Region Marine Protected Area. Article 7.

会产生矛盾。特别是当一国船只违反有关公海保护区管理规定时，公海保护区管理者该如何对违法船只进行执法？就此问题，可以将管理对象分为公海保护区成员国和非成员国来进行分析。

对于气候变化、海洋环境与资源退化这类“公共品”性质的问题，需要国际社会与区域层面的合作。国家之间的国际合作大多以条约为基础进行，在条约体制内，成员国之间享有优于非成员国的权利，也承担高于非成员国的特定义务以使条约规定能够得到执行从而使合作达到一定效果。因此，建立公海保护区的条约缔约国之间可以约定对其他缔约国的船只行使管辖权。例如，在东北大西洋海洋保护区网络中，当成员国需要支持时，奥斯巴委员会可采取行动或其他成员国采取联合行动，确保保护措施的切实遵守。〔1〕也就是说，成员国在公海水域可以对另一成员国的船舶进行直接执法。但是，如若将公海保护区的管理措施适用于非缔约国的船只，则会违反《维也纳条约法公约》规定的“条约非经第三国同意，不得为该国创设义务”，除非“条约所载规则成为对第三国有拘束力的公认国际法习惯规则”或第三国以书面形式明示接受。〔2〕因此，公海保护区的成员国并不能为非成员国创设义务，非成员国在公海保护区内仍然可以行使公海自由的权利。设想一个公海保护区的成员国数量极少，保护措施并不能在非成员国之间得到普遍遵循，那么其设立就会停留在“纸面”上。对于公海保护区的管理与非缔约国的关系，现有的四大公海保护区实践也有所涉及。

〔1〕 See OSPAR Commission, *The North-East Atlantic Environment Strategy: Strategy of the OSPAR Commission for the Protection of the Marine Environment of the North-East Atlantic* 2010 – 2020, Agreement 2010 – 03: para. 4.2 (f)(vi).

〔2〕《维也纳条约法公约》第 34 条、第 35 条、第 38 条。

《建立地中海海洋哺乳动物保护区协议》第 14 条第 2 款规定，地中海派拉格斯海洋保护区的成员国在符合国际法的前提下，有权确保本国船只及第三国船只在保护区内执行相应的管理措施。[1] 但这一条款的规定含混不清，如果地中海派拉格斯海洋保护区的成员国以违反保护区管理措施为由对非成员第三方船只进行管辖，那么必然违反了公海自由原则，即该行为并不是"在符合国际法的前提下"实施。由此，该条款实际产生的效果便是地中海派拉格斯海洋保护区的成员国只能确保本国船只遵循保护区的规定，而不能对非成员国船只进行管辖。[2] 但是，在《地中海特别保护区和生物多样性议定书》将地中海派拉格斯海洋保护区纳入"对地中海具有重要性的特殊区域清单"后，该议定书的相关规定也适用于地中海派拉格斯海洋保护区。[3] 关于《地中海特别保护区和生物多样性议定书》与非缔约国的关系，议定书规定了"缔约国应当邀请非缔约国以及国际组织共同实施《地中海特别保护区和生物多样性议定书》"，同时要求缔约国在遵循国际法前提下，采取适当措施以确保没有与该议定书原则与目的相悖的活动发生。[4]《地中海特别保护区和生物多样性议定书》的规定较为宽泛，并没有为非缔约国设定义务，也没有列出"与该议定书原则与目的相悖的活动"包括哪些，可以说是以鼓励缔约国与非缔约国进行合作以达到海洋环境与资源保护的目的，削弱了公海环境保护与公海船旗国管辖之间的矛盾。

---

〔1〕《建立地中海海洋哺乳动物保护区协议》第 14 条第 2 款。

〔2〕 See Tullio Scovazzi, *Current Legal Developments: Mediterranean—the Mediterranean Marine Mammals Sanctuary plus Appendix "Agreement on the Creation of a Mediterranean Sanctuary for Marine Mammals"*, International Journal of Marine & Coastal Law 16, 2001, p. 138.

〔3〕《建立地中海海洋哺乳动物保护区协议》第 16 条。

〔4〕《地中海特别保护区和生物多样性议定书》第 28 条第 2 款。

关于公海保护区管理措施与非缔约国之间的关系问题，大西洋公海海洋保护区网络、南奥克尼群岛南大陆架海洋保护区、罗斯海公海保护区也采取了同地中海派拉格斯海洋保护区类似的规定，即公海保护区的管理措施并不能对非缔约国产生效力，但为了达到保护目的，即使是区域性的保护措施也只有在被普遍遵循的前提下才能实现。为此，公海保护区的管理者需将相关保护措施提前告知非缔约国，并且鼓励公海保护区的成员国与非缔约国及国际组织进行合作。实际上国际社会已然认识到国际、区域性环境保护条约对非缔约国的效力问题，也采取了鼓励非缔约国自愿遵循、参与合作的做法。例如，1995 年《鱼类种群协定》第 33 条规定了缔约国与非缔约国的合作。[1] 因此，从现有各公海保护区实践和海洋环境与生物多样性保护的发展趋势来看，为解决公海保护区法律机制与非成员国权利义务之间的关系问题，需要公海保护区成员国与非成员国以及国际、区域性组织之间进行充分的协商与合作。国际社会将采取更加有拘束力的措施保护海洋环境和生物多样性，非缔约国参与其中才能使海洋环境与生物多样性得到切实有效的保护。

综上，公海保护区的建立与管理与现行公海制度之间存在一定的冲突，主要体现在其对公海自由的挑战和船旗国管辖权的挑战，这也是一些国家对建立公海保护区持谨慎态度的原因之一。公海保护区触及了公海制度的核心内容，如何协调二者之间的关系是公海保护区实践有序发展的关键。

---

〔1〕《联合国鱼类种群协定》第 33 条："1. 缔约国应鼓励非本协定缔约方成为本协定缔约方和制定符合本协定各项规定的法律和规章；2. 缔约国应采取符合本协定和国际法的措施，防阻悬挂非缔约方国旗的船只从事破坏本协定的有效执行的活动。"

第三节　公海保护区与公海制度的相容性

《海洋法公约》第十二部分共计45项条文规定了海洋环境的保护和保全,各国有义务保护与保全海洋环境及脆弱生态系统,这项义务不受海洋区划的限制,同样适用于公海。[1] 此外,在第七部分"公海"的第二节专门规定了公海生物资源的养护与管理。如前文所述,公海保护区作为保护海洋环境与资源最为有效的途径之一,其建立与管理对公海自由原则及船旗国管辖权都会造成冲击。尽管如此,各国在享有公海自由的同时,也需履行《海洋法公约》第192条、第194条第5款设定的公约义务以及国际习惯中的环境保护义务,以实现公海资源的可持续利用与发展。[2] 通过控制相关人类活动,海洋保护区能够助力于维持生态系统的生产力并保护重要的生态过程,是保护海洋环境和生物多样性的有效途径。在公海建立海洋保护区是履行《海洋法公约》关于海洋环境与资源养护义务的一种具体措施。[3]

此外,根据《海洋法公约》第197条和第118条的规定,各国有义务对海洋环境及生物资源的养护展开合作。建立区域或次区域渔业组织便是根据第118条所展开的一种合作形式。而第197条并未就具体的合作形式或措

[1] See Robin Warner, *Conserving Marine Biodiversity in Area Beyond National Jurisdiction: Co-Evolution and Interaction with the Law of the Sea*, Frontiers in Marine Science 1, 2014, p.7.

[2] See Alex G. Oude Elferink, *Governance Principles for Areas beyond National Jurisdiction*, International Journal of Marine & Coastal Law 7, 2012, p.212.

[3] See Alex G. Oude Elferink, *Governance Principles for Areas beyond National Jurisdiction*, International Journal of Marine & Coastal Law 7, 2012, p.231.

施加以规定,但该条文规定的合作义务是以强制性语言进行表述的:“各国在为保护和保全海洋环境而拟定或制定符合本公约的国际规则、标准和建议的办法及程序时,应在全球性的基础上或在区域性的基础上,直接或通过主管国际组织进行合作……”[1]这意味着对于合作与否,各国没有选择权,即各缔约国不能选择不合作保护海洋环境。[2]《海洋法公约》第197条并没有规定合作的形式和措施,而是留给国家和国际社会在实践中探索。根据各国就保护海洋环境开展的实践和科学研究来看,要实现保护全球海洋的目标,在公海建立数量更多、覆盖面积更大的海洋保护区是未来的发展趋势。

---

[1] 《联合国海洋法公约》第197条。

[2] See Alex G. Oude Elferink, *Governance Principles for Areas beyond National Jurisdiction*, International Journal of Marine & Coastal Law 7, 2012, p. 221.

第四章　公海保护区与外大陆架制度的相互影响与协调

第一节　外大陆架制度主要内容

大陆架是陆地向海洋的自然延伸，在自然科学的意义上，没有大陆架和外大陆架之分，其是一个自然的整体。而法律意义上的大陆架与地质意义上的大陆架在范围上是不同的。大陆架作为一个法律概念，经历了 1958 年《大陆架公约》到 1982 年《海洋法公约》的发展，其法律界限和范围更加明确。《海洋法公约》以 200 海里为界对大陆架作出了区分：一般情况下，沿海国的大陆架是从领海基线量起到大陆边外缘 200 海里（不足 200 海里时则扩展到 200 海里的距离），这一范围在纵向上与沿海国专属经济区相重合，二者有相同的外部边界。而沿海国大陆自然延伸超过 200 海里的，则不应超过从领海基线量起 350 海里，或不应超过 2500 公尺各点的等深线 100 海里，对于这部分大陆架，简称外大陆架。但外大陆架并不是沿海国管辖海域的当然一部分，而是需要沿海国向联合国大陆架划界委员会提交外大陆架相关文件，经大陆架划界委员会的认定，并在其建议下才能成为沿海国管辖范围内海域的一部分。[1]《海洋法公约》只规定了一个大陆架制度，并没有具体区分外大陆架和内大陆架，更没有直接对外大陆架进行单独定义。换言之，法律上只有一个单一的“大陆架”。然而，在其后的具体制度安排中，200 海里以外的大陆架适用的又是不同的制度安排。根据《海洋法公约》的规定，沿海国对大陆架上的全部自然资源享有主权权利，这里的自然资源包括“海床和底土的矿物和其他非生物资源，以及属于定居种的生物，即在可捕捞阶段海床上或海床下不能移动或其躯体须与海床或底土保持接触才能移动的生物”[2]。对于大陆架自然资源的勘探开发，沿海国有权建造人工岛屿、设施及装置，以及围绕这些设施建立 500 米的安全区，并对其享有专属管辖权。然而，对于外大陆架，沿海国的权利与在 200 海里以内的大陆架部分稍有不同。根据《海洋法公约》第 82 条规定，沿海国对外大陆架上的非生物资源的开发，应向管理局缴付费用或实物，由管理局根据公平分享的标准分配给公约缔约国。由于自《海洋法公约》生效以来各国尚未对外大陆架资源进行商业开采，所以第 82 条始终没有得到实施。根据国际海底管理局《实施〈联合国海洋法公约〉第 82 条相关问题》的报告所提供的数据，考虑到完成探矿和勘探从而进入下一阶段一般需 10～20 年，第 82 条实施之日已为时不远。

所有国家在沿海国大陆架上都享有铺设海底电缆和管道的权利，其路线的划定须经沿海国同意，并且不影响沿海国对进入其领土或领海的电缆或管道订立条件的权利，也不影响沿海国对因勘探其大陆架或开发其资源或经营在其管辖下的人工岛屿、设施和结构而建造或使用的电缆和管道的

---

〔1〕《联合国海洋法公约》第 76 条。

〔2〕《联合国海洋法公约》第 77 条第 4 款。

管辖权。沿海国除为了勘探大陆架，开发自然资源与防止、减少和控制管道造成的污染有权采取合理措施外，对于铺设或维持这种海底电缆或管道不得加以阻碍。

除上述的权利和义务外，沿海国与其他国家同样遵循相应的环境保护义务，采取措施防止、减少或控制由于勘探开发活动造成的海洋环境污染。[1]

第二节　公海保护区与外大陆架制度的相互作用

一、公海保护区与外大陆架活动的相互影响

大陆架蕴含丰富的矿藏和海洋资源，已发现的矿产包括煤、铜、铁、石油、天然气等20多种，其中已探明的石油储量占全球石油储量的1/3。在陆地资源逐渐枯竭的今天，大陆架对各国的战略和经济意义不言而喻。科技日新月异的发展使资源的开发不再局限于浅海大陆架，科学认知的发展也使人们惊喜地看到，200海里以外大陆架与"区域"存在热液喷口等极端生境，而这些生境中的生物资源因其独特的基因结构，在生物科学以及工业开发领域都有着广泛的应用前景，潜在经济价值相当可观。公海保护区设立目的是对公海部分的海洋环境及其生物多样性进行管理。而由于地缘上的纵向重叠，公海和外大陆架的治理必定会有交叉。在外大陆架上进行的人类活动包括定居种生物资源与非生物资源的勘探开发、铺设海底电缆和管

〔1〕《联合国海洋法公约》第194条。

道等,这些活动又必然包括航行、排污等环节。结合上文对公海保护区设立目的以及对船舶航行、捕鱼、科学研究、排污倾废等方面的管理和限制措施的梳理与分析可知,倘若公海保护区的范围与大陆架上的开发利用活动范围产生重叠,那么相关活动便会受到公海保护区管理制度的约束,从而影响到相关国家对外大陆架的使用。

二、公海保护区与外大陆架制度的相互影响

公海保护区与外大陆架的关系无论从地理抑或法律角度而言都较为复杂。从法律层面来看,公海保护区处于公海之上,其管理措施必定是某个或多个成员国来实际执行和实施,由此获得了一定程度的管辖权,而外大陆架属于沿海国的管辖范围之内。如若发生地缘上的重合,公海保护区管理主体能否基于环境与生物资源保护为目的对大陆架上的人为活动进行限制?对此,可以将管理对象,即外大陆架所属沿海国区分为公海保护区成员国和非成员国来进行分析。

当外大陆架所属沿海国属于公海保护区成员国时,这一问题的处理比较简单,因为在设立公海保护区的条约体制内,成员国之间享有优于非成员国的权利,也承担高于非成员国的特定义务以使条约规定能够得到执行从而使合作达到一定效果。因此,公海保护区的条约中可以约定沿海国在行使其对外大陆架资源的权利时,需要使用更高标准的环境保护措施,或是对某些活动进行限制等。对于这种情况,在东北大西洋海洋保护区网络实践中有所体现。以约瑟芬海山公海保护区为例,其范围是针对水体部分的生物多样性和生态系统的保护,在地缘上与葡萄牙主张的外大陆架相重合,就此情况,葡萄牙政府向奥斯巴委员会报告称其对约瑟芬海山的海底部分将

会采取必要的保护措施，以实现与水体部分保护目标的一致性。[1] 在此前提下，奥斯巴委员会制定了相应的保护措施，葡萄牙政府予以配合与支持。

如若主张外大陆架的沿海国并非公海保护区的成员国，那么公海保护区的管理措施并不能实施于非成员在外大陆架上的活动，否则将会违反《维也纳条约法公约》的规定。[2] 由此，非成员国在外大陆架上的勘探开发等活动仍可进行。除此之外，其他国家有权在沿海国外大陆架上铺设海底电缆和管道，当沿海国和使用国都是公海保护区成员国时，此种情况同上述类似，在其相关条约或合作框架下容易达成协调与合作；但如果沿海国是公海保护区成员国，申请使用国是非成员国时，沿海国能否以基于公海保护区的保护之目的拒绝第三方国家在外大陆架上铺设海底电缆或管道？根据《海洋法公约》第 79 条第 2 款的规定，似乎答案是肯定的。[3] 但是需要考虑的是，公海保护区的保护措施是否在“合理措施”范围之内？而《海洋法公约》并没有对“合理措施”给予范围界定或是解释，由此，在实践中可能引发适用上的冲突。虽然同属于海洋的海床与底土部分，“区域”制度中的环境保护内容在管理局的推进下不断地完善，但大陆架属于沿海国的国家管辖范围以内海域，《海洋法公约》中的大陆架制度没有类似“区域”的具体环境保护内容，只是公约第十二部分有所涉及，并且规定沿海国应当制定相应的法律和规章以防止、减少和控制相关活动对海洋环境的污染，[4] 给沿海国在使用

---

〔1〕 See OSPAR Decision 2010/5 on the establishment of the Josephine Seamount High Seas Marine Protected Areas, 2010/5, preamble, paras. 9, 10, 11.

〔2〕《维也纳条约法公约》第 34 条、第 35 条、第 38 条。

〔3〕《联合国海洋法公约》第 79 条第 2 款：“沿海国除为了勘探大陆架，开发自然资源和防止、减少和控制管道造成的污染有权采取合理措施外，对于铺设或维持这种海底电缆或管道不得加以阻碍。”

〔4〕《联合国海洋法公约》第 194 条、第 206 条、第 208 条、第 214 条等。

和管理外大陆架的实践中留有了空间。

综上,公海保护区与沿海国外大陆架在地缘上可能发生重合,公海保护区与外大陆架上的人类活动也会产生相互影响,不仅仅涉及主张外大陆架的沿海国,还涉及申请铺设海底电缆和管道等的其他国家,使得二者之间的关系更为复杂。公海保护区的管理措施在未经非成员国同意之下,并不能对其适用,但如若没有成员国与非成员国的合作与协调,公海保护区将无法真正实现保护的目标。此外,在公海保护区的选址阶段就已经明了是否与沿海国的外大陆架相重合,需要公海保护区设立主体与沿海国进行沟通与协调。在现有实践中,奥斯巴委员会与葡萄牙合作建成阿尔泰海山、安蒂阿尔泰海山、约瑟芬海山、亚速尔群岛北部公海保护区便是一个很好的示范。[1]

〔1〕 See B. C. O' Leary, R. L. Brown, et al., *The First Network of Marine Protected Areas (MPAs) in the High Seas: The Process, the Challenges and Where Next*, Marine Policy 36, 2012, p. 602.

第五章　公海保护区与“区域”制度的相互影响与协调

公海与国际海底区域在地缘上具有结合性，由此两者之间紧密相连又相互作用。在“区域”展开的各项活动不可避免地会对其上覆水体的环境和生物资源产生影响；而为了达到保护目的，公海保护区的设立也不排除可能会对某些“区域”活动进行限制，从而影响到“区域”活动的进行。《海洋法公约》将公海与“区域”的治理分为两项独立的制度，但海洋生态系统的一体性决定了这两项重要的制度无法割裂开来。随着矿产和深海遗传基因资源勘探开发脚步的加快，以及关于建立数量更多、面积更大的公海保护区的讨论越发热烈，公海保护区与“区域”制度之间如何融合与协调有必要进行讨论。此外，针对公海保护区问题目前并没有形成法律框架，而“区域”制度的内容已“初见规模”。“区域”制度是否对公海保护区法律制度的完善有可以借鉴的经验或影响亦值得探讨。

第一节 “区域”制度主要内容

“区域”是指国家管辖范围以外的海床和洋底及其底土，[1]其所蕴藏的锰结核、富钴结壳、多金属硫化物等矿产资源为世界各国所关注。随着深海科学研究脚步加快、勘探技术的发展以及海底矿产资源勘查进程的推进，又发现了在深海海底极端环境下存在宝贵的生物多样性和遗传基因资源。“区域”再次引起国际社会的广泛关注。[2]“区域”的法律地位与公海不同，二者在资源开发利用与环境保护方面的法律制度也有所不同。在1970年联合国大会第二十五届会议上通过的《关于各国管辖范围以外海洋底床与下层土壤的原则宣言》确认了“区域”及其资源为“人类共同继承财产”，并就其勘探开发与环境保护问题进行了规定。[3]其后，《海洋法公约》再次肯定并重申“区域”及其资源的人类共同继承财产地位，并于公约正文第十一部分形成了“区域”制度。此外，《海洋法公约》附件三“探矿、勘探和开发的基本条件”和附件四“企业部章程”还对支配国际海底区域的原则，资源勘探开发的制度、政策和条件，管理局的性质、机构组成和权利，企业部的章程以及争端解决等进行了规定。1994年，联合国大会通过了《关于执行1982年12月10日〈联合国海洋法公约〉第十一部分的协定》（以下简称1994年《执行

---

〔1〕《联合国海洋法公约》第1条第1款(1)。

〔2〕参见金建才：《深海底生物多样性与基因资源管理问题》，载《地球科学进展》2005年第1期。

〔3〕联合国大会第二十五届会议通过的第A/RES/2749(XXV)号决议：《关于各国管辖范围以外海洋底床与下层土壤的原则宣言》前言。

协定》),对《海洋法公约》第十一部分的内容进行了修订。[1] 但值得注意的是,根据《海洋法公约》的规定,“区域”内的“资源”是在海床及其下原来位置的一切固体、液体或气体矿物资源,包括多金属结核,即非生物资源。[2] 上述“区域”制度也是针对“区域”非生物资源的商业活动进行的管理,而近年来讨论热烈的“区域”遗传基因资源的商业活动和管理问题却存在重大法律空白。[3] 鉴于“区域”遗传基因资源的重要性日益增加,国际社会也将此议题列入了议事日程。

一、“区域”勘探和开发制度

根据《海洋法公约》规定,“区域”内活动应按照《海洋法公约》有关规定和管理局的规则、规章和程序进行。[4] “区域”及其资源属于全人类,由管理局代表全人类行使;任何国家不应对“区域”的任何部分或其资源主张或行使主权或主权权利,也不能将其任何部分据为己有。[5] 管理局是依《海洋法公约》创立的主管“区域”的国际组织,其有四个主要机构:管理局的最高权力机关——由全体成员国组成的大会;管理局的执行机关——由36个成员国组成的理事会;[6]秘书处——负责执行大会和理事会所指定的日常任

---

〔1〕 *Agreement relating to the Implementation of Part XI of the United Nations Convention on the Law of the Sea of* 10 *December* 1982 *Overview*, 载 http://www. un. org/Depts/los/convention_agreements/convention_overview_part_xi. htm. 2020年8月1日最后访问。

〔2〕《联合国海洋法公约》第133条(a)。

〔3〕 参见金建才:《深海底生物多样性与基因资源管理问题》,载《地球科学进展》2005年第1期。

〔4〕《联合国海洋法公约》第153条第1款。

〔5〕《联合国海洋法公约》第137条。

〔6〕 理事会是管理局的执行机关,由36个成员国组成,通过大会选举产生,包括4个消费国(A类)、4个投资国(B类)、4个生产国(C类)、6个代表特殊利益的发展中国家(D类)以及按照区域分布的18个席位(E类)。

务;以及专门从事"区域"开矿业务的企业部(其职务目前由秘书处代行)。另外,还成立了两个专门性的常设附属机构:法律和技术委员会(以下简称法技委),以及财务委员会。截至2017年7月25日,管理局共有168个成员国。管理局就"区域"内的多金属结核、多金属硫化物和富钴铁锰结壳,先后通过了《"区域"内多金属结核探矿和勘探规章》(以下简称《多金属结核规章》)、《"区域"内多金属硫化物探矿和勘探规章》(以下简称《多金属硫化物规章》)和《"区域"内富钴铁锰结壳探矿和勘探规章》(以下简称《富钴结壳规章》)。[1] 这三项勘探规章为"区域"资源的勘探活动提供了系统的程序和规则,进一步具体化了《海洋法公约》中"区域"制度的内容。

在"区域"进行的与矿产资源有关的活动分为探矿、勘探和开发。《多金属结核规章》《多金属硫化物规章》和《富钴结壳规章》对每一阶段的活动都进行了定义。[2] 探矿是勘探的初级阶段,是探矿者不享受任何专属权利地在"区域"探寻矿床,其需要向管理局提交探矿通知,经管理局记录在案后即可开始相关活动,没有时间或期限的限制。"勘探"则是在"区域"内享有专属的探寻矿床、分析矿床、测试采集系统和设备、加工设施及运输系统,以及对开发时必须考虑的环境、技术、经济、商业和其他有关因素进行研究的专

[1] 三个规章的文本参见:《大会关于〈"区域"内多金属结核探矿和勘探规章〉的决定》(ISBA/6/A/18);《国际海底管理局大会有关〈"区域"内多金属硫化物探矿和勘探规章〉的决定》(ISBA/16/A/12/Rev.1);《国际海底管理局大会关于〈"区域"内富钴铁锰结壳探矿和勘探规章〉的决定》(ISBA/18/A/11)。

[2] 《多金属结核规章》第1条、《多金属硫化物规章》第1条、《富钴结壳规章》第1条。例如,"探矿"是指在不享有任何专属权利的情况下,在"区域"内探寻矿床,包括估计矿床成分、大小和分布情况及其经济价值。

属权利。[1] 勘探活动需要向管理局提交勘探申请，在获得管理局核准并与管理局签订合同后才能进行，勘探合同期限为15年。[2] 最后是“开发”阶段，即在“区域”内商业性回收资源，从中选取矿物，包括建造和操作供生产和销售矿物用的采矿、加工和运输系统。[3] 开发活动同样需要管理局核准开发工作计划并签订开发合同后方可进行。

在第三次联合国海洋法会议期间，如何管理“区域”资源是各国谈判的焦点议题之一。发展中国家主张“区域”及其资源为“人类共同继承财产”，应由管理局代表全人类进行管理并直接进行开发；而发达国家则主张应由掌握资金和技术的国家和企业进行开发，管理局的主要职能是发放勘探开发执照。[4] 经过漫长角逐，会议最终采取折中方案，确立了对“区域”资源勘探开发实施“平行开发制”。[5]《海洋法公约》文本中虽然没有对“平行开发制”作出字面上的规定，但在附件三的第8条中作出了补充规定。所谓“平行开发制”，即申请者在申请“区域”开发时需要向管理局提交两个预估商业价值相等的区块，其中一个作为其开发的区域，另一个则由管理局作为保留区域。

---

[1] 《多金属结核规章》第1条、《多金属硫化物规章》第1条、《富钴结壳规章》第1条。例如，“探矿”是指在不享有任何专属权利的情况下，在“区域”内探寻矿床，包括估计矿床成分、大小和分布情况及其经济价值。

[2] 《多金属结核规章》第26条、《多金属硫化物规章》第28条。

[3] 《多金属结核规章》第1条、《多金属硫化物规章》第1条、《富钴结壳规章》第1条。

[4] See Alexander Proelss (editor), Amber Rose Maggio, Eike Blitza, Oliver Daum (assistant editors), *United Nations Convention on the Law of the Sea: A Commentary*, München: C. H. Beck, Oxfrod: Hart, Baden-Baden: Nomos, 2017, p. 951.

[5] See Alexander Proelss (editor), Amber Rose Maggio, Eike Blitza, Oliver Daum (assistant editors), *United Nations Convention on the Law of the Sea: A Commentary*, München: C. H. Beck, Oxfrod: Hart, Baden-Baden: Nomos, 2017, p. 2169.

二、“区域”环境保护制度

“区域”及其资源是“人类共同继承财产”。1969 年，海底委员会法律分委会在讨论直接与人类共同继承财产相关的问题时设置了七项内容，其中包括了保护“区域”环境。[1] 在 2011 年，管理局法计委制定的首个区域一级环境保护计划《克拉里昂—克利珀顿区环境管理计划》（*Environmental Management Plan for the Clarion-Clipperton Zone*，以下简称《环境管理计划》）中再次提出，由于“区域”及其资源是人类共同继承财产，保护和保全“区域”海洋环境的责任由全体《海洋法公约》缔约国共同承担。[2]

（一）“区域”制度中有关环境保护的规定

根据《海洋法公约》第十一部分第 145 条以及 1994 年《执行协定》第 1 节第 5 条（g）、（k）两款规定，管理局应当制定海洋环境保护规则，防止、减少和控制对海洋环境的污染、防止干扰海洋环境的生态平衡及其他危害；保护和养护国际海底区域的自然资源，防止对海洋环境中动植物的损害。即制定海洋环境保护规则是管理局的职责所在，其拥有对“区域”环境保护的立

---

〔1〕“人类共同继承财产”是支配“区域”制度的基本原则，具体内容包括：（1）法律地位；（2）“区域”资源属于全人类不得让渡；（3）为全人类的利益利用其资源，无论这些国家的地理位置如何；（4）利益公平分享；（5）和平目的；（6）环境保护；（7）特别考虑到发展中国家的利益和需要，尤其是内陆国和地理不利国。参见［斐济］萨切雅·南丹主编：《1982 年〈联合国海洋法公约〉评注》，毛彬译，海洋出版社 2009 年版，第 84 页。

〔2〕Environmental Management Plan for the Clarion-Clipperton Zone. Ⅰ. Introduction, para. 1.

法权,以切实维护“区域”环境免受矿产资源勘探开发的影响。[1] 为此目的,管理局制定的三个勘探规章都对国家和承包者在采矿活动各个阶段作出了全面的环境保护规定。[2] 这使得海洋环境的保护和保全更加具有可实施性。

《海洋法公约》对“海洋环境污染”进行了界定,但并没有对“海洋环境”和“对海洋环境造成严重损害”进行定义,而管理局制定的三个勘探规章则对这两个重要概念给予界定。根据三个勘探规章的规定,“海洋环境”包括影响和决定海洋生态系统、海洋水域及这些水域的上空,以及海床和洋底及其底土的生产力、状态、状况和素质的物理、化学、地质和生物组成部分、条件和因素;“对海洋环境造成严重损害”是指“区域”内活动造成的任何使海洋环境出现显著不良变化的影响,这种影响是按照管理局根据国际公认标准和惯例所控制的规则、规章和程序断定的。[3] 该定义为解释和适用勘探规章的相关要求以及制定未来的规则、规章和程序提供了指导。[4] 此外,三个勘探规章都规定了管理局、担保国及承包者应采取“预防性办法”(precautionary approach)和“最佳环境做法”(best environmental practices)。“预防性办法”是管理局在保护海洋环境方面所采取的首要工具,即只要具

---

〔1〕《联合国海洋法公约》第145条:“应按照本公约对‘区域’内活动采取必要措施,以确保切实保护海洋环境,不受这种活动可能产生的有害影响。为此目的,管理局应制定适当的规则、规章和程序,以便除其他外:(a)防止、减少和控制对包括海岸在内的海洋环境的污染和其他危害,并防止干扰海洋环境的生态平衡,特别注意使其不受诸如钻探、挖泥、挖凿、废物处置等活动,以及建造和操作或维修与这种活动有关的设施、管道和其他装置所产生的有害影响;(b)保护和养护‘区域’的自然资源,并防止对海洋环境中动植物的损害。”

〔2〕《多金属结核规章》(2013年修正)、《多金属硫化物规章》和《富钴结壳规章》。

〔3〕《多金属结核规章》第1条第3款(c)、(f);《多金属硫化物规章》第1条第3款(c)、(f);《富钴结壳规章》第1条第3款(c)、(f)。

〔4〕参见张丹:《浅析国际海底区域的环境保护机制》,载《海洋开发与管理》2014年第9期。

有"损害威胁"就应采取措施。[1] 国际海洋法法庭的海底争端分庭在其2011年的咨询意见中也指出,"使用预防性办法也是担保国的一项义务"[2]。

(二)"区域"环境管理计划

克拉里昂—克利珀顿区是位于中东部太平洋的一片国际海底区域,占地面积600万平方千米,其被认为是多金属结壳开采商业价值最高的区域。虽然目前尚未进行商业开采,但早在20世纪70年代就已在该区域进行了实验。[3] 为保护克拉里昂—克利珀顿区的整体海洋生态环境,管理局法技委于2011年专门制定《克拉里昂—克利珀顿区环境管理计划》,并于2012年由理事会决议通过。

《克拉里昂—克利珀顿区环境管理计划》首先开宗明义地表明该计划适用的法律框架包括《海洋法公约》中关于"区域"环境保护、"人类共同财产"、海洋科学研究、海洋环境监测等条款;[4] 1994年《执行协定》和三个勘探规章;以及联合国大会各项海洋与海洋法决议中有关管理局担负环境保护职责重要性的内容等。其次,指出制定《克拉里昂—克利珀顿区环境管理计划》所依据的指导性原则包括人类共同财产、预防性原则、海洋环境保护、

---

[1] 《多金属结核规章》第31条第2款;《多金属硫化物规章》第33条第2款;《富钴结壳规章》第33条第2款。

[2] See International Tribunal for the Law of the Sea, *Responsibilities and Obligations of States Sponsoring Persons and Entities with Respect to Activities in the Area*, *Advisory Opinion*. 1 February 2011, para. 127.

[3] See Michael Lodge, et al., *Seabed Mining: International Seabed Authority Environmental Management Plan for the Clarion-Clipperton Zone: A Partnership Approach*, Marine Policy 49, 2014, p. 66.

[4] 《联合国海洋法公约》第136条、第143条、第145条、第192条、第194条等。

环境影响评价、生物多样性的可持续利用、透明度原则等。[1] 最后,也是《克拉里昂—克利珀顿区环境管理计划》最重要的内容,即关于保护区块的划定。为保护克拉里昂—克利珀顿区的整体海洋生态环境,法技委认为有必要对不利海洋环境的人类活动进行“最佳实践管理”(best-practice management),包括对区域内有代表性的物种栖息地、生物多样性、生态结构与功能进行划区就地保护。[2]

2007 年,科学家们建议设立一个“具有代表性的保护区网络”以保护克拉里昂—克利伯顿区的生物多样性和生态系统免受人类活动的影响,这一提议之后成为管理局法技委制订区域一级环境保护计划的动因。[3] 该提议提出在克拉里昂—克利伯顿区内建立 9 个保护区块的保护区网络,每一个保护区块都应当有足够大的面积以维持区域内潜在的最小可生存种群。为了达到这一保护目标,每一保护区块的面积为长和宽均是 400 千米的正方形,既可以保护尽可能多的海底山,又可以避免与采矿作业区重叠。总共的保护面积占克拉里昂—克利珀顿区面积的 25%。[4] 其后,2010 年,管理局召开了研讨会,与相关领域科学家、承包者代表等一同讨论有关克拉里昂—克

---

〔1〕 Environmental Management Plan for the Clarion-Clipperton Zone, Ⅰ. Introduction, para. 13.

〔2〕 Environmental Management Plan for the Clarion-Clipperton Zone. Ⅱ. Environmental Magement, para. 21.

〔3〕 *Papers for the Pew Workshop on the Design of Marine Protected Areas for Seamounts and the Abyssal Nodule Province in Pacific High Seas*, 23 – 26 October 2007, East West Center, University of Hawaii. 载 http://www. soest. hawaii. edu/oceanography/faculty/csmith/MPA_webpage/MPAindex. html. 2020 年 8 月 1 日最后访问。

〔4〕 克拉里昂—克利珀顿区的结核分布区域面积达 6,000,000km^2,9 个特别环境利益区的总面积为 1,440,000km^2,将近是管理区域的 25%。2007 年,接近 10% 的管理区域签订了勘探合同,自此,又有 5 个新的申请已被批准,另有 3 个申请在进行中,这使得克拉里昂—克利珀顿区在 2014 年有 20% 的面积成为勘探合同区。

利珀顿区的管理计划。为避免与《海洋法公约》的条款、管理局的规章以及尚在商讨之中的建立公海保护区议题产生冲突，法技委决定暂时使用“特别环境利益区”来指代保护区。[1] 在此次研讨会中，保护区块的面积由长宽400千米见方改成了200千米见方的核心区，在此核心区外围四周有宽度100千米的缓冲区（a buffer zone），即总面积并没有改变。[2]

制订环境管理计划是管理局实现其环境管理目标的工具之一。《克拉里昂—克利伯顿区环境管理计划》是管理局的第一份，也是目前唯一一份环境管理计划。环境保护区块这类空间管理工具对于保护“区域”整体生态环境具有重要作用。在联合国大会第六十八届会议关于海洋和海洋法的决议中，大会建议将克拉里昂—克利伯顿区“具有代表性的保护区网络”这种保护方法复制到其他类似区域，“邀请管理局考虑在国际海底区域其他区（特别是目前有勘探合同的区）制订并核可环境管理计划”。[3]

三、“区域”内深海遗传资源管理的法律空白

科技的发展使得人类对“区域”资源的认识更进一步，除矿产资源外，深海遗传资源（marine genetic resources）成为世界各国关注的焦点。《海洋法公约》中并没有对深海遗传资源的明确定义，而《生物多样性公约》中有关

---

〔1〕 See Michael Lodge, et al., *Seabed Mining: International Seabed Authority Environmental Management Plan for the Clarion-Clipperton Zone. A Partnership Approach*, Marine Policy 49, 2014, p. 68.

〔2〕 2016年法技委对《克拉里昂—克利珀顿区环境管理计划》进行了回顾与评议，认为有必要另增加两个特别环境利益区。Legal and Technical Commission. Review of the Implementation of the Environmental Management Plan for the Clarion-Clipperton Fracture Zone. Kingston, Jamaica. 11 – 22 July 2016. para. 26.

〔3〕 《联合国大会第六十八届会议决议》. A/RES/68/70，第51段。

“遗传资源”“遗传材料”等定义则为“深海遗传资源”的界定提供了一些指引。《生物多样性公约》第2条规定了遗传资源是指“具有实际或潜在价值的遗传材料”，而遗传材料是指“来自植物、动物、微生物或其他来源的任何含有遗传功能单位的材料”。[1] 因此可以得出结论，遗传资源可以包括植物种子、动物配子、生物个体以及从植物、动物或微生物中提取的DNA。[2] 可以看出，其范围相当广泛，自然也包括了深海遗传资源。管理局法技委副主席曾在一份文件中提到，“区域”生物资源是“在国家管辖范围外的海床上或海床下不能移动或其躯体须与海床或底土保持接触才能移动的生物”，由此推断，深海遗传资源种类有限；从法律特征的角度来看，海洋遗传资源具有独特的生物特征，深海海底区域生物处于特殊的物理、化学和生态环境中，在高静水压、剧变的温度梯度、高浓度有毒物质、极微弱的光照条件的包围下，形成了极为独特的生物结构和代谢机制，使它们能够产生普通海洋资源无法形成的极端特殊生物活性物质。[3] 迄今已知晓的具有独特遗传资源的深海物种包括海底山、冷渗漏、热液喷口和冷水珊瑚礁等。[4]

深海遗传资源巨大的科研价值及潜在的商业价值已经引起国际社会的广泛关注，各国日益加大对其勘探的力度，同时也引发了深海遗传资源的管理问题：其一是深海遗传资源的获取和开发问题，包括其法律地位的确定、相关活动所应遵循的原则和制度、现行公约的适用性等；其二是生物

---

〔1〕《生物多样性公约》第2条。

〔2〕United Nations, Oceans and the Law of the Sea: Report of the Secretary-General. A/60/63/Add. 1, 15 July 2005, paras. 5-6.

〔3〕《联合国秘书长在联合国大会第六十四届会议上关于“海洋与海洋法”的报告》，A/64/66/Add. 2, 2009, p. 28.

〔4〕参见金建才：《深海底生物多样性与基因资源管理问题》，载《地球科学进展》2005年第1期。

多样性的保护与可持续利用问题，即在获取和利用深海遗传资源、勘探开发矿产资源、科研活动等作业过程中，如何避免对深海生物多样性造成破坏。[1]

深海遗传资源大部分处于国家管辖之外的“区域”，是人类近年才发现的一种新型海洋资源，在这一领域尚存法律空白。由于《海洋法公约》对海洋区域的划分，“区域”上覆水域是公海，公海水体里面除了鱼类资源还存在众多生物资源，对于水体中这些生物资源适用公海自由原则，按照《海洋法公约》第七部分第二节的规定进行养护和管理；而海床和洋底的活动则遵循“人类共同继承财产”原则以及按这一原则发展确立的“区域”制度。

就海洋环境保护而言，《海洋法公约》在总体上要求各国保护海洋环境和生物多样性，此外，还有针对关公海和“区域”的环境保护规定。这些规定同样适用于保护深海遗传资源，但它们并未提供一个具体的养护和可持续利用深海遗传资源的法律框架。由于科学技术和认识水平的局限，在第三次联合国海洋法会议讨论“区域”制度时，人类对于“区域”生物资源的总体情况和价值没有清晰的认识，因此，在制定“区域”制度时并没有将深海遗传资源有关的活动纳入其中。与“区域”矿产资源相比，深海遗传资源的生长环境十分特殊。矿产资源存在于底土，而深海生物体所携带的遗传资源有不同的表现形式，并且可能分布于同一生物的不同生长时期。因此对遗传资源究竟属于公海水体还是“区域”很难界定，这也是引发其法律地位争论的原因之一。《海洋法公约》关于国家管辖外海域海洋生物多样性的养护和

[1] 参见金建才：《深海底生物多样性与基因资源管理问题》，载《地球科学进展》2005 年第 1 期。

可持续利用的执行协定自2015年至今尚在商讨之中，这一新协定的出台将会弥补深海遗传资源的法律空缺。

与此同时，深海遗传资源的管理主体也是国际社会关注和讨论的焦点问题，即《海洋法公约》新的执行协定应设立一个专门管理深海遗传资源的机构还是由管理局进行管理。如前文所述，管理局除了管理“区域”内矿产资源的职责外，保护海洋生态系统和海洋环境也是其重要职责。[1] 无论是矿产资源还是生物资源的勘探开发活动都会对“区域”海洋环境造成影响，从《海洋法公约》第145条的规定可知，管理局对危害海洋环境的相关勘探开发活动有权进行规制，并且其环境保护职责包括对“区域”中动植物的保护。因此，尽管深海遗传资源的法律地位不明确，使得管理局对其开发与利用问题没有明确的管辖权，但根据《海洋法公约》第145条的规定，可以认为管理局对保护“区域”生物多样性有权制定保护规则。若设立一个新的机构专门管理深海遗传资源，那么可能产生的后果便是，深海遗传资源的开发利用活动与保护活动分属两个管理主体管辖或者保护部分发生重叠的尴尬局面。[2] 如此一来使得“区域”生物资源的管理从“空白”变成了“混乱”，并不利于深海遗传资源的管理和海洋环境的保护。

实际上，管理局针对“区域”生物资源的保护已经展开了努力，其中卡普兰项目（Kaplan Project）是最具代表性的工作之一。该项目是管理局与多个国际机构展开的合作，目的在于评估“区域”生物多样性水平和种群分布，并

---

〔1〕《联合国海洋法公约》第145条。

〔2〕 See David K. Leary, *Bioprospecting and the Genetic Resources of Hydrothermal Vents on the High Seas: What is the Exciting Legal Position, Where are We Heading and What are Our Options?*, Fao Fisheries Proceedings 1, 2004, p. 156.

通过结核分布区的基因流动情况来预测和管理深海采矿的影响。[1] 卡普兰项目还提出了建立海洋保护区的科学标准,也为管理局在克拉里昂—克利伯顿区建立保护区块提供了建议。

第二节 公海保护区与“区域”活动的相互影响

公海保护区设立目的是对公海部分的海洋环境及其生物多样性进行管理。而由于地缘上的纵向重叠,公海和国际海底区域的治理必定会有交叉。“区域”矿产资源及生物资源的勘探开发活动的整个过程必然包括船舶航行、科学调查、勘探、开采、排污等环节,虽然目前尚未进入商业开采阶段,但“区域”活动对环境的影响早已成为国际社会关注的焦点问题,不容忽视。结合上文对公海保护区设立目的以及对船舶航行、捕鱼、科学研究、排污倾废等方面的管理和限制措施的梳理与分析可知,倘若公海保护区的范围与“区域”矿产资源或生物资源的勘探开发活动范围产生重叠,那么相关“区域”活动便会受到公海保护区管理制度的约束和影响。此外,“区域”中特别环境利益区与公海保护区的性质同为划区管理工具,只是特别环境利益区是对“区域”海洋生态系统与环境的保护,二者如若产生纵向上的重叠,便会产生保护标准、管理措施等指标的衔接问题。

[1] See International Seabed Authority (ISA), *Biodiversity, Species Ranges and Gene Flow in the Abyssal Pacific Nodule Province: Predicting and Managing the Impacts of Deep Seabed Mining*, Technical Study No. 3. Kingston, Jamaica: ISA; 2008, p. 38.

一、公海保护区与“区域”矿产资源勘探开发活动的相互影响

“区域”矿产资源勘探开发活动对海洋环境造成的影响从海底到水体纵向来看，主要会发生在采矿活动所发生的海底以及尾矿排放地点附近海水上层和表层；[1]此外，“区域”内活动仍然以船舶为主要载体，对水体部分的影响与传统船舶航行无异。关于航行对于水体环境的影响上文已有详细梳理，在此不再赘述，而深海采矿的整个流程对海洋环境的影响与船舶航行相较而言更为严重。

从“区域”内矿产资源勘探开发过程来看，主要是挖掘、冲洗、沉积物和结核等小颗粒物排放、再沉积和覆盖等活动会对海底及水体底层环境产生影响，大致包括三个方面：其一是采矿将吸走集矿轨迹上的绝大部分结核，这会破坏结核上几乎全部的固着性生物，并且这些生物群落在短时间内难以恢复；其二是集矿机在海底移动时，将会挤压沉积物和底栖生物，从而杀死大部分底栖生物；其三是集矿机还会在海底 50 米以上的水层产生沉积物羽状流，羽状流中较大颗粒的沉积物很快落到海底，但较细的颗粒沉降速度缓慢，将长时间停留在水中，在底层流的作用下扩散并在海底较大范围内发生再沉积，这可能对底层生物产生较大影响，尤其是对滤食性动物。[2]

“区域”内矿产资源勘探开发活动对海底底层生态系统的巨大影响是深海采矿所引发环境问题的焦点，大多数相关研究是围绕海底底层生态系统

〔1〕 See Huaiyang Zhou, “Chinese Environmental Investigation Related to Potential Impact of Deep-Sea Mining”, *Proceedings of the Seventh International Offshore and Polar Engineering Conference*. Colorado: International Society of Offshore and Polar Engineers, 1997, p. 496.

〔2〕 参见王春生、周怀阳：《深海采矿对海洋生态系统影响的评价Ⅱ. 底层生态系统》，载《海洋环境科学》2001 年第 2 期。

而进行分析。[1] 但“区域”内矿产资源勘探开发活动同时也会对上层海水部分产生影响。例如，表层尾矿的排放使水体中悬浮颗粒物质增加、光衰减、富含营养盐的底层水被排放至表层中使其营养盐浓度增加、有毒物质被水体中的生物吸收和累积、氧供应减少，由此影响浮游植物的光合作用、浮游动物和游泳动物的重要功能及代谢作用，如摄食、呼吸、生长等。[2]

结合公海保护区实践来看，为达到保护目的，公海保护区对可能危害保护区内海洋环境和生物资源的人类活动在不同程度上都采取了限制和管理措施，主要包括对航行船舶的管制、科研活动的批准制、禁止任何形式的排污和倾废行为、对捕捞的限制或禁止等。倘若勘探开发活动发生的区块与已经建立的公海保护区位置上产生纵向重叠，则进行勘探开发活动所涉及的航行、资源调查、倾废、排污等都将受到公海保护区相应管理措施的制约。然而“区域”资源勘探开发活动的管辖权属于管理局，除《海洋法公约》第145条及第162条规定的环境保护责任之外，管理局在三个勘探规章中也都规定了“区域”活动中环境保护的内容。因此，若是出现上述重叠的情形，将会有两种法律制度对同一项矿产资源活动造成的环境污染进行管辖，导致管辖权重叠。公海保护区宗旨是保护和保全脆弱及罕见的海洋生物及其栖息地，本质上是一种预防措施；而“区域”环境制度虽然也强调预防原则的适

〔1〕 例如，International Seabed Authority (ISA), *Draft Guidelines for the Assessment of the Possible Environmental Impacts Arising from Exploration of Deep-Seabed Polymetallic Nodules from the Area*, Proc. Of workshop by the International Seabed Authority, Sanya, China, 1998, p. 289; Rahul Sharma, *Environmental Issues of Deep-Sea Mining*, Procedia Earth & Planetary Science 11, 2015, pp. 204 - 211; Harmmt Bluhm, Christian Borowski, et al., *Results of the Large Scale Deep-Sea Environmental Impact Study DISCOL during Eight Years of Investigation*, The International Society of Offshore and Polar Engineers 1, 1997, pp. 438 - 444 等。

〔2〕 参见王春生、周怀阳：《深海采矿对海洋生态系统影响的评价Ⅰ. 上层生态系统》，载《海洋环境科学》2001年第1期。

用及其重要性,但其建立环境基线并提供环境影响参照区和保全参照区以保护“区域”生态系统似乎是一种补偿的方式。另外,《海洋法公约》第162条规定,作为管理局执行机关的理事会“在有重要证据证明海洋环境有受严重损害之虞的情形下,不准由承包者或企业部开发某些区域”。[1] 但条文中并没有说明“重要证据”“严重损害”的标准或程度。受科学的局限性及不可预见性等特征的限制,管理局往往只能在损害发生后才能够评估和认识到“区域”活动对“区域”生物资源造成损害的严重程度。[2] 那么,如若发生公海保护区与“区域”活动作业区重叠的情形,保护区禁止任何形式倾废、排污或矿产资源勘探开发活动,而管理局没有“重要证据证明”应将该作业区块设置为禁止矿产资源活动区域时,管理局是否能批准此区域的勘探和开发活动申请将成为难题。

现有的四大公海保护区实践中,东北大西洋海洋保护区网络对于“区域”矿产资源勘探开发活动有所涉及。例如,东北大西洋海洋保护区网络中的约瑟芬海山公海保护区的保护范围包括保护区内的水体部分及其下覆海床及底土,不仅包括“区域”,也包括了部分沿海国(葡萄牙主张)外大陆架。对于沿海国的外大陆架部分,保护区的措施同样适用;[3] 对于“区域”部分,奥斯巴委员会与管理局签署了谅解备忘录,称双方可就环境数据及信息收集进行共享,包括双方相关会议决定和资料、环境标准,邀请对方代表以观察员身份参加本方会议等。

---

〔1〕《联合国海洋法公约》第162条第2款x项。

〔2〕参见宋杰、许望:《国际海底生物资源保护问题研究——基于〈联合国海洋法公约〉的分析》,载《浙江海洋学院学报》(人文科学版)2015年第3期。

〔3〕See OSPAR Commission, *OSPAR Recommendation* 2010/2 *on Amending Recommendation* 2003/3 *on a Network of Marine Protected Areas*. OSPAR 10/23/1 – E, Annex 43. p.2, paras. 9 – 13.

二、公海保护区与深海遗传资源开发活动的密切关系

无论是海洋科研还是出于商业目的,深海遗传资源开发活动都会对深海生态系统及生物群落造成危害。据联合国秘书长2003年有关海洋问题的报告称,“在热液喷口进行地质调查或化学取样而移动烟囱和岩石、噪声和光线以及使用载人潜水器或因使用推进器等会对生物群造成损害,可能导致生物生活环境损失和有机体死亡”。[1] 未来大量的生物取样和大规模的开采活动很有可能对热液喷口和海底山的生物群落产生直接影响,造成某些生物难以继续生存的后果;间接影响则包括在取样过程中将外来物种引入海底独特的生存环境中,导致原有物种最终消失。[2]

自2004年联合国海洋事务非正式协商进程正式将保护国家管辖范围外的海洋生物多样性作为重要讨论议题以来,公海保护区就作为一种有效的就地保护工具受到了国际社会的关注与重视。为实现保护目标,公海保护区必然会对深海遗传资源开发的相关活动采取限制,最典型的就是科学研究活动。例如,规定遵守比其他公海区域更为严格的生态环境保护准则,相当于提高了进入公海保护区进行科学研究的门槛。目前国际上四大公海保护区实践中,《东北大西洋海洋保护区管理指南》将科学研究列为了影响保护区内海洋环境与生物资源的人为活动之一,并提供了限制措施;南奥克尼群岛南大陆架海洋保护区和罗斯海保护区对海洋科研活动采取了“需经委

---

[1] See United Nations. A/58/65 Report of Secretary-General: Ocean and the Law of the Sea. 3 March 2003, para. 195.

[2] 参见金建才:《深海底生物多样性与基因资源管理问题》,载《地球科学进展》2005年第1期。

员会批准”“符合相关规定”“接受监督”等管理和限制措施。

第三节　公海保护区与“区域”制度的相互作用

公海保护区与“区域”中的特别环境利益区都是保护生物多样性与海洋环境的一种划区管理工具。除了不同的适用范围外，二者在本质上也有所不同。从实际情况来看，“区域”资源的勘探开发活动整个过程无论采取何种先进的环保措施或是最佳环境办法，都无法完全避免对海洋生境与栖息种群造成破坏，只能通过尽量减少对环境的破坏和及时修复的方式来解决，而无法实现绝对保护。尽管“区域”的资源管理与环境保护都是管理局的职责，但其设立的初衷在于平衡发达国家与发展中国家在利用“区域”矿产资源方面的利益。考虑到开发和利用“区域”矿产资源对环境的破坏，《海洋法公约》又赋予了管理局审查和监管资源利用者对环境的不利影响的职能。[1] 由此，管理局制定的特别环境利益区、影响参照区和保留区等环境保护制度都体现了对海底环境与生物多样性进行补偿的特性。[2] 与此不同的是，公海保护区更加注重预防，即防止保护区内海洋环境与生物多样性受到一切可能对其造成危害或潜在威胁的人类活动，通过管理或限制存在潜在威胁的人为活动，如捕鱼、航行、科学研究等，以实现对海洋环境与生物多样性的

〔1〕《联合国海洋法公约》第145条。

〔2〕See David Johnson, Maria Adelaide Ferreira, *ISAAreas of Particular Environmental Interest in the Clarion-Clipperton Fracture Zone*, International Journal of Marine & Coastal Law 3, 2015, pp. 565, 571.

保护,本质上是不可从所划定区域内获取资源或是利用。尽管公海保护区与“区域”环境保护制度存在差异性,但与其特别环境利益区制度又有相同之处,加之地缘上的连结使得二者之间的关系又交织在一起。公海保护区制度尚在商讨之中,“区域”环境保护制度对其日后的发展有何影响与借鉴值得梳理与分析。

一、“区域”环境保护制度对公海保护区制度发展的不利影响

“区域”及其资源是人类共同继承财产,既包括当代,也包括下一代人类。因此,“区域”及其资源的开发利用与环境保护中的可持续发展这一基本理念相一致。由全人类共同行使“区域”中相应权利不具备可行性,因而由管理局代表全人类对“区域”及其资源进行管理,继而“区域”环境保护区的主体就包括管理局、承包者以及担保国。虽然在管理局制定的三项勘探规章中均规定了“区域”环境保护主体相应的环境保护义务,但“区域”环境保护制度仍有模糊之处,如三个规章中都提到的“最佳环境做法”并没有统一的标准,发达国家与技术能力相对落后的国家由于技术和财政能力的差异,必然会产生不同标准的“最佳”。而“区域”勘探开发活动本身必然会产生污染,影响到水体部分。这很有可能与水体部分关于海洋环境污染的国际法规则重叠适用,从而形成双重或多重管理部分针对同一污染事项进行管辖的局面。在这种“区域”环境保护制度尚未完善,加之深海采矿尚未进入大规模商业开采阶段的情形之下,制定公海保护区法律框架所要考虑的因素也会变得更加复杂。

二、《克拉里昂—克利珀顿区环境管理计划》中有关特别环境利益区的规划与管理对于公海保护区制度构建的有益借鉴

《克拉里昂—克利珀顿区环境管理计划》采取了整合处理的方法(holistic approach)对克拉里昂—克利珀顿区进行总体管理，包括科学地选址、整合环境风险评估、与其他相关的国际法律规则保持一致等。[1] 此份环境管理计划包括总体目标、战略目标、运行目标、管理目标、实施、审议与关于优先展开活动的建议等内容，在每项目标项下又具体分为针对整个克拉里昂—克利珀顿区、承包区、特别环境利益区的具体目标，对于公海保护区制度的构建具有参考价值。例如，在运行目标中，该项管理计划明确了特别环境利益区的设立目的、选址考虑等：“特别环境利益区应当保护采矿活动附近区域有代表性的生物多样性与生态结构、应当包含范围广泛的栖息地种类(如海山和断裂带等)、应避免与当下保留区重叠、应当列出与采矿活动有关的区域的特别环境利益区位置，为现有和潜在的承包商提供一定程度的确定性。”[2] 同样，公海保护区制度的构建也应首先以最佳科学数据信息为基础，并阐述选址的标准以避免出现对公海保护区设立的科学性的质疑。例如，在现有实践中，有学者质疑南奥克尼群岛南大陆架海洋保护区设立的科学性，认为该保护区并没有将南奥克尼群岛周围生物多样性更丰富的磷虾产区和捕捞区、企鹅和海鸟的主要觅食区包含进去。

《克拉里昂—克利珀顿区环境管理计划》对于特别环境利益区的管理目标制定较为细致，对法技委的相关职责以列举的形式分为两部分共 11 条予

---

〔1〕 Environmental Management Plan for the Clarion-Clipperton Zone. Ⅲ. Vision, para. 34.
〔2〕 Environmental Management Plan for the Clarion-Clipperton Zone. Ⅵ. Goals, para. 39.

以规定。第一部分是法技委的审查职责。该管理计划规定,法技委应当对特别环境利益区保持核查,并确保它们的适宜性或是否需要修正,这些工作应当包括举办相关的学术研讨会并由各领域专家进行评审,还需结合承包者的申请及所提交的数据信息等。第二部分是关于法技委在制定实施特别环境利益区计划的建议中所应包含的内容,如审核的过程和内容、鼓励科研合作、如何将特别环境利益区及参照区融合到气候变化与海洋的科研项目中、对计划实施进行合理的监督机制等。值得注意的是,管理计划规定:"管理局的此项特别环境利益区的管理目标应与水体部分的管理部门进行沟通……鼓励各政府间组织对可能影响特别环境利益区内生物多样性或海洋环境的人为活动,如捕鱼、航行、海洋倾废等制定相关措施……"[1]这两项内容表明,海洋生态系统是一个整体,"区域"与公海水体部分并不能割裂开来,但管理局的管辖权限并不能扩大到"区域"上覆的公海水体部分,因此在公海的人类活动有赖于除管理局之外的相应管理部门予以规制。由此可以假设,倘若日后公海保护区的建立地点与"区域"特别环境利益区发生纵向的重叠,那么管理局必将与公海保护区的管理者进行沟通与协商,以解决可能出现的保护标准衔接、保护措施的协调等。

[1] Environmental Management Plan for the Clarion-Clipperton Zone. Ⅶ. Management Objectives, para. 43(e), (f).

第六章　公海保护区与两极法律制度的衔接与适用

南极和北极是地球的两个端点，被称为两极。北极地区是被陆地包围着的海洋，而南极恰恰相反，是一片被海洋包围着的陆地。两极地区在很多方面有着相似之处，如都是遥远、生态系统相对未受外界干扰的地区，都蕴含着丰富的自然资源和越来越显著的经济利益，也都经历着巨大的环境变化。两极地区是地球气候系统的重要组成部分，特别容易受到气候变化的影响。气候变暖，加上人类的活动和资源的开采，给这些脆弱的地区带来了越来越大的压力。虽然南极和北极彼此相隔甚远并且各自的治理模式和人类活动截然不同，但 2014 年世界公约大会为两极地区在保护海洋环境这一工作领域提供了互相交流与学习的平台。两极地区在全球生物多样性、气候进程和经济活动方面的重要作用使它们成为区域内各国以及国际社会的关注重点。建立强大、综合性的海洋保护区网络是保护生态系统的重要工具之一。目前，南极海域已建成了南奥克尼群岛大陆架海洋保护区和罗斯海保护区，并且国际社会正积极推进其他南极海洋保护区提案和进行国际合作。但南极条约体系与《海洋法公约》在南极海域适用时存在重叠以及一定程度上的碰撞与冲突,并不有利于公海保护区的建立,也不利于南极海洋环境保护与生物资源养护。与南极地区不同,北极海域大部分位于沿海国的国家管辖范围之内,只有小部分为公海,目前尚无建立公海保护区的实践。但是北极海域国家和北极理事会也开始了对公海保护区制度的探索。本章将分别对南极和北极地区建立公海保护区的进展和相关法律问题进行梳理,以明确两极法律制度与公海保护区之间的关系以及适用问题。

第一节　在南极建立公海保护区的主要法律问题

南极洲被认为是世界上最后的"净土"。南极大陆常年被冰雪覆盖,陆地面积约1400万平方千米。作为环抱着南极大陆的海洋,南大洋连接着大西洋、印度洋和太平洋,是近一万种生物赖以生存的家园。国际水文组织(International Hydrographic Organization)在2000年将南大洋定义为"以南纬60°为界的经度360°内,包围南极洲的海洋,主要有罗斯海、别林斯高晋海、威德尔海、阿蒙森海、部分南美洲南端的德雷克海峡以及部分新西兰南部的斯科蒂亚海",面积为2032.7万平方千米。南大洋因其独特的生态环境而具有非常重要的养护价值,然而全球气候变化正严重影响着南极生态系统。有研究表明,气候变化对南极的环境造成了包括海冰消融速度加快[1]、

[1] See Jiping Liu, Judith A. Curry, *Accelerated Warming of the Southern Ocean and Its Impacts on the Hydrological Cycle and Sea Ice*, Proceedings of the National Academy of Sciences of the United States of America 107, 2010, p. 14991.

2003 年至 2012 年南极大陆的冰架以 310 ± 74 立方千米的速度急剧减少[1]、无冰期增长等负面影响。环境的改变使得南大洋的生态系统也发生了巨大变化,直接或间接地影响海冰、海洋中上层和底栖生物群的栖息地,[2]如海冰的减少使得至少 75% 的帝企鹅的栖息地危在旦夕,在 2048 年,帝企鹅的总数可能会经过小幅度的增长后下降 19%。[3] 除气候变化外,人类活动的增加也对南极地区的环境造成了损害。南极洲并没有原住民,在这一区域最主要的人类活动包括科学研究、捕鱼以及旅游。以捕鱼为例,19 世纪初期人类便已开始在南大洋猎捕海豹和海象,随后是大量的捕鲸活动。近年来,南极磷虾因其具有较高的科学、医用、营养和经济价值而备受国际社会关注,由于人类对其需求的增加,加之高效捕捞技术的应用,以及气候变化等因素,南极磷虾正面临着生存威胁。磷虾以浮游生物为食,而其本身是企鹅、海豹、鲸类等的重要食物来源,过度商业开发将会给南大洋的生物食物链带来消极影响。

为实现对南极海洋生物资源的养护和合理利用,《南极海洋生物资源养护公约》于 1982 年生效,并根据该公约成立了南极海洋生物资源养护委员会,由其制定养护措施以实现对南极海洋生物资源养护的目标。南极海洋生物资源保护的不断发展,推动了南极公海保护区的建立,目前已有南奥克尼群岛大陆架海洋保护区和罗斯海保护区通过建成。

---

〔1〕 See Fernando S. Paolo, Helen A. Fricker, Laurie Padman, *Volume Loss from Antarctic Ice Shelves Is Accelerating*, Science 348, 2015, p. 327.

〔2〕 See Andrew J. Constable, Jessica Melbourne-Thomas, et al., *Climate Change and Southern Ocean Ecosystems Ⅰ: How Changes in Physical Habitats Directly Affect Marine Biota*, Global Change Biology 20, 2014, p. 3004.

〔3〕 See Stéphanie Jenouvrier, Marika Holland, et al., *Projected Continent-Wide Declines of the Emperor Penguin under Climate Change*, Nature Climate Change 4, 2014, pp. 715, 716.

一、在南极建立公海保护区的主要法律问题

（一）在南极建立公海保护区的法律依据问题

1. 法律依据

本书第二章中详细梳理了建立公海保护区的国际法依据，在国际层面包括1982年《海洋法公约》、1992年《生物多样性公约》、“软法”性质国际文件如世界可持续发展峰会的执行计划和联合国大会决议、相关海洋环境法原则等。这些国际层面的法律文件对于南极公海保护区的建立同样适用，《总体框架》在序言和第1条中明确指出了建立南极海洋保护区的一般国际法依据，包括《海洋法公约》在内的国际法以及《生物多样性公约》、世界自然保护联盟关于保护区的分类。

在区域层面，南极条约体系（the Antarctic Treaty System），即《南极条约》、根据《南极条约》实施的措施和与条约相关的单独有效的国际文书以及根据此类文书实施的措施，对于南极公海保护区的建立提供了更为直接和具体的法律依据。包括与之相关的关于南极大陆的一般性条约《南极条约》以及为了适应南极环境变化而对《南极条约》进行补充的1991年《关于环境保护的南极条约议定书》（以下简称《南极条约议定书》）；对南极海洋生物资源进行总体规定的条约《南极海洋生物资源养护公约》（以下简称《养护公约》），以及南极生物资源养护委员会通过的一系列《养护措施》，特别是《养护措施91－04》《总体框架》对南极公海保护区的建立起到了重要作用。

（1）1959年《南极条约》。

1959年阿根廷、澳大利亚、比利时、智利等12国签订了《南极条约》，该

条约规定了南极洲是指南纬60°以南的所有地区,包括冰架。[1] 该条约的主要内容是冻结目前领土所有权的主张,确立和平使用南极的原则,并促进在南极洲地区进行科学考察的自由和科学考察中的国际合作。[2] 这是日后建立南极公海保护区的政治、法律前提。但《南极条约》中并没有涉及海洋保护区的内容,甚至没有关于环境保护与资源养护的条款。[3] 仅有第9条的决策机制为南极条约协商会议成员国通过与南极环境保护与资源养护相关的后续立法留下了发展空间,南极保护区制度就是在《南极条约》向南极条约体系演进过程中逐步形成的。[4] 1964年,南极条约协商会议通过的《保护南极动植物议定措施》(*Agreed Measures for the Conservation of Antarctic Fauna and Flora*)首次提出在南极设立"特别保护区"(Specially Protected Areas),旨在保护具有代表性、独特性或特别兴趣的地点,同时要求进入该区域需获得许可。[5] 虽然特别保护区仅包括南极陆地和湖泊,并没有涵盖南极海域,但自此开启了南极各类保护区的建立,如1972年南极条约协商会议通过了建立"特别科学兴趣区"以保护区域内的科学活动及资源免受侵扰,1987年通过的"海洋特别科学兴趣区"等。

---

〔1〕《南极条约》第6条。

〔2〕《南极条约》第1条。

〔3〕《南极条约》与环境保护相关的条款仅为第5条:"禁止在南极洲进行任何核爆炸和处理放射性废料。"和第9条:"本条约序言中列举的各缔约国的代表应在本条约生效后两个月内在堪培拉市开会,此后间隔适当的时间在适当地点开会,以交流情报,就关于南极洲的共同关心的事项进行协商,并制定、审议和向其政府建议为促进本条约的原则和目标的措施,其中包括关于下列事项的措施:……(f)南极洲生物资源的保护和保存。"

〔4〕参见陈力:《南极海洋保护区的国际法依据辨析》,载《复旦学报》(社会科学版)2016年第2期。

〔5〕《保护南极动植物议定措施》第8条。

(2)1991 年《关于环境保护的南极条约议定书》及其附件五。

1991 年,南极条约协商国通过了《关于环境保护的南极条约议定书》(又称《马德里议定书》)及附件。[1] 该议定书将整个南极洲指定为仅用于和平与科学的自然保护区(natural reserve),通过六个附件从环境影响评价、南极动植物保护、废弃物处理和管理、预防海洋污染、区域保护与管理以及环境责任等方面落实南极环境保护的宗旨与原则。[2] 其中附件五确立了"南极特别保护区的命名与编号系统",将已在南极设立的各类保护区重新划分为南极特别保护区(antarctic specially protected area)和南极特别管理区(antarctic specially managed area)两类。[3] 根据附件五的规定,南极特别保护区和特别管理区的适用范围是一切南极地区,特别强调包括南极海域,[4] 即南纬 60°以南的海域。附件五第 6 条指出,特别保护区和特别管理区涉及南大洋时,需要经过南极生物资源养护委员会批准方可设立。[5] 目前整个南极地区设有 175 个南极特别保护区,其中有 10 个海洋保护区,或是部分包括海洋的保护区;7 个特别管理区,其中 3 个部分涉及海洋。[6] 在此需要说

---

[1] 《关于环境保护的南极条约议定书》(*the Protocol on Environmental Protection to the Antarctic Treaty*),又称《马德里议定书》,于 1991 年 10 月 4 日在马德里签署,并于 1998 年生效。

[2] 参见陈力:《南极海洋保护区的国际法依据辨析》,载《复旦学报》(社会科学版)2016 年第 2 期。

[3] 《关于环境保护的南极条约议定书》第 3 条规定,南极特别保护区的目的是保护南极突出的环境、科学、历史、审美和荒野价值,或科学研究;第 4 条规定,南极特别管理区的目的是促进活动的计划性、协调性,避免可能的冲突,加强缔约方合作,或使环境影响最小化。

[4] 《关于环境保护的南极条约议定书》附件五第 2 条、第 3 条第 1 款、第 4 条第 1 款。

[5] 《关于环境保护的南极条约议定书》,附件五第 6 条。

[6] *Status of Antarctic Specially Protected Area and Antarctic Specially Managed Area Management Plans*,载 http://www.ats.aq/documents/ATCM40/WW/atcm40_ww004_e.pdf. 2020 年 8 月 1 日最后访问。涉及海洋部分的特别保护区和特别管理区的信息详见:Conservation Measure 91 - 02 (2012): Protection of the Values of Antarctic Specially Managed and Protected Areas。

明的是，南极特别保护区与特别管理区和本章的研究对象南极公海保护区的差别在于，其一，前者的范围大于后者，前者既包括南极区域陆地上的保护区，也包括海洋保护区，后者仅为设立在公海的海洋保护区；其二，从实践上看，前者涉及海洋的部分保护区均为南极大陆的近海区域，各国对其科学研究较多，而后者的“公海”元素使得其远离南极大陆，且于2009年才初次实践，即南奥克尼群岛大陆架海洋保护区的建立。

(3)《南极海洋生物资源养护公约》及《总体框架》。

1982年生效的《养护公约》作为南极条约体系中的重要组成部分，其核心即为了更好实现养护南极海洋生物资源的目标。[1]《养护公约》不仅构建了南极条约体系框架下独立的运作机制，而且形成了一系列行之有效的南极海洋生物资源养护与合理利用的措施，[2]为南极公海保护区的建立提供了重要法律依据。《养护公约》的适用范围于南纬60°以南区域以及该纬度与构成部分南极海洋生态系统的南极辐合带之间区域。[3]值得注意的是，《养护公约》规定的这一范围超出了《南极条约》及《马德里议定书》规定的“南纬60°以南的地区”。其保护对象不仅包括鱼类、软体动物、甲壳动物等，还包括鸟类，超越了传统、单纯的渔业管理功能。

〔1〕《养护公约》第2条第1款。

〔2〕参见陈力：《南极海洋保护区的国际法依据辨析》，载《复旦学报》（社会科学版）2016年第2期。

〔3〕《南极海洋生物资源养护公约》第1条第1款，随后该条第4款解释了“南极辐合带”的范围：“应被视为连接以下经纬各点的连线：南纬50°，0°；南纬50°，东经30°；南纬45°，东经30°；南纬45°S，东经80°；南纬55°，东经80°；南纬55°，东经150°；南纬60°，东经150°；南纬60°，西经50°；南纬50°，西经50°；南纬50°，0°。”

《养护公约》第7条设立了南极生物资源养护委员会。[1] 为实现《养护公约》第2条规定的目标和原则,履行相应职责,南极生物资源养护委员会有权以现有的最佳科学论证为依据,制定、通过和修订养护措施。南极生物资源养护委员会根据这一授权,通过了一系列具有法律效力的,关于南极海域生物资源的《养护措施》,其中一些就是针对南极海洋保护区的。目前,南极生物资源养护委员会通过的涉及海洋保护区的法律措施有如下五个(表3)。

表3 第91大类-保护区

名称	内容和适用范围	生效时间
《养护措施91-01》	保护CEMP地址的程序(适用于所有海域、所有物种)	2004年
《养护措施91-02》	保护南极特别管理区与特别保护区价值(适用于所有区域、所有物种)	2012年
《养护措施91-03》	南奥克尼群岛以南冰架的保护(适用于次区域48.2,所有物种)	2009年
《养护措施91-04》	建立南极生物资源养护委员会海洋保护区的总体框架(适用于所有区域,所有物种)	2011年
《养护措施91-05》	罗斯海保护区(适用于SSRU 88.2 A、SSRU 88.2 B,次区域88.1,所有物种)	2016年

《养护措施91-04》即《总体框架》在序言中写明,在南大洋建立公海保护区的直接法律依据是《养护公约》第2条以及第9条第2款(f)与(g)项。即"基于最佳科学证据,养护措施可以包括在《养护公约》适用范围内指定开

〔1〕《南极海洋生物资源养护公约》第7条、第14条、第17条分别设立了南极生物资源养护委员会、南极海洋生物资源养护科学委员会和秘书处,南极生物资源养护委员会还设立了行政和财务常设委员会、执行和遵守常设委员会;科学委员会项下建立了生态系统监测和管理工作组、鱼类种群评估工作组等五个工作组。参见http://www.ccamlr.org/en/organisation/about-ccamlr. 2020年8月1日最后访问。

放或封闭区域,以及在南极地区或次南极区域进行科学研究或采取养护措施,包括特别保护和科学研究区域"[1]。

2. 冲突与困境

通过上述梳理可以看出,国际层面和南极地区层面的国际法律文件都为在南极海域建立公海保护区提供了法律依据,但仍然存在三个主要问题:其一是一般国际法适用的缺陷;其二是《海洋法公约》在为南极公海保护区提供法律依据时会与南极条约体系产生碰撞甚至冲突问题;其三是南极生物资源养护委员会在南极海域建立公海保护区的法定资格争议及公海保护区定义未明问题。

其一,一般国际法适用的缺陷。如第二章分析的一样,《海洋法公约》与《生物多样性公约》虽为具有法律效力的"硬法",但在其文本中并没有对公海保护区进行规定,无法为公海保护区的建立提供最为直接的法律依据。如《海洋法公约》只要求主权国家在国家管辖范围以外海域进行国际合作的义务,以及采取"必要的措施"保护海洋环境及养护海洋生物资源。虽然"软法"性质的国际文件对于公海保护区的定义、分类、设立程序等有所涉及,为公海保护区法律制度的发展起到了补充和推动作用,但其"软法"性质并不具有法律约束力。目前国际社会尚未形成统一的公海保护区法律框架,仅在区域层面有各自的实践。基于这一现实,南极公海保护区制度才能在一般国际法滞后的情况下,在南极条约体系的框架下得以产生和

[1] Conservation Measure 91 - 04 (2011): General Framework for the Establishment of CCAMLR Marine Protected Areas. Preamble, para. 2.

发展。[1]

其二,《海洋法公约》在为南极公海保护区提供法律依据时与南极条约体系产生碰撞,最为重要的是南极海域法律地位问题。《南极条约》第6条是该条约的适用范围条款,也是唯一涉及南极海域的条款。该条规定:"本条约的规定应适用于南纬60°以南的地区,包括一切冰架;但本条约的规定不应损害或在任何方面影响任何一个国家在该地区内根据国际法所享有的对公海的权利或行使这些权利。"[2]从该条文的用语来看,首先,《南极条约》适用于南纬60°以南的海域这一点是明确的;其次,从条文中"……根据国际法所享有的对公海的权利……"的表述可以认为,第6条承认国际法在南极海域的适用,那么海洋法体系就没有排除在外;最后,该条文中"在该地区内"的表述模糊,可能有两种不同的意思,即南纬60°以南的海域全部是公海,或者南纬60°以南的海域部分为公海。[3] 如此一来,《南极条约》成员国在南极海域享有的公海权利就受到海洋法体系和《南极条约》的双重制约,并且这一区域的公海范围和公海权利是动态的,是随着国际法的发展而变化的;[4]此外,《南极条约》"冻结南极主权"的原则又是静态的,由此引发了部分国家对于南极海域要求主权的争端。例如,1982年《海洋法公约》确定了领海的宽度由3海里扩大到12海里,加之200海里专属经济区制度的确立,由此使得公海的范围大幅缩小,而沿海国的主权权利有所扩大。20世纪70年代后,包括英国、法国、澳大利亚在内等七个国家先后根据其"南极领

[1] 参见陈力:《南极海洋保护区的国际法依据辨析》,载《复旦学报》(社会科学版)2016年第2期。

[2] 《南极条约》第6条。

[3] 参见陈力:《论南极海域的法律地位》,载《复旦学报》(社会科学版)2014年第5期。

[4] 参见陈力:《论南极海域的法律地位》,载《复旦学报》(社会科学版)2014年第5期。

土”提出了延伸南极海域主权的要求。假设日后在南极海域建立公海保护区的选址涉及了某些利益相关国家主张主权要求之海域,那么提案很有可能受到这些国家的反对,根据南极生物资源养护委员会对实质性事项应协商一致方得以通过的机制,可以预计公海保护区的建设将受阻。

其三,关于南极生物资源养护委员会在南极海域建立公海保护区的法定资格争议及公海保护区定义未明问题。在2013年南极生物资源养护委员会第二次特别会议上,俄罗斯和乌克兰就对南极生物资源养护委员会在南极海域设立和管理海洋保护区的法定资格(legal capacity)提出质疑,认为南极生物资源养护委员会没有对其建立的海洋保护区作出明确定义,因而以此为基础建立的海洋保护区及相关活动缺乏法律依据。[1] 对于这一质疑,美国与新西兰回应称,南极生物资源养护委员会对于建立海洋保护区直接的法律依据是《养护公约》第2条与第9条。特别是《养护公约》第9条第2款表明,南极生物资源养护委员会可以采取设立禁捕区、区域和分区域,包含用于保护和研究的特殊区域,或其他有关养护措施以实现公约规定的养护目的。[2] 并且,《总体框架》也证明了南极生物资源养护委员会具有在其管辖海域内建立海洋保护区的法定资格,以确保实现南大洋生物多样性的养护。[3]

虽然上述回应在一定程度上解释了南极生物资源养护委员会建立海洋

〔1〕 See CCAMLR-SM-Ⅱ, *Report of the Second Special Meeting of the Commission*, Bremerhaven, Germany. 2013, para. 3.18.

〔2〕 See CCAMLR-SM-Ⅱ, *Report of the Second Special Meeting of the Commission*, Bremerhaven, Germany. 2013, para. 3.19.

〔3〕 See CCAMLR-SM-Ⅱ, *Report of the Second Special Meeting of the Commission*, Bremerhaven, Germany. 2013, para. 3.21.

保护区的适格性，但却无法反驳《养护公约》《总体框架》等相关法律文件缺乏对“海洋保护区”的规定。作为南极海洋保护区最重要依据的《养护公约》，仅规定了“为科学研究或养护目的确定捕捞区域和禁捕区域、区域或次区域，包括用于保护和科学研究的特别区域”，[1]此处提及的“特别区域”与“海洋保护区”是等同关系还是包含与被包含关系、抑或是其他关系并没有明确答案。如今，南极生物资源养护委员会在南极海域已建成南奥克尼群岛大陆架海洋保护区和罗斯海保护区。但是，如果“海洋保护区”的定义以及相关概念不能通过法律规范尽快确定，这一问题还将在未来对其他海洋保护区提案的通过制造阻碍。关于南极海洋保护区管理主体问题，南极生物资源养护委员会的主体资格是在第一次海洋保护区研讨会上，由南极条约协商会议下辖环境保护委员会与南极生物资源养护委员会下辖科学委员会约定而成，但南极条约协商会议尚未通过后续立法明确承认南极生物资源养护委员会资格，这也成为其作为管理主体适格性的质疑。

（二）南极公海保护保区的管辖重叠问题

如前文所述，除了南极生物资源养护委员会依据《养护公约》建立的海洋保护区之外，南极条约体系中还包含其他的划区管理工具。例如，《关于环境保护的南极条约议定书》中将已在南极设立的各类保护区重新划分为南极特别保护区和特别管理区两类。尽管特别保护区和特别管理区与海洋保护区有所区别，但其在适用范围上也有重叠的可能性。[2]《关于环境保护的南极条约议定书》与《养护公约》都包含保护南极生物多样性的规定。然

---

〔1〕《南极海洋生物资源养护公约》第9条第1款(6)及第2款(7)。

〔2〕 Conservation Measure 91 - 02 (2012): Protection of the Values of Antarctic Specially Managed and Pretected Areas. Preamble, para. 8.

而,《养护公约》在强调养护的同时,还允许“合理利用”,这是其与《关于环境保护的南极条约议定书》在目标宗旨上存在的差异,同时管理模式上也存在差异,因此,如若发生适用海域上的重合,则可能会产生管辖权上的冲突。[1]

就此可能产生的冲突问题,《关于环境保护的南极条约议定书》表明其不应阻碍南极条约体系中其他法律文件的适用。[2] 另外,南极生物资源养护委员会通过的《养护措施91 -02》《特别管理与特别保护区的价值保护》规定:“每一缔约方应确保其渔船获得依据‘10 -02措施’[3]的许可,并知道其所在地点和所有特别保护区和特别管理区的管理措施”,同时还以附件的形式列出了目前包含海域部分的特别保护区与特别管理区名单。[4] 此外,负责落实《马德里议定书》的南极条约环境委员会与南极生物资源养护委员会项下的科学委员会也就南极海洋保护区议题开展了合作。在2009年4月双方举办的研讨会上,就共同利益区域、合作机制、领导主体达成了共识。如在合作机制方面,双方应信息共享、进行专家交流,双方对于潜在选址区域应进行协调等;在领导主体方面,南极生物资源养护委员会科学委员会将在南极海洋生物多样性划区保护与管理的问题上作为领导主体,但这并不

---

〔1〕 参见陈力:《南极海洋保护区的国际法依据辨析》,载《复旦学报》(社会科学版)2016年第2期。

〔2〕《关于环境保护的南极条约议定书》第4条第2款:“本议定书任何条款都不应损害本议定书各缔约国根据南极条约体系内其他有效的国际文书所承担的权利和义务。”

〔3〕 Conservation Measure 10 - 02 (2016): Licensing and inspection obligations of Contracting Parties with regard to their flag vessels operating in the Convention Area. 该项措施共计九条和一个附件,规定了成员国在公约区域内对其渔船应承担的义务,如对渔船发放许可证、确保其适航性、向秘书处及时汇报相关信息等。

〔4〕 Conservation Measure 91 - 02 (2012): Protection of the Values of Antarctic Specially Managed and Protected Areas. Article 1, Annex 91 -02/A.

能妨碍南极条约环境委员会对于涉海或海洋特别保护区和特别管理区的管理权限。[1]

(三)南极公海保护区设立与管理的科学性问题

自《养护公约》生效以来,南极生物资源养护委员会已经从科学数据收集、渔具使用、捕捞限额、船舶监控、打击非法、不报告和无管制捕捞活动(IUU)等方面,制定了相对完整的规则与措施,捕捞活动在现行制度下得到了有效管理。[2] 在此情形下,是否还需要设立公海保护区以进一步养护南极海洋生物资源也引发了各国争议。《总体框架》引言部分写道:"科学委员会认定整个公约区域相当于一个世界自然保护联盟第四类保护区,但是在公约区域内仍然需要更进一步地建立有代表性海洋保护区网络的需要"。[3] 但《总体框架》以及相关公海保护区提案并没有评估现有南极生物资源养护委员会及现有养护措施对于南极海域生物多样性保护的成就和不足,即没有科学的论证现有制度中的哪些不足或哪些威胁因素使得南极生物资源养护委员会需要新建海洋保护区。[4]

"科学性"或"最佳科学证据"出现在了《养护公约》《总体框架》与南极海洋生物资源保护的法律文件中,但从目前南极两个公海保护区的实践来看,南极生物资源养护委员会建立公海保护区的科学性与管理的科学性都受到了质疑。例如,对于南奥克尼群岛南大陆架海洋保护区选址的科学性

[1] *Summary of the Work of the CEP on Marine Protected Areas*, 载 http://www.ats.aq/documents/ATCM37/ww/atcm37_ww003_e.pdf. 2020 年 8 月 1 日最后访问。

[2] See CCAMLR, *Report of the* 31th *Meeting of the Commission*. 2012, para. 7.65.

[3] Conservation Measure 91 - 04 (2011): General Framework for the Establishment of CCAMLR Marine Protected Areas. Preamble, para. 10.

[4] 参见杨雷、韩紫轩、陈丹红等:《〈关于建立 CCAMLR 海洋保护区的总体框架〉有关问题分析》,载《极地研究》2014 年第 4 期。

质疑，认为该保护区并没有将南奥克尼群岛周围生物多样性更丰富的磷虾产区和捕捞区、企鹅和海鸟的主要觅食区包含进去。[1] 此外，《养护措施 91－03》对南奥克尼群岛南大陆架海洋保护区的规定过于简单，并且缺乏具体的科学标准和监测计划，实际可操作性不强。又如，罗斯海保护区的保护期限问题。

二、公海保护区与南极海洋保护区实践衔接与协调的前景预测

通过前文关于南极现有两大公海保护区实践的介绍以及上述有关在南极建立公海保护区所涉及的主要法律问题的分析可以得出，南极公海保护区建立具备了一般国际法与南极条约体系之中相关公约和法律文件的双重法律依据，但其法律依据尚存在不足，比较突出的就是一般国际法规定的框架性所致适用困难、《海洋法公约》与南极条约体系在适用时的碰撞、关于南极生物资源养护委员会在南极海域建立公海保护区的法定资格争议及公海保护区定义未明问题。对于南极海域所建公海保护区与现存划区管理工具之间可能发生的管辖重叠关系，相关机构已达成共识，即二者之间通过互不影响、信息共享等合作机制以及确认南极生物资源养护委员会科学委员会将在南极海洋生物多样性划区保护与管理的问题上作为领导主体的方式予以解决。而南极公海保护区设立与管理仍存在设立是否必要以及管理目标是否具有可实施性等问题。

南极公海保护区建设所存在的上述问题也是日后公海保护区制度构建所要考虑解决的，特别是在南极海域已建成公海保护区并且提案会逐渐增

〔1〕 See Cassandra M Brooks, *Competing Values on the Antarctic High Seas: CCAMLR and the Challenge of Marine-Protected Areas*, the Polar Journal 2, 2013, p. 282.

多的情况下,需要考虑公海保护区制度与南极海洋保护区法律框架如何进行衔接。一方面,南极公海保护区法律实践对于公海保护区制度构建的助力作用。南极公海保护区从产生至今,取得了非常大的进展,南极区域的公海保护区实践已在国际实践中位于“先驱者”之列。作为南极条约体系中与公海保护区最为相关的文件,《总体框架》不仅将《海洋法公约》《生物多样性公约》等一般国际法纳入南极公海保护区建立之中,而且其产生也标志着在南极条约体系内建立南极公海保护区的法律基础将会逐步夯实。南极生物资源养护委员会的养护措施已将公海保护区纳入其中,先后建立的南奥克尼群岛海洋保护区和罗斯海保护区以具有法律约束力的“措施”形式被予以规制,使得南极公海保护区的法律规则更加完善,也加快了建设新南极公海保护区的步伐。如各国对于东南极海洋保护区提案的关切还未平息,德国就于2014年向科学委员会提交了关于威德尔海保护区的科学背景文件和科学依据进展报告。[1] 南极公海保护区实践的增多必将使得公海保护区制度有更多的先验可以借鉴,也会为联合国框架下“国家管辖海域外生物多样性养护与可持续利用协定”谈判提供现成的标准和范例。另一方面,公海保护区制度的构建与发展将有助于填补南极公海保护区法律框架中的缺失。在国际层面,许多国际组织及其会议都对公海保护区议题进行了讨论,特别是“国家管辖海域外生物多样性养护与可持续利用协定”谈判的推进,公海保护区也是其中的重要部分。公海保护区的定义、指导原则和方法、建立和管理的实体及程序问题等都是讨论内容之一,这些趋势对完善建立南极公

〔1〕 SC-CAMLR-XXXIII/08. *Progress Report on the Scientific Basis in Support of the Development of a CCAMLR MPA in the Weddell Sea (Antarctic) Delegation of Germany*, 载 https://www.ccamlr.org/en/sc-camlr-xxxiii/08. 2020年8月1日最后访问。

海保护区的法律基础具有重要意义。

第二节　北极海域公海保护区的发展态势

北极海域位于地球的最北端,是由北冰洋及其边缘海构成的海域,处于高纬度的冰封地带,生态环境脆弱并且修复能力较差。与南极海域相似的是,北极海域对于稳定全球气候至关重要,另外,全球气候的变化也对北极环境与生态系统造成了巨大影响。最为显著的就是温度上升使得冰雪消融,海洋哺乳动物和其他种类的动植物分布发生了改变,极地永久冻土层的变化等。气候变化不仅影响北极海域环境和生态系统,还使得此区域的人类活动大量增多,如捕鱼、航行、油气资源的开发、旅游业的兴起。这些变化都使得北极海域面临着前所未有的威胁和挑战,正因如此,在北极海域建立海洋保护区越发重要。[1] 北极海域沿海国包括美国、加拿大、挪威、丹麦(格陵兰)、俄罗斯和冰岛。除冰岛外,其他国家通过其边缘海与北冰洋相毗连,为北冰洋沿岸国;而冰岛不与北冰洋相毗连,但与北冰洋的附属海域(格陵兰海、挪威海、丹麦海峡)毗连,也是北极海域国家之一。[2] 大部分北极海域处于周边沿岸国家的国家管辖范围之内,只有四块海域是属于国家管辖范围以外海域,包括挪威海中的"Banana Hole"、巴伦支海中的"Loop Hole"、白

〔1〕 Conservation of Arctic Flora and Fauna (CAFF), Arctic Biodiversity Trends 2010 - Selected Indicators of Change, May 2010, p. 96.

〔2〕 领土处于北极圈的国家有八个,分别是美国、加拿大、俄罗斯、芬兰、瑞典、挪威、丹麦、冰岛,简称北极八国;与北冰洋毗邻的沿岸国家为文中提到的五个:美国、加拿大、挪威、丹麦、俄罗斯,简称北极五国。

令海中的"Donut Hole"和北冰洋的中心(Central Arctic Ocean)。[1] 无论是国家管辖范围以内还是以外,海洋生态环境和生物多样性保护都十分重要。与南极地区不同的是,北极海域目前尚无在公海建立海洋保护区的实践,现有海洋保护区大都位于北极海域国家管辖范围以内。但北极理事会长久以来致力于促进北极地区的合作与发展,计划构建"泛北极海洋保护区网络"。该保护区网络将覆盖北冰洋沿岸国专属经济区水域以及公海水域,以增强海洋生态系统的抵御能力并促进人类福祉。[2] 本章将分析北极海域国家和北极理事会对于建立公海保护区的探索,并将对"泛北极海洋保护区网络"的内容进行梳理,在此基础上探究未来公海保护区制度在北极海域运用的可能性。

一、北极理事会对公海保护区的探索

早在20世纪初北极地区就出现了有关环境与动物保护的合作,如1911年美国、俄罗斯、日本等国签订的《北太平洋海狗公约》,1973年签订的《北极熊保护协定》等。在此之后,1987年苏联总统戈尔巴乔夫在摩尔曼斯克发表的讲话对于北极各国的合作具有重要意义,开启了北极地区合作的新时代。戈尔巴乔夫在讲话中宣称,北极应当成为一个和平区域,东西方应为此开展多边或双边合作,把北极变成和平之极。[3] 此后,北极地区各国政府间

---

〔1〕 See Ingvild Ulrikke Jakobsen, *Marine Protected Areas as a Tool to Ensure Environmental Protection of the Marine Arctic: Legal Aspects*, in Elizabeth Tedsen, Sandra Cavalieri, R. Andreas Kraemer eds., *Arctic Marine Governance: Opportunities for Transatlantic Cooperation*, Springer Berlin Heideberg, 2014, p. 216.

〔2〕 See Arctic Council, *Arctic Marine Strategic Plan* 2015 – 2025, April 2015, p. 14.

〔3〕 *Illulissat and Arctic Amity: Ten Years Later*, May 14, 2018. 载 http://www.thesimonsfoundation.ca/highlights/ilulissat-and-arctic-amity-ten-years-later. 2020年8月1日最后访问。

展开了合作，代表性成果就是制定了《北极环境保护战略》（*Arctic Marine Protection Strategy*，AEPS）。

《北极环境保护战略》的工作职能通过其设立的四个工作组来实现，即北极监测与评估工作组、北极海洋环境保护工作组、北极动植物保护工作组和突发事件预防、准备和反应工作组。在实施《北极环境保护战略》过程中，国际合作关注的重点从环境保护领域逐步扩展和延伸，特别强调了可持续发展的重要性，最终推动了北极地区政府间组织的形成。[1]《北极环境保护战略》中首次出现了在北极建立保护区网络的内容，并且将建立"一个保护区网络"作为了该战略的指导性原则。[2]

1993 年，在努克召开的北极八国部长级会议上，各国一致通过将发展与建立保护区网络的任务委托给北极动植物保护工作组，该工作组对北极地区的生物多样性展开了调查并提供了主要的数据。[3] 在此基础上，通过了在北极周围建立海洋保护区网络的战略和行动计划，即"环极保护区网络"（Circumpolar Protected Areas Network，CPAN），目标是建立一个"适当的且管理良好的保护区网络，以高度涵盖北极地区的生物多样性"[4]。"环极保护区网络" 的工作涵盖整个北极地区，没有专门区分陆地与海洋。此项计划并不具有法律约束力，但为各国在国家、区域层面提供了对于保护区选址与

〔1〕 参见陈玉刚、陶平国、秦倩：《北极理事会与北极国际合作研究》，载《国际观察》2011 年第 4 期。

〔2〕《北极环境保护战略》的指导原则 viii：鼓励发展建立一个保护区网络以适当顾及原住民的需求。

〔3〕 See Timo Koivurova, *Governance of Protected Areas in the Arctic*, Utrecht Law Review 5, 2009, p. 49.

〔4〕 See Conservation of Arctic Flora and Fauna（CAFF），*Circumpolar Protected Areas Network: Strategy and Action Plan*, CAFF Habitat Conservation Report No. 6, March 1996, p. 7.

规划的基本框架。

1996年9月16日,北极八国在加拿大渥太华举行会议,宣布成立北极理事会。北极理事会的工作范围比《北极环境保护战略》更为广泛,为促进北极各国间的合作,包括与原住民的合作及相互支持等,特别是在可持续发展和环境保护方面,提供了更为广泛的空间。北极理事会成立之后,原先《北极环境保护战略》设立的四个工作组被继承接收,关于海洋保护区的合作主要是在海洋环境保护工作组中得以开展。

2004年,北极理事会通过了北极海洋环境保护工作组制定的《北极海洋战略计划》(*The Arctic Marine Strategic Plan*,AMSP),此份计划的目标设定为保护海洋环境、海洋生物多样性、海洋生态系统及其功能。[1]《北极海洋战略计划》强调了海洋保护区作为一项环境保护工具的重要性,并且重申了可持续发展问题世界首脑会议所提出的建立海洋保护区的目标,指出北极理事会应当"促进与海洋环境有关的《可持续发展问题世界首脑会议执行计划》,包括运用生态系统方法和建立海洋保护区……"[2]在最新的《北极海洋战略计划(2015—2025)》中,建成海洋保护区网络成为一项战略性行动,近些年在北极海域也展开了相关活动以实现这一目标。[3] 其后,2015年,在北极海洋环境保护工作组制定的《泛北极海洋保护区网络框架》(*Framework for a Pan-Arctic Network of MPAs*)中,海洋保护区作为北极海洋环境保护与生物资源养护的一项工具更加被重视。

---

[1] See Arctic Council, *Arctic Marine Strategic Plan*, November 2004, p. 3.

[2] See Arctic Council, *Arctic Marine Strategic Plan*, November 2004, p. 8.

[3] See Suzanne Lalonde, *Marine Protected Areas in the Arctic*, Erik J. Molenaar, Alex G. Oude Elferink, and Donald R. Rothwell eds., *The Law of the Sea and the Polar Regions: Interactions between Global and Regional Regimes*, Martinus Nijhoff Publishers, 2013, p. 102.

《泛北极海洋保护区网络框架》旨在为北极各国对于海洋保护区以及海洋保护区网络的构建与管理提出共同的合作愿景,合作目标为保护海洋生物多样性与海洋生态系统的功能、保护文化、社会、经济的价值与生态服务、提高北极居民的环境保护意识、促进北极地区的协调与合作等。[1] 北极海洋环境保护工作组在此份文件中列出了九项关于构建与执行泛北极海洋保护区网络的指导原则,包括系统的方法、透明度原则、最佳科学原则、不同机制、主体之间的合作原则等。此外,还就海洋保护区的定义加以说明,即采用世界自然保护联盟关于海洋保护区的定义和分类。

《泛北极海洋保护区网络框架》中规定了各国应确保泛北极海洋保护区网络中的每一海洋保护区所应满足的条件,包括需满足世界自然保护联盟对海洋保护区的界定、应至少满足一项泛北极海洋保护区网络目标、应具备有关的管理计划或法律法规的明确支持等。北极海洋环境保护工作组提议构建的泛北极海洋保护区网络着重关注的是北极海域各国国家管辖范围内的海洋保护区建设,特别是在专属经济区内的海洋保护区建设,而公海保护区的建设并不是泛北极海洋保护区网络的工作内容。《泛北极海洋保护区网络框架》中仅仅提及了"由于大陆与公海活动会影响到专属经济区海域的环境与生物多样性,因此也需要考虑到大陆及公海与专属经济区的联系"[2]。同时需注意到的是,《泛北极海洋保护区网络框架》只是一份指导性文件,并不具有法律约束力,需要依靠北极海域各国自行制定建立海洋保

---

[1] See Protection of the Arctic Marine Environment (PAME), *Framework for a Pan-Arctic Network of Marine Protected Areas*, April 2015, p. 6.

[2] See Protection of the Arctic Marine Environment (PAME), *Framework for a Pan-Arctic Network of Marine Protected Areas*, April 2015, p. 11.

护区的计划和时间等。如此一来,各国因科学技术、经济能力以及发展目标的不同,对于海洋保护区的建设也会步调不一致,很可能阻碍建成泛北极海洋保护区网络计划的实现。

泛北极海洋保护区网络的构建能够起到推动国家管辖范围内海洋保护区逐步向网络化的发展,同时也考虑到了海洋环境的系统性与整体性特点。但是,正如《泛北极海洋保护区网络框架》所述,公海与专属经济区相连接,在公海或是专属经济区内的人类活动都会产生跨越二者边界的影响;即便有如此认识,泛北极海洋保护区网络也并没有将公海囊括在构建范围之内,这是否能够真正实现泛北极海洋保护区网络的设立价值以及实现保护北极海域整体生态环境与生物多样性的目标令人质疑。

值得一提的是,2015 年 4 月在北极理事会部长级会议上成立了北极海洋合作特别工作组(Task Force on Arctic Marine Cooperation)以加强北极海域的各项海上合作。为实现北极理事会部长制定的战略目标,包括实现以生态系统为基础的管理方法,特别工作组对北极国家海洋合作机制的需求进行了系统评估。在这个需求评估的过程中,特别工作组着眼于北极理事会现有海洋合作、不同区域不同形式的区域层面海洋合作以及新兴的全球层面的合作发展,包括正在进行的关于国家管辖范围以外海洋生物多样性保护和可持续利用的协商工作。经过系统评估,特别工作组认为,海洋生态系统不与国家管辖范围以内或以外海域相对应,因此北极海域需整体、全面、综合性的区域合作以补充现有各部门性合作的不足,并且需要将国家管辖范围以外的北极海域涵盖在内。为此,特别工作组建议在北极理事会项下设立新的机构以加强协调与整合海洋事务、设立北极海洋专家工作组、制订一个北极区域性海洋计划等。[1] 特别工作组与北极海洋环境保护工作组不同的是,其关注北极海域整体的海洋生态系统,强调了公海作为北极海域生态系统的一部分需要在日后的区域合作中予以考虑。

综上所述,北极区域内海洋保护区网络建设并没有将公海包含在内,但北极海洋合作特别工作组的设立使得公海保护区建设成为可能。纵观北极海洋保护区的发展历程来看,其发展脉络同公海保护区的产生有极高的相似度,即从陆地保护区向海洋延伸,随着人类活动与自然因素带来的挑战逐渐由国家管辖范围内海域向公海扩展。目前世界范围内四大公海保护区均是在区域组织倡导之下域内各国合作基础上推动建立,结合北极理事会对海洋环境与生物多样性保护的重视及海洋保护区的发展动态可以乐观估计,在北极海域建立公海保护区将会是未来的一个发展趋势。

二、北极海域国家有关公海生物资源养护的合作

除了北极理事会对于建立海洋保护区网络的努力外,北极海域各国对于建立公海保护区的态度将直接决定着是否能够达成在北极海域建立公海保护区的合作。北极八国被以是否毗邻北冰洋这一地理因素分为了二组,形成了北冰洋沿岸的北极五国:美国、加拿大、挪威、丹麦、俄罗斯。自 2008 年起,北极五国就北极主权问题、北冰洋管理制度、环境保护问题等各方面展开了探讨与合作。这种“小团体”式做法受到了北极理事会其他三个北极国家的反对,也受到了原住民组织的批评。但北极五国认为,其对北冰洋大部分海域享有主权和管辖权,因而五国对该海域的监管负有特殊责任,以应

---

[1] See Arctic Council Task Force on Arctic Marine Cooperation (TFAMC), *Report to Ministers of the Task Force on Arctic Marine Cooperation*, May 2017, pp. 4 –6.

对气候变化和海冰融化可能给该地区生态系统与当地居民以及原住民社区带来的严重影响。[1] 而随着对国家管辖范围外海域这一"全球公域"关注度的持续增高，北极五国也就北冰洋公海生物资源养护问题进行了探讨，分别在2010年、2013年和2014年召开了三次高官会议；2011年、2013年和2015年召开了三次科学家会议。[2]

北极五国于2015年7月在挪威首都奥斯陆签署了《关于防止中北冰洋不受管制的公海捕鱼的宣言》（又称《奥斯陆宣言》），强调了北极五国在行动上协调一致，在北冰洋公海实施临时措施，禁止各国在该海域进行商业性渔业活动；建立联合科学研究计划，监测该海域鱼类洄游分布。[3] 其后，北极五国邀请中国、日本、韩国、冰岛及欧盟就养护北冰洋公海生物资源养护问题进行磋商，经过两年共六轮磋商，各方于2017年11月就《防止中北冰洋不受管制公海渔业协定》（以下简称《协定》）的文本达成合意，这也是北冰洋公海渔业管理方面的突破性进展。根据该协定，北冰洋中部公海（面积达280万平方千米）将在未来16年内禁止商业捕鱼，到2033年该协定期满后，如果签署国家没有提出异议，则该协定的有效期将自动延长5年。该协定鼓励各方开展联合渔业科学研究与监测，允许进行探捕活动，但要受到严格限制。[4] 有学者认为，《协定》填补了国际海洋渔业治理与北极国际治理的空

---

〔1〕 See Ilulissat Declaration, 28 May, 2008.

〔2〕 参见唐建业：《北冰洋公海生物资源养护：沿海五国主张的法律分析》，载《太平洋学报》2016年第1期。

〔3〕 See Declaration Concerning the Prevention of Unregulated High Seas Fishing in the Central Arctic Ocean, 16 July, 2015.

〔4〕 《国际磋商各方就〈防止中北冰洋不受管制公海渔业协定〉文本达成一致》，载中国海洋在线，http://www.oceanol.com/guoji/201712/05/c70695.html. 2020年8月1日最后访问。

白，为未来北冰洋公海渔业的科学管理奠定了基础。[1]

值得注意的是，上述对公海渔业资源养护所采取的预防性措施，即禁止商业捕捞、限制探捕活动等并不是综合性的保护公海生物资源的手段，其与公海保护区的作用并不完全一样。那么，北冰洋沿岸国及相关方就公海渔业资源养护问题达成一致就不可乐观地认为，其会就在北极公海设立海洋保护区的议题达成合意。事实上，北冰洋沿岸国家对公海保护区的态度不一，有持积极态度的国家，也有未明确表态的国家。例如，加拿大代表团在2003年联合国海洋事务和海洋法不限成员名额非正式协商会议上，表示支持将公海保护区作为国家管辖范围外海域的综合性管理措施。[2] 此外，其在2004年的北极海洋战略计划中，倡导建立大范围的北极海洋保护区网络。[3] 未明确表态的国家，如丹麦政府在《2011—2020年丹麦王国北极战略》中阐述了气候变化及人类活动对海洋环境与生物多样性影响的严重性，表示将落实有关海洋环境保护方面的国际协议，愿意在国际层面、区域层面以及双边形式等与其他北冰洋国家及域外国家积极开展环境合作。[4] 然而在此份文件中并未涉及有关公海保护区的内容，也没有表明丹麦对在北冰洋设立公海保护区支持与否的态度。虽然公海保护区可以成为保护北极生态环境的法律工具，然而，由于北极地区复杂的地缘政治、资源问题、合作的"地区意识"以及国际参与的逐渐增加，在北冰洋公海设立保护区能否实现

---

〔1〕《国际磋商各方就〈防止中北冰洋不受管制公海渔业协定〉文本达成一致》，载中国海洋在线，http://www.oceanol.com/guoji/201712/05/c70695.html. 2020年8月1日最后访问。

〔2〕参见范晓婷：《公海保护区的法律与实践》，海洋出版社2015年版，第236页。

〔3〕参见白佳玉、李玲玉：《北极海域视角下公海保护区发展态势与中国因应》，载《太平洋学报》2017年第4期。

〔4〕See Denmark, *Greenland and the Faroe Islands: Kingdom of Denmark Strategy for the Arctic 2011-2020*. August 2011, p. 49.

仍是个未知数。另外,因气候变暖导致北极冰雪消融,使得原本没有的航道成为可能(中央航道),航运活动及生物资源开发活动增多,不排除北极各国对于在北极公海建立海洋保护区事项达成一致的可能性。

第三节 比较与总结

同为地球的极地,但不同的地理特征与区域内国家及居民的构成使得南极与北极在治理形式上有所不同。南极地区被海洋包裹,直至19世纪之初才有人类活动,在此出现并且没有常住人口。南极条约体系,即包括1959年《南极条约》,以及南极生物资源养护委员会一系列协定等对南极洲的各项活动进行规制与管理,也为南极公海保护区的建立提供了相较于《海洋法公约》等国际层面法律文件而言更为直接和具体的法律依据。在南极海域建立公海保护区虽然一直存在关于主体是否适合、科学依据、建立程序以及关于一些提案等的争议,但最终没有阻挡南极公海保护区建设的脚步。南奥克尼群岛大陆架海洋保护区和罗斯海保护区的建成具有重要意义,加快了其他南极公海保护区提案的进程。而北极海域大部分面积位于周边国家的管辖范围之内,只有很小一部分公海。国际、区域、次区域等多重层面的合作相继在北极各国中展开,其中,北极理事会发挥了重要作用。正是由于北极海域大部分位于各国管辖范围内,因此北极地区并没有类似于南极条约体系的规则存在,涉及不同问题及合作时,一方面,适用现有的国际公约,如《海洋法公约》《生物多样性公约》等;另一方面,制定了相应的条约和法律文件,如《保护北极熊协议》《北极环境保护宣言》等。关于海洋环境与资源的保护问题,一些北极国家在国家管辖范围内建立海洋保护区已经取得了重大进展,北极理事会也为建成一个北极海洋保护区网络而努力,但公海保护区这一议题尚未提上北极理事会的议事日程,北冰洋公海常年冰封或许是主要考量因素之一。虽然如此,但北极地区同样面临着海洋环境与生物资源保护的问题,并且气候变化使得这一问题更为迫切和必要,这使得日后建立公海保护区成为可能。

第七章　公海保护区与相关海洋法制度的融合路径

公海保护区的设立和管理是一项系统工程，既要以充分的科学研究、细致的可行性分析、正确的区域选择为基础，做到符合生态系统方法的要求，又要有充分的国际法依据作为支撑。通过前文分析可知，目前并没有针对公海保护区的国际法律框架，结合公海保护区理论与现有四大公海保护区实践可知，其的设立和管理与现行海洋法体系中的公海制度、国际海底制度以及两极法律制度存在冲突、重叠、衔接等问题。本章将分析出现公海保护区与相关海洋法制度不调和的原因，并尝试提出相应的融合路径。

第一节　公海保护区与相关海洋法制度不协调的原因

一、公海立法理念的更迭

法律具有滞后性。在法律定型实施后，社会的不断发展使得社会生活内容日益丰富,越来越多新产生的问题或现象是原有法律没有纳入或无法调整的,从而出现了法定调整对象与应有调整对象之间的矛盾。当这种滞后性增长到某种程度时,修改、增添内容或制定新法便成为必要。公海法律规则的产生和发展也遵循了这样的规律。

人类与海洋的关系是人类活动与海洋之间相互作用、相互影响的关系,以及以海洋为背景人与人之间的关系。[1] 此种关系的协调发展和有效调控对人类的可持续发展具有重要意义。在社会学范畴,“海洋意识”通俗来讲就是人类对海洋的认知,其本质上是个体、公众和各类社会组织在长期的海洋实践活动过程中所形成的对于海洋的自然规律、战略价值、作用等的反映与认识,是特定时期人类与海洋关系观念的综合表现。[2] 海洋意识的形成与变迁基于人类海洋活动的发展。综合世界各国海洋活动的发展历程来看,人类海洋意识的变迁经历了由敬畏海洋到利用海洋,由近海到更远更深的大洋,由对海洋资源的认识、疆域的重要性到海洋国土意识、资源意识、环境意识、权益意识等的形成。工业生产和科学技术的升级扩展了人类开发和利用海洋的能力,环境污染、资源退化、灾害频发等问题反映了人类与海洋关系向着不协调的方向演变。这种不协调映射出人类海洋意识落后于海洋活动,也促使人类思考新时期需要何种海洋意识。用建构主义理论来归纳,即“知识是我们的社会实践和社会制度的产物,或相关社会群体之间互

---

〔1〕 参见赵宗金:《人海关系与现代海洋意识建构》,载《中国海洋大学学报》(社会科学版)2011 年第 1 期。

〔2〕 参见赵宗金、沈学乾:《海洋意识的变迁及其建构研究——基于建构主义的分析视角》,载《中国海洋社会学研究》2014 年第 2 期。

动和协商的结果"[1],建构主义的知识观认为,知识不是对现实的准确表征,它只不过是人们对客观世界的一种解释、假设或假说,它不是问题的最终答案,它必将随着人类的进步而不断变革、升华和改写,不断出现新的解释和假设[2]。

海洋法及各项海洋法律制度的形成与发展就直接体现出了海洋意识的变迁。1609 年格劳秀斯的《海洋自由论》为日后公海自由原则的产生奠定了理论基础,公海这一海域长期以来受公海自由原则的支配,强调任何国家平等地享有使用公海及其资源的权利,对于公海的理念是侧重于利用的。而随着远洋渔业的发展以及来自运输船和运载有害物质的油轮所产生的污染,国际社会越发担心由此对公海和鱼类种群及生物资源的威胁,因此,公海环境保护与生物资源养护的内容逐步被纳入公海管理规则之中。[3] 从 1958 年第一次联合国海洋法大会通过的《日内瓦海洋法公约》[4]到 1982 年第三次联合国海洋法大会通过的《海洋法公约》,除了重申各国对公海使用的自由,也将公海生物资源的养护和管理义务纳入规则之中。[5] 与此同时,国际环境法中的一些理念逐渐为海洋法领域所吸纳,预防原则在海洋环境与资源保护领域不断得到强化便是突出表现之一。预防原则在一系列国际层面、区域层面海洋法文件中都有体现,如 1995 年《鱼类种群协定》以条文

---

[1] 参见刘保、肖峰:《社会建构主义:一种新的哲学范式》,中国社会科学出版社 2011 年版,第 240 页。

[2] 参见赵宗金、沈学乾:《海洋意识的变迁及其建构研究——基于建构主义的分析视角》,载《中国海洋社会学研究》2014 年第 2 期。

[3] *The United Nations Convention on the Law of the Sea* (*A historical perspective*),载 http://www.un.org/Depts/los/convention_agreements/convention_historical_perspective.htm. 2018 年 11 月 1 日最后访问。

[4] 1958 年第一次联合国海洋法大会通过了《领海与毗连区公约》《公海捕鱼》《公海捕鱼与生物资源养护公约》《大陆架公约》及《关于强制解决争端之任择议定书》,共同构成了《日内瓦海洋法公约》。

[5] 《联合国海洋法公约》第十二部分:海洋环境的保护和保全。

形式规定了预防性做法的适用，[1]《保护东北大西洋海洋环境公约》强调了预防原则及区域合作的重要性等。[2]

但《海洋法公约》对于海洋环境保护与生物资源养护只起到了框架性的指导作用，并没有具体的措施作出规定，各国在公海的活动依然呈现“重利用但轻保护”的倾向。距离《海洋法公约》的制定已有30余年，新问题不断涌现，除传统人类活动外，气候变化及其一系列影响使得公海环境与资源面临更为严峻的挑战，如何实现公海利用与保护的平衡以实现可持续发展成为重要议题。由此可以看出，对于公海海域人类活动规制的立法理念经历了从“利用”到“利用并保护”的动态发展。公海保护区作为公海活动与管理领域的新事物是在人类与海洋关系发展到不协调甚至恶化，继而人类海洋环境意识越发加强的阶段所产生。此种转变是公海保护区这一新兴事物在海洋法体系中与其他相关制度产生潜在冲突的重要原因之一。

二、公海环境资源国际法的“碎片化”问题

《海洋法公约》将海洋划分成了不同的区域，各国就国家管辖范围内海域及资源进行管理。但国际社会并没有就公海环境保护与生物资源养护问题拟定一个具有指导性或统领性，抑或是框架性的公约，而是散见于诸多相关的国际层面及区域层面的公约和协定之中（表4）。例如，除《海洋法公约》对于环境与生物资源养护的规定之外，国际海事组织为保护海洋环境制定了《国际防止船舶造成污染公约》及议定书，禁止船舶排放油污和其他有害物质而污染海洋环境。缔约方的船舶在享有公海航行自由的同时，也需

---

〔1〕《联合国鱼类种群协定》第6条。

〔2〕《保护东北大西洋海洋环境公约》序言及第2条第2款(a)。

遵守该公约相关海洋环境保护的规定。又如,适用于公海生物资源保护的公约包括《海洋法公约》和1995年《鱼类种群协定》《国际捕鲸管制公约》等;在区域层面的则有《保护东北大西洋海洋环境公约》《南极海洋生物资源养护公约》等关于海洋环境与生物资源养护的公约。可见,在公海适用的公约呈多样化,并在其规制领域形成了自己的规则,丰富了公海环境与资源保护的内容,但也引发了"碎片化"问题。[1]

表4　适用于公海环境与生物资源养护的公约汇总[2]

名称(简称/全称)	签订时间/生效时间	缔约方数量	管理主体
Ⅰ.国际层面框架性公约			
LOSC:《联合国海洋法公约》	1982/1994	166(包括欧盟)	海洋事务与海洋法司
Ⅱ.国际层面各领域公约			
《关于执行1982年12月10日〈联合国海洋法公约〉第十一部分的协定》	1994/1996	145	国际海底管理局
《执行1982年12月10日〈联合国海洋法公约〉有关养护和管理跨界鱼类种群和高度洄游鱼类种群的规定和协定》	1994/1996	81	区域渔业管理组织(RFMOs)、船旗国

[1] 本书使用的"碎片化"一词是采取古祖雪教授提出的,对英文"fragmentation"的直译。古祖雪教授说明,"fragmentation"意指体系内部的各种要素之间缺乏有机联系和统一性。莫世建教授同样赞同古祖雪教授这一观点,并提出"不成体系"的用语带有价值判断色彩,而"碎片化"一词是对现象的中性表象描述,不涉及价值判断,因此更为贴切。

[2] See Jeff A. Ardron, Rosemary Rayfuse, Kristina Gjerde, Robin Warner, *The Sustainable Use and Conservation of Biodiversity in ABNJ: What Can Be Achieved Using Existing International Agreements?*. Marine Policy, 2014, 49(4): 99.

续表

名称(简称/全称)	签订时间/生效时间	缔约方数量	管理主体
MARPOL:《国际防止船舶造成污染公约》及其议定书	1972/1973,1978/1983(附件六:1997/1905)	74	国际海事组织
LC/LP:《防治倾倒废物及其他物质污染海洋公约》及议定书(又称《伦敦公约》及议定书)	1972/1975(LP:1996/2006)	87(LP:42)	国际海事组织所主持的 LC/LP 秘书处
IWC:《国际捕鲸管制公约》	1946/1948	88	国际捕鲸委员会
CITES:《濒临绝种野生动植物国际贸易公约》	1973/1975	178	公约秘书处
CMS:《保护迁徙野生动物物种公约》	1979/1983	119	联合国环境规划署所设秘书处
CBD:《生物多样性公约》	1992/1993	193(包括欧盟)	联合国环境规划署所设秘书处
Ⅲ.区域性协定			
RFMAs:区域性渔业管理协定	多个	多个	区域渔业管理组织
OSPAR 公约:《保护东北大西洋海洋环境公约》	1992(后经多次修订)	16	奥斯巴委员会
《巴塞罗那公约》:《保护地中海海洋环境和沿海地区公约》	1976/1978(1995/2004)	18	公约秘书处
CCAMLR/ATS:《南极海洋生物资源养护公约》/《南极条约》	1982/1982,1959/1961	36	南极生物资源养护委员会

“碎片化”一词的出现是用来形容随着国际法的多元化和扩展,国际法

规范的数量在日益增加的过程中,各领域日趋明显的专门化和板块化现象,发展出越来越多的分支或专门类别,而这些类别、部门、板块并无上下级关系,加之国际法律关系主体在不同领域的交叉和变化,不同国际法领域或原则的适用便出现了重叠、不协调和冲突,就像堆积在一起的"玻璃碎片"。[1]联合国国际法委员会将这种现象称为"国际法的碎片化"(fragmentation of international law)。[2] 它是国际法的固有缺陷,是由产生和适用国际法的国际社会本身的结构特点决定的。[3] 国际法的"碎片化"现象不仅体现在不同法律部门之间的重叠、不协调或冲突关系上,在不同法律部门之内也表现出了此种"玻璃碎片"的现象。海洋法作为国际法的重要部门,也是如此。关于公海环境与资源养护问题就表现为:

其一,现有相关国际公约有一定的局限性,均未明确提供综合性的法律框架,也没有对公海保护区进行明文规定。具有"海洋宪法"之称的 1982 年《海洋法公约》将海洋划分为不同海域,为人类利用和管理各个海域提供了基本的法律框架。尽管公海环境与生物资源养护的内容也包含在内,但《海洋法公约》没有对相关概念,如"海洋环境""海洋保护区""公海保护区"进行界定,仅在第 1 条对"海洋环境的污染"加以定义。[4] 《海洋法公约》并不

---

[1] 参见莫世健:《国际法碎片化和国际法体系的效力》,载《法学评论》2015 年第 4 期。相关讨论还参见古祖雪:《现代国际法的多样化、碎片化与有序化》,载《法学研究》2007 年第 1 期;康静:《国际法断片化背景下的条约解释——论〈维也纳条约法公约〉第 31 条第 3 款(c)项中的"当事国"问题》,载《北大法律评论》2012 年第 1 期;杨永红:《分散的权力:从 MOX Plant 案析国际法庭管辖权之冲突》,载《法学家》2009 年第 3 期。

[2] See International Law Commission, *Fragmentation of International Law: Difficulties Arising from the Diversification and Expansion of International Law*, Report on the Work of the Fifty-Fourth Session, 2002, p. 97.

[3] 参见古祖雪:《现代国际法的多样化、碎片化与有序化》,载《法学研究》2007 年第 1 期。

[4] 《联合国海洋法公约》第 1 条。

是环保类的公约,其仅能对海洋环境与生物资源养护起到一个指导性作用。而诸如前文提及的《国际防止船舶造成污染公约》《鱼类种群协定》等仅就各自领域对公海环境与资源养护有所涉及,可以认为,海洋法的专业化以及由此形成的"部门主义"乃是"碎片化"的重要根源。[1]

其二,区域性环境保护与生物资源养护条约的兴起。如前文分析的现有四大公海保护区均依据区域性条约而建立与管理,包括《保护东北大西洋海洋环境公约》《南极海洋生物资源养护公约》《巴塞罗那公约》及《地中海特别保护区和生物多样性议定书》等。区域化固然有助于区域内各国就环境与生物资源养护问题达成一致,寻求共同利益。但在国际层面没有完整的法律框架的情况下,区域化也成为"碎片化"形成的原因。

前文已分析了公海保护区作为公海海域的划区管理工具,为实现保护海洋环境与生物资源的目标,达到保护效果,其管理措施必然会对航行、捕鱼、科研及"区域"活动加以管制或限制,以及会与现有的其他保护区产生联系与对接的关系。而公海保护区的现有国际法基础薄弱,并且没有一个完整的法律框架加以规制,加之所涉不同领域国际法规则的交叉适用,就会产生碰撞。因此,这种"碎片化"使得公海保护区与现行海洋法体系之间产生了不协调,甚至碰撞与冲突。

三、公海活动管理主体多样化

作为国家间多边协调与管理国际事务的有效形式,政府间组织在 20 世

[1] See Martti Koskenniemi, *International Legislation Today: Limits and Possibilities*, Wisconsin International Law Journal 23, 2005, p. 81; International Law Commission, Report of its 56th Session, U. N. Doc. A/59/10, 2004, Chapter X, para. 303.

纪迅速发展,出现了国际社会的组织化趋势。[1] 这些政府间组织的一项重要职能就是在各自管辖范围内组织国际立法活动,并担任谈判缔结相关国际条约的组织者。[2] 而政府间组织的急剧增加,也使国际立法形式与国际法实施机制更加多样。在海洋法领域,海洋区域的划分加之不同的涉海活动由不同的管理组织进行管理,因此,公海活动的管理主体一方面呈现部门化和分割化,另一方面包含国际组织和区域组织。不同的管理主体在各自领域形成了一定意义上的一整套有序的行为规则、程序规则和定位规则,为事实关系的特定领域构成了一个相对“自足”的(self-contained)法律圈子。[3] 公海保护区所涉及的人类活动管理主体按功能与层级分类如下(不完全):

1. 航行

国际海事组织是联合国负责海上航行安全和防止船舶造成海洋污染的一个专门机构,总部设在伦敦。国际海事组织设立之初,主要致力于制定有关海上安全和防止海洋污染的国际公约,到20世纪晚期,其工作扩展为不断地制定和完善有关海上安全、防止海洋污染、便利海上运输和提高航行效率及与此有关的海事责任方面的公约、规则、议定书和建议案,交流在上述事项方面的实际经验,研究相关海事报告,向发展中国家提供技术援助;召开各委员会会议,研究与各专业委员会业务有关的事务并提出建议等。国际

---

〔1〕 参见古祖雪:《现代国际法的多样化、碎片化与有序化》,载《法学研究》2007年第1期。

〔2〕 参见古祖雪:《现代国际法的多样化、碎片化与有序化》,载《法学研究》2007年第1期。

〔3〕 国际法上对于“自足”(self-contained)的说法最早出现在1923年常设仲裁法院对“温布尔登号”案的裁决。该案涉及德国基尔运河的地位问题,法院就该案适用的法律认为“基尔运河的各项规定是自足的”(裁决第32段)。载 http://www.worldcourts.com/pcij/eng/decisions/1923.08.17_wimbledon.htm,2020年8月3日最后访问。

海事组织在船舶航行领域形成了一套全面的规则。除了设有大会和理事会、会秘书处,国际海事组织还设立了海上安全、法律、海上环境保护、技术合作、便利运输五个委员会,值得一提的是,其1983年创办了世界海事大学、1988年又成立了国际海事法研究所以培养海事人才。

2. 海洋倾废

在国际层面,国际海事组织制定了如1972年《防治倾倒废物和其他物质污染海洋公约》及1996年议定书(又称《伦敦公约》及《伦敦议定书》)、1973年《国际防止船舶造成污染公约》及1978年议定书,指导与规制海洋倾废。此外,另有一些区域条约也有关于海洋倾废的规定,并对应设立了相应的管理机构。例如,英国、法国、荷兰、挪威、丹麦等国家在奥斯陆签订了《防止船舶和飞机倾弃废物污染海洋公约》(又称《奥斯陆公约》),以保护北太平洋、英吉利海峡和北海海洋环境免受倾废的污染,并设立了公约委员会负责监督公约的实施,接受和评价缔约国颁发的倾倒许可证,控制公约适用区域海洋的状况,更新禁止或限制倾倒物质清单的内容等。又如,《保护波罗的海区域海洋环境公约》及其委员会、《保护地中海免受污染公约》及其委员会等都是针对区域倾废行为所制定的。值得注意的是,这些区域性公约大多是在联合国环境规划署主导并参与制定的区域海洋项目的基础上形成的,目前联合国环境规划署在世界范围内18个区域参与制定了区域海洋项目,每个项目均编制了行动计划和路线。按地理区域划分为地中海、阿拉伯海湾、西非和中非、东非、东亚海、南亚海、东南太平洋、东北大西洋、西北太平洋、太平洋、里海、黑海、红海与亚丁湾、泛加勒比海、波罗的海,南极地区、北极地区、保护海洋环境区域组织海区。每个区域项目都由相似的模式构成,包括环境评价、环境管理、寻求支持、机构安排、财政安排等。其中,西非和中非、泛加勒比海、地中海、西北太平洋、东亚海、里海、东非这七个区域由联合国环境规划署直接管理。已有 143 个沿海国家和地区加入了该项目。[1] 由此可见，对于海洋倾废带来的全球海洋环境污染和损害，不但国际社会采取了行动，各个地理、文化、社会发展相似的临海区域国家，也通过区域合作对区域海洋环境进行保护和保全。

3. 生物资源的养护与利用

联合国粮农组织主要的管理领域包括农作物生产、家畜、自然资源、粮农政策、渔业与林业等。为加强渔业管理，其项下的区域渔业管理组织在促进政府间渔业管理合作方面发挥着关键作用。各区域渔业管理组织的任务是根据其签订的协定或章程而定，总体上包括讨论或研究渔业资源状况、拟订调查方案、审定有关渔业资源的保护措施等。世界范围内区域渔业管理组织数量众多，比较有代表性的包括中西太平洋渔业委员会、美洲间热带金枪鱼委员会、北太平洋渔业委员会、亚太渔业委员会、印度洋金枪鱼委员会、大西洋金枪鱼国际委员会、西北大西洋渔业组织等。除了对于渔业资源的养护，国际捕鲸委员会是 1946 年 12 月 2 日《国际捕鲸管制公约》成立的国际捕鲸管制机构，负责监督评估世界各国捕鲸鱼的数量及种类，是否符合公约的有关规定。这些规定包括完全禁止捕捉若干频临绝种的珍贵鲸鱼，将若干水域划为鲸鱼保护区，规定捕鲸鱼的数目及大小、开放及禁止捕捉鲸鱼的季节及水域，同时严格禁止捕捉尚未断乳的幼鲸及陪同幼鲸的母鲸等。

---

[1] 参见薛桂芳主编：《海洋法学》，海洋出版社 2018 年版，第 202 页。

4.“区域”资源的勘探开发

由管理局代表全人类进行管理，管理局有权在《海洋法公约》框架下制定有关“区域”活动的管理规章。

5.区域性海洋保护区管理组织

如上文介绍的现有公海保护区管理组织。

综上所述，部门性或区域性管理主体对各自领域进行的管理表现出了小范围的统一性。但是，在全球演变的条件下出现了大量的“交叉议题”或“跨领域议题”，海洋法各部门的分离会造成法律真空地带或是重叠问题。公海保护区议题便是典型事例。

第二节　国际合作：融合路径之根本办法

尽管国际社会对于建立公海保护区的争论未曾停歇，但不可否认的是公海保护区实践，特别是在区域层面的发展已然存在多年并有朝着数量更多、呈保护区网络发展之势。经过本书的梳理与分析可知，由于缺乏完整的法律框架，致使公海保护区与现行海洋法制度存在不协调的关系，完善公海保护区法律框架是解决这一问题的必要途径。但如前所述，在全球性公约层面，与公海保护区最为相关的全球性公约是“海洋宪章”——《海洋法公约》，可是其没有直接规定公海保护区的内容。尽管目前正在进行谈判的“国家管辖海域外生物多样性养护与可持续利用协定”中将海洋保护区纳入在内，但该协定是个“一揽子”计划，包含深海基因资源的惠益分享、海洋技术转让等内容，而参与谈判各国基于自身的利益考量，对谈判内容持不同的立场,也会存在许多不确定因素,可以预见各国之间如若就诸多问题达成一致必将经历多次相互妥协的过程,也必将是一个漫长的过程,而在此期间公海保护区实践并不会停滞不前。因此,在公海保护区法律框架尚未构建之前,要实现公海保护区与相关海洋法制度之间的协调,最重要也是最有效的途径是国际合作。即便日后公海保护区的法律框架得以搭建,其遵守与执行依然需要各类国际法主体之间进行合作。

一、国际合作理论在公海治理中的运用

国际合作是实现公海保护区与相关海洋法制度协调发展的途径,国际合作的主体不仅包括国家,也包括非国家行为体。国家作为国际法主体就各项国际事务达成合作的必要性不言而喻,同时,非国家行为体,如政府间国际组织、非政府组织等在国际事务中的重要性也不可忽视,它们相互之间以及与国家之间的互动与国家间关系处于同等重要的地位。无论主体为何,国际合作需通过各行为体自愿调整其政策的行为与不同点,以期达到一种共同得益的结果。[1] 一方面,国际合作各方对合作事项有共同得益,这是合作达成的驱动力;另一方面,国际合作各方要有合作意愿,这是合作达成的必要条件。

国际法与国际关系密切相关。国际法深嵌于国际关系中,受到权力、利

---

〔1〕 新自由制度主义学派提出的"国际合作"概念为学界所广泛接受,参考[美]罗伯特·基欧汉:《霸权之后:世界政治经济中的合作与纷争》,苏长和等译,上海人民出版社 2012 年版,第 62 页;Helen Milner, *International Theories of Cooperation Among Nations: Strengths and Weaknesses*, World Politics 44, 1992, p. 470.

益以及观念等因素的影响。[1] 如若脱离国际关系的背景或现象，就无法真正理解国际法的运作。[2] 国际关系理论可以为国际法的研究提供一个分析国际事务的理论框架。对于国际合作，西方国际合作理论研究先后出现了新现实主义、新自由制度主义和建构主义三大流派的不同解读：霸权合作论、制度合作论和合作文化论。三大流派对国际合作理论的不同解读根源于各自的国际政治假设，国际合作理论附着于它们的国际关系理论，是它们理论系统的逻辑推演。[3] 其中，建构主义将国际合作的实践分析转化为观念分析，有助于分析如何深化和加强公海治理中的国际合作。

建构主义的分析认为，纯粹的物质性因素不足以完全解释国家实践，因为这些物质性因素是客观存在的，它与国家实践及其结果之间没有先验性的联系，相同的物质因素并不必然导致相同的国家实践和结果。[4] 在它们之间存在一个重要的变量，即行为体的共有观念，观念赋予物质性因素以意义。温特认为，共有知识或文化是确定行为体身份与利益的根本因素，国际合作也是如此，即"合作文化论"。[5] 他提出，"在大多数组织中，人们选择合作不仅仅是因为合作能够实现他们的个人利益，还因为他们对合作规范有着忠实感和认同感"[6]。如果共有知识是合作性的，则该体系内的个体都

---

〔1〕 参见刘志云：《国际关系与国际法跨学科研究之路径》，载《世界经济与政治》2010 年第 2 期。

〔2〕 See Judith Goldstein, Miles Kahler, et al., *Introduction: Legalization and World Politics*, International Organization 54, 2000, p. 386.

〔3〕 参见宋秀琚：《西方主流国际关系理论对"国际合作理论"的不同解读》，载《国际论坛》2005 年第 5 期。

〔4〕 参见宋秀琚：《浅析建构主义的国际合作论》，载《社会主义研究》2005 第 5 期。

〔5〕 See Alexander Wendt, *Social Theory of International Politics*, Cambridge: Cambridge University Press, 1999, p. 22.

〔6〕 See Alexander Wendt, *Social Theory of International Politics*, Cambridge: Cambridge University Press, 1999, p. 22.

形成了合作的观念,确立了自己作为合作伙伴的身份,进而明确了自己的利益不再是一己之利,而是一种集体利益,那么由此意识到获得利益的途径是与其他成员或个体的合作。[1] 在这些意识的支配下,体系单位就会采取合作的国际行动。当国际社会的多数成员都采取合作行动时,这种合作行动又会反作用于国际体系结构的合作文化,使之强化并逐步使之制度化。经过制度化的合作文化通过不同途径内化为体系单位的观念,并渗透到国家的对外政策中,使它更加确信自己的合作伙伴身份和行为。[2] 对此可以理解为,第一,国家需要明确合作所实现的利益是集体利益,不仅是利己的;第二,以上对合作事项的共同认知使各国变换自己的冲突型身份为合作型身份并采取合作行动,这个过程的社会化结果会是越来越多的国家接受身份转变和利益构建而进行合作,从而反向强化了合作文化。总之,在合作文化成为集体共有观念之后,国际社会就会倾向于把注重结果的积极合作变成注重效用的积极合作,或者变成注重集体利益的积极合作。

建构主义通过非物质的"文化""共有观念"等变量揭示国家之间合作的形成,主张在国际合作中,共有认知与观念起着重要作用。公海保护区作为一种对公海环境和生物资源养护的综合性划区管理工具与现行海洋法体系相关法律制度之间的不协调之处,即在地缘或环境上与其相联系的三个领域:公海、"区域"和两极;在法律制度上则对应了公海制度、"区域"制度与两极法律制度。不难发现,公海保护区与相关法律制度的关系问题即是如何对公海进行治理的问题。公海是全球公域(global commons)的一部分。1968 年,英国经济学家哈丁发表《公地的悲剧》(*The Tragedy of the Commons*) 一文首

---

〔1〕 参见宋秀琚:《浅析建构主义的国际合作论》,载《社会主义研究》2005 第 5 期。

〔2〕 参见宋秀琚:《浅析建构主义的国际合作论》,载《社会主义研究》2005 第 5 期。

次使用“公地”，此后，经济学及公共政策领域的学者将该理论推至全球范围，提出了全球公域的概念。将国际合作置于全球公域治理领域，特别是公海治理中推进，需要结合国际合作达成的两个要素来看，其一，国际合作各方对公海治理是否能共同得益？其二，如何促进国际合作各方达成合作意愿？结合建构主义的国际合作理论对这两个问题进行分析与解答能够明确日后各国际行为体，特别是国家，在公海治理国际合作的意识层面如何加强与深化。

二、公海环境与生物资源的共同利益属性

从建构主义的国际合作理论出发，促成与深化各国在公海治理领域合作的重要条件之一就是各方是否就合作事项有共同利益和认知，以进一步形成合作文化使之制度化。公海环境与生物资源的养护是公海保护区与现行海洋法体系存在或产生不协调的客体对象，那么，对公海生物资源及其赖以生存的海洋环境加以保护是不是世界所有国家，或者说是全人类的共同利益？公海及其生物资源是全球公域的一部分，对全球公域这一理念及相关原则的考察可以明确公海环境与生物资源的定位。

全球公域产生最为重要的动力就是生态资源的恶化，其在生态维度方面主要关注全球公域中的资源开发、利用及生态和环境的保护与治理。作为全球公域中的一部分，国家管辖范围外的国际海底区域确立了人类共同继承财产原则（common heritage of mankind）。1970 年联合国大会通过的《关于各国管辖范围以外海床与下层土壤之原则宣言》正式宣布国际海底为人类共同继承财产[1]，此后，这一概念被逐步拓展到外层空间、极地等领

〔1〕 联合国大会第二十五届会议通过的第 A/RES/2749(XXV)号决议：《关于各国管辖范围以外海洋底床与下层土壤之原则宣言》前言。

域,并在各条约机制中得到再确认,如1979年的《指导各国在月球和其他天体上活动的协定》(*Agreement Governing the Activities of States on the Moon and Other Celestial Bodies*)第11条第1款规定:“月球及其自然资源均为全体人类的共同财产”;[1]《海洋法公约》第136条规定,“区域”及其资源是人类的共同继承财产。与此同时,另一个相近的原则——“人类共同关切事项”(common concern of mankind)也出现在全球公域领域,是指那些不可避免超越单一国家边界的事项,需要国际社会集体行动予以回应。[2] 这一概念首次出现在1988年联合国大会通过的决议《为今世后代保护全球气候》中,后来被正式写入《联合国气候变化框架公约》和《生物多样性公约》中。[3] 此外,《保护臭氧层维也纳公约》和《关于消耗臭氧层物质的蒙特利尔议定书》在论及臭氧层的国际保护时也采用了类似表述。[4] “人类共同关切事项”向各主权国家提出了共同分担环境保护责任和义务的问题,正因如此,诸多全球性议题有望依据超越主权的国际规制得到解决,如大气污染的防治、温室气体的限制排放、臭氧层的保护等。

德国国际环境法学者弗兰克·比尔曼(Frank Biermann)在以大气保护为例对人类共同关切事项的内涵进行分析时指出,这一概念包括各国对共同关切事项承担共同但有区别的责任和发达国家负有团结协助(solidarity)的义务

〔1〕《指导各国在月球和其他天体上活动的协定》为一系列的防止太空军事化、和平利用太空与太空资源的文件之一。1979年12月5日由第三十四届联合国大会未经投票通过,同年12月18日开放签字,1984年7月11日生效。协定包括序言和21项条款,内容涉及探索和利用月球、自由进行科学研究、矿物样品的取样和保护、设立月球登陆基地以及向月球发射航行站等问题。

〔2〕 See Dinah Shelton, *Common Concern of Humanity*, Iustum Aequum Salutare 1, 2009, p. 40.

〔3〕《联合国气候变化框架公约》序言第11段规定:本公约各缔约方,承认地球气候的变化及其不利影响是人类共同关心的问题。《生物多样性公约》序言第3段规定:缔约国,确认保护生物多样性是全人类共同关心的问题。

〔4〕 参见郭冬梅:《应对气候变化法律制度研究》,法律出版社2010年版,第65页。

两个重要方面。[1] 在此基础上，有学者认为，除上述两个要素外，人类共同关注事项的内涵还应包括各国对共同关切事项享有主权。[2] 也就是说，人类共同关切事项成为专门调整以往属于个别国家主权管辖范围内，但国际社会对其具有共同利益的活动或资源的国际法概念。人类共同继承财产原则适用于资源的可持续开发，并不适用于公海环境与生物资源的养护，那么上述人类共同关切事项能否为公海生物多样性养护提供法律框架？

本书认为，将人类共同关切事项这一概念套用于公海生物资源养护问题并不完全合适。虽然共同关切事项对国际社会至关重要，各国有义务对这些活动和资源进行管理和保护，以实现人类共同利益。然而它并不排除各国对国际社会共同关切的活动或资源依然享有主权，显然，各国对于公海生物资源并不享有主权。此外，这一概念中的共同但有区别责任原则要素对于公海生物资源的养护并不合适。共同但有区别责任原则是根据历史上发达国家与发展中国家对环境污染程度的不同以及当前资源存在巨大差异，而提供的一种各国共同致力于解决当前污染问题的可行途径。[3] 共同但有区别责任原则在气候变化治理领域起到了重要作用，对于温室气体减排，发达国家承担了多于发展中国家的责任或要实现更高的标准。但在海洋环境领域，目前并没有历史数据证实发达国家与发展中国所造成的污染或是对海洋资源的损害有巨大差异，并且国际海洋法法庭在 2011 年的“区

[1] See Frank Biermann, *Common Concern of Humankind: The Emergence of a New Concept of International Environmental Law*, Archiv Des Völkerrechts 34, 1996, p. 455.

[2] 参见秦天宝：《国际法的新概念“人类共同关切事项”初探——以〈生物多样性公约〉为例的考察》，载《法学评论》2006 年第 5 期。

[3] See Jutta Brunnée, *The Global Climate Regime: Wither Common Concern?*, Holger P. Hestermeyer, Doris König, Nele Matz-Lück, et al. eds., *Coexistence, Cooperation and Solidarity* (2 vols.), Brill, 2011, p. 721.

域"咨询意见中也表达了共同但有区别责任原则在国家管辖范围外不适用的看法。法庭认为,《海洋法公约》在某些情形下为发展中国家提供了特殊待遇,如发达国家应当通过科研合作、技术共享、人员培训等帮助发展中国家参与"区域"活动。[1] 但是,这并不意味着发展中国家由此可以"享有"更低的环境保护标准:"……《海洋法公约》关于担保国责任的条款对于发展中国家并没有例外。"[2]法庭进一步指出,国家之间的平等待遇是必要的,以防止一些公司有意在发展中国家设立,以利用宽松的环境标准。[3] 尽管法庭的阐述是针对"区域",但可以推断出其对于共同但有区别责任原则在国家管辖外海洋环境保护持不赞成的态度。并且,《海洋法公约》所规定的各国保护公海环境与生物资源的义务并不以国家的发展水平加以区别,这与共同但有区别责任原则的前提不同。

公海生物资源及其赖以生存的海洋环境不能完全由人类共同关切事项加以定性,但如田中义文(Yoshifumi Tanaka)教授所认为的,考虑到公海环境与生物资源对人类生存的重要性,其应当被定性为整个国际社会的共同利益(common interest)。因此,保护海洋环境与生物资源的法律问题,包括海洋保护区,应当被视为保护人类在海洋中的共同利益。[4] 1946 年的《国际捕鲸管制公约》在其序言中将"为后代保护以鲸为代表的自然资源"视

---

[1] See International Tribunal for the Law of the Sea, *Responsibilities and Obligations of States with Respect to Activities in the Area*, Advisory Opinion, 2011, para. 157.

[2] See International Tribunal for the Law of the Sea, *Responsibilities and Obligations of States with Respect to Activities in the Area*, Advisory Opinion, 2011, para. 158.

[3] See International Tribunal for the Law of the Sea, *Responsibilities and Obligations of States with Respect to Activities in the Area*, Advisory Opinion, 2011, para. 159.

[4] See Yoshifumi Tanaka, *Reflections on High Seas Marine Protected Areas: A Comparative Analysis of the Mediterranean and the North-East Atlantic Models*, Nordic Journal of International Law 81, 2012, p. 297.

为全世界的共同利益；其后，国际社会意识到了公海渔业资源养护同样是人类的共同利益，在1952年的《北太平洋公海渔业养护和管理公约》中阐明了此公约的签订是为人类共同利益服务。1959年的《南极条约》及《养护公约》都在其序言中写道："南极(南极海域)永远被用于和平目的，这符合全人类的利益。"

人类共同利益的产生与维护源于国际社会所面临的共同威胁。随着全球化的不断发展和各国认识的不断加深，人类共同利益从早期的禁止贩卖奴隶、维护和平、保障人权等逐步扩展至打击恐怖主义、贩毒、保护环境与资源等领域。为了维护这些共同利益，任何国家都无法独自面对，而是需要共同合作以应对。人类共同利益的影响在于，它逐渐取代早期的国家利益和双边合作，成为指导当代国际法，特别是国际环境法及其发展的理论基础。[1] 人类共同继承财产和人类共同关注事项的概念就是在人类共同利益基础之上发展而来。[2]

国际法的核心在于主权国家之间意志的协调，其实质是主权国家之间各种利益的协调。综观国际法的发展可以看出，其经历了从主权国家在国际社会中能够和平共处的利益发展到各国之间合作谋求发展的利益，再到整体社会，也就是人类共同利益的一个动态发展历程。[3] 国际法院韦拉曼(Weeramantry)法官在盖巴斯科夫—拉基玛洛工程案的个别意见书中写道：

---

[1] See Antônio Augusto, Cançado Trindade, *International Law for Humankind: Towards a New Jus Gentium*, Martinus Nijhoff Publishers, 2010, p. 331. 又见：秦天宝：《国际法的新概念"人类共同关切事项"初探——以〈生物多样性公约〉为例的考察》，载《法学评论》2006年第5期。

[2] See Malgosia Fitzmaurice, *Some Reflections on Legal and Philosophical Foundations of International Environmental Law*, Polish Yearbook of International Law, 2012, p. 110.

[3] 参见秦天宝：《国际法的新概念"人类共同关切事项"初探——以〈生物多样性公约〉为例的考察》，载《法学评论》2006年第5期。

“我们已经进入了一个国际法的新纪元,国际法不仅促进单个国家的利益,更是超越它们着眼于更大的人类和整个地球的福利。”〔1〕国际法固然要维护和保障各国的主权和国家利益,但也应该重视对人类共同利益的尊重和保护。由此,人类共同利益就成为国际法应对全球挑战的理论基础。〔2〕

综上,公海环境及生物资源对人类的生存和发展都至关重要,环境恶化与资源退化是人类共同面临的威胁,对公海生物资源以及其赖以生存的环境予以养护是人类的共同利益。因此,各国在公海治理的合作中能够共同得益,但国际合作的加深还需要另一个条件,即各国需对合作事项有共同的“知识”以形成合作意愿。

三、促进公海环境与生物资源保护意愿的达成

建构主义的知识观认为,知识是人们对客观世界的一种解释、假设或假说,它不是问题的最终答案,而是必将随着人类的进步而不断变革、升华和改写,不断出现新的解释和假设。海洋环境与生物资源保护的合作意识作为一种人们对于海洋的自然规律、人类与海洋关系以及命运共存的反映和认识,可以被称作一种“知识”,而这种“知识”的建构在不同历史阶段呈现不同特征,如从“先污染,后治理”到“代际公平”再到“可持续发展”的变化。国际合作各方对“知识”有共同的认识,才能形成合作意愿,而国家意愿是直接作用于国际合

〔1〕 原文:“We have entered an era of international law in which international law subserves not only the interests of individual States, but looks beyond them and their parochial concerns to the greater interests of humanityand planetary welfare.” Separate Opinion of Vice-President Weeramantry, p. 114, 载 http://www.icj-cij.org/files/case-related/92/092-19970925-JUD-01-03-EN.pdf. 2020 年 8 月 3 日最后访问。

〔2〕 参见秦天宝:《国际法的新概念“人类共同关切事项”初探——以〈生物多样性公约〉为例的考察》,载《法学评论》2006 年第 5 期。

作的因素，没有合作意愿的国家必定无法促成或推动合作的发展。对于海洋环境与生物资源保护合作意识的建构，学者及国际组织都发挥着重要作用。

国际法、国际关系以及自然科学界对于公海环境与生物多样性保护问题的研究逐年增多。学者的研究会为本国制定相关法规、参与国际谈判与国际合作等提供智力支持，学者们在建构国家合作意识和国际合作方面发挥了相对直接的作用。例如，从梳理环境保护这一议题的发展来看，1962 年美国生物学家雷切尔·卡森（Rachel Carson）发表的《寂静的春天》在世界范围内引发了有关环境污染的争论；10 年后，各领域众多专家学者共同撰写了《只有一个地球——对一个小小行星的关怀和维护》，提出人类应当将地球视作一个有机整体，使得社会各界对人类与地球生态环境的密切关联性有了更深层的认识；其后，美国国际法学家伊迪丝·布朗·魏斯（Edith Brown Weiss）提出的"代际公平"理论对环境的保护与资源的存续发挥了重要作用；1987 年，由挪威首相布伦特兰夫人领导的世界环境与发展委员会发表报告《我们共同的未来》提出了有关"可持续发展"的表述，在 1992 年被联合国环境与发展大会正式接受并赋予其国际法地位。可以看出，学者们对于世界环境保护意识的建构起到了直接作用。公海保护区与现行海洋法体系中相关制度的不协调需要各国的合作以调和，对于公海治理的合作意识的建构同样需要学者的助力。

第三节　国际合作的实施

各国对于合作意识的加强是推进国际合作"精神"层面的路径，而具体国家间的、国际组织间的以及国家与国际组织间合作的实施是“物质”层面实现合作的路径。公海保护区的建立与管理涉及渔业、航行、资源的勘探开发,只有跨部门的合作才能调和公海保护区与现行海洋法体系之间的不协调之处,也将为实现保护目标提供有效途径。〔1〕

一、完善公海保护区法律框架

公海保护区法律框架的缺失致使公海保护区与现行海洋法体系之间产生了不协调的关系。随着公海保护区实践的规模逐渐壮大,其与现行海洋法体系此种不协调的关系一方面会使得公海保护区的管理措施难以达到有效的实施,令其成为“纸面”上的保护区;另一方面,此种不协调极有可能引发利益相关国家间的冲突。因此,完善公海保护区法律框架确有必要。结合现有各公海保护区所依据的区域性公约以及尚在谈判之中的“国家管辖海域外生物多样性养护与可持续利用协定”来看,公海保护区法律框架至少需要明确公海保护区的定义、设立程序、监督机制,最重要的是应当为国际合作提供指导,这是日后公海保护区能有效运行的保障。

第一,对公海保护区的定义和范围进行明确界定。考察现有《生物多样性公约》、世界自然保护联盟等相关公约和法律文件对海洋保护区的定义,并整合部门性划区管理工具如国际海事组织、区域渔业组织等部门对“特别敏感海域”、渔业养护区域的定义,结合现有四大公海保护区所依据的公约

〔1〕 See Jeff A. Ardron, Rosemary Rayfuse, Kristina Gjerde, et al., *the Sustainable Use and Conservation of Biodiversity in ABNJ: What Can Be Achieved Using Existing International Agreements?*, Marine Policy 49, 2014, p. 103.

内容,分析现有概念的特点与不足,形成普遍适用的公海保护区定义。

第二,对公海保护区的建立程序进行框架性规范。这里强调的框架性规范是因为,各公海保护区设立的情况会有差别,有的是国际组织设立,如东北大西洋海洋保护区;有的是国家间合作设立,如地中海派拉格斯海洋保护区;也有国家向国际组织提议设立,如南极的南奥克尼群岛大陆架海洋保护区和罗斯海保护区。如果以统一的程序专门规制公海保护区的设立并不现实,因为并没有专门的管理机构进行统一审查。但是,公海保护区法律框架中应至少对设立公海保护区的必备要件加以规定,如提议设立公海保护区的主体范围、公海保护区的管理中必须设有科学技术委员会、依透明度原则对公海保护区提案信息进行公开、确保与公海保护区使用空间有利益关系的成员参与决策程序、公海保护区实施的监督机制等。

第三,为公海保护区成员国与非成员国、相关国际组织之间的协调与合作提供指导。公海保护区固然是保护国家管辖范围之外海洋生物多样性的有效工具,但其管理措施的实施不仅需要成员国的执行,也需要非成员国以及相关国际组织的配合。因此,公海保护区法律框架中应当对国际合作予以指导,如合作所应遵循的原则、形式等。

二、国家间的协调与合作

国际法依国家同意而产生的特点,既是国际法发展的基础,同时又是国际法问题的源头。因此,从根本上说,公海保护区与现行海洋法体系的不协调只能通过国家间的协调与合作才能真正解决。通过国家间协调与合作解决规范间的冲突,本质上是一个当事方在特定情况下进行讨价还价的过程,具有特殊性和不确定性,可以用“具体问题具体分析”(case by case)

来形容。[1] 也由于各个公海保护区的管理措施有所不同,因此需要"具体问题具体分析"来处理其与可能冲突或重叠的公海活动进行协调与合作。但如果要对国家间的协调与合作予以指导或定下基调,则可以概括如下:善意原则为国家之间合作的基石,司法途径是国家之间合作的备选项,透明度原则是国家之间合作的保障。

其一,善意原则为国家间协调与合作的基石。善意原则是国家的基本原则之一,对于国际法主体行使权利与履行义务的方式与态度都有规制作用。公海保护区的成员国应当与渔业、航行等利益相关第三国善意地开展协商与合作,寻求达成共同的协议。合作的途径可以有多种选择,如在公海保护区的管理上吸收外部国家或组织作为观察员,对保护区内管理措施实施的必要性和执行情况共同管理,也对公海保护区的管理起到了某种程度上的监督。

其二,司法途径是国家间协调与合作的备选项。在公海保护区法律框架搭建完成之前,要想实现公海保护区与现行海洋法体系之间的协调,相关国家可以将公海保护区议题交给国际海洋法法庭寻求咨询意见,其通过解释公约、发现和认定新近形成的国际习惯法,可以将公海保护区议题逐步地融进海洋法体系中,推动公海保护区法律框架的形成,从而引导国际社会对公海保护区与海洋法体系的关系问题建立合理的协调机制。国际海洋法庭对于担保国及企业在"区域"活动中的义务和责任所作出的咨询意见便是一

[1] See Chair's Streamlined Non-Paper on Elements of a Draft Text of an International Legally-Binding Instrument under the United Nations Convention on the Law of the Sea on the Conservation and Sustainable Use of Marine Biological Diversity of Areas beyond National Jurisdiction, para. 97, July 2017.

个很好的先例。

其三，透明度原则是国家间协调与合作的保障。透明度原则应当贯穿公海保护区的建立过程和后续的管理过程。在公海保护区建立之前，成员国应当公布公海保护区选址科学依据与论证、管理措施等内容，并且可以邀请利益相关国家、国际组织以及相关企业等参与到管理措施的制定环节，提高其参与度。并且通过信息共享机制，如共享应用科学标准查明具有生态或生物意义的海域的科技信息和经验等，为公海保护区成员国与非成员国提供便利以促进国家间的合作。

除上述国家间自行的协调与合作外，联合国大会在协调国家以及国际组织合作上起到了重要作用。事实上，正因联合国大会成员国范围广泛，联合国大会可以为涉及海洋法的相关问题提供一个进行讨论和谈判的平台。[1] 因此，通过联合国大会上的谈判来为公海保护区成员国与非成员国、其他国际组织之间的合作提供指导也不失为一种合作途径。

三、国际组织之间的协调与合作

公海活动管理主体的增多是公海保护区与现行海洋法体系产生不协调的原因之一。例如，国际海底管理局秘书处在 2011 年向联合国大会提交的资料中认为："……并没有一个全面负责管理海洋的机构；因此，拥有涵盖海洋活动的相关授权的国际组织相互密切合作和协调是确保采用统筹办法和

〔1〕 See James Harrison, *Making the Law of the Sea: A Study in the Development of International Law*, Cambridge: Cambridge University Press, 2011, p. 243.

全面保护海洋环境的唯一途径。"[1]在国际组织主事国际立法的时代,国际规范之间的不协调甚至冲突在相一定程度上就表现为不同国际组织主持制定的规则之间的矛盾。因此,协调公海保护区与现行海洋法体系的关系离不开国际组织,包括国际海底管理局、国际海事组织、区域渔业组织、区域海洋环境保护组织等之间的合作。

其一,国际组织在制定法律规则时的协调与合作。主持和组织国际立法活动是国际组织的一项重要职能,在缺乏协调的情况下,国际组织主持制定的规则之间难免产生冲突。如果在制定规则的过程中,国际组织之间能够了解和厘清其他国际组织主持制定的规则,做到信息共享、充分沟通、协调与合作,就可以避免或减少这样的冲突。国际海底管理局在《克拉里昂—克利珀顿区环境管理计划》中规定了管理局的此项特别环境利益区的管理目标应与水体部分的管理部门进行沟通,鼓励各政府间组织对可能影响特别环境利益区内生物多样性或海洋环境的人为活动,如捕鱼、航行、海洋倾废等制定相关措施。[2] 虽然其环境管理计划是就"区域"中的特别环境利益区要求管理局与相关组织之间进行沟通与协调,但这一规定表明,管理局意识到了与其他相关组织之间合作的必要性,可以推断,将来倘若公海保护区与"区域"活动发生冲突或与特别环境利益区之间需要协调时,管理局与公海保护区成员国或管理组织必然会进行沟通与协调。

其二,国际组织在规则实施阶段的协调与合作。由于国际立法活动的

---

〔1〕《联合国秘书长在第六十六届联合国大会上关于海洋和海洋法的报告》,联合国文件 A/66/70,第 191 段。

〔2〕 Environmental Management Plan for the Clarion-Clipperton Zone. Ⅶ. Management Objectives, para. 43(e),(f).

自主性、规范所涉议题的交叉性,以及立法过程中的信息不对称和不完全等诸多因素的影响,国际组织主持制定的规则之间的冲突往往是不可避免的。在这种情况下,需要通过国际组织在法律法规实施的过程中进行协调与合作予以补救。例如,对于可以预见的冲突或管辖事项的重叠,采取"约定遵从"的方式,即当一个国际组织管辖的规则与其他国际组织管辖的规则发生冲突或重叠时,约定以其他国际组织管辖的规则为准。奥斯巴委员会在处理东北大西洋海洋保护区与区域渔业组织管理措施重叠的问题上就采取了"约定遵从"的做法,值得借鉴。由于渔业问题不在《保护东北大西洋海洋环境公约》管辖范围之列,而是由东北大西洋渔业委员进行管理与规制,因此,奥斯巴委员会就保护区内渔业养护问题与东北大西洋渔业委员会开展了合作。而对于不可预见或未能预见的冲突,相关国际组织之间可以通过"事后修正"予以解决,即当一个国际组织制定的规则与其他国际组织的规则发生冲突时,通过改变自身规则以实现与其他国际组织规则之间的协调。[1] 例如,针对海底碳封存问题,为了和《伦敦公约》及伦敦议定书保持一致,《保护东北大西洋海洋环境公约》通过修正案的形式允许将捕集到的二氧化碳储存到海底。

此外,联合国对于海洋法的发展起到了至关重要的作用。联合国为海洋法的制定召集了三次会议,并在第三次海洋法会议上达成了 1982 年《海洋法公约》这部"海洋宪章"。对于与海洋议题相关的国际规则的制定,联合国也起到了非常重要的作用。在加强海洋环境和生物多样性保护的发展趋势之下,于联合国合作框架内实现公海保护区与相关海洋法制度的协调或许是最好的选择。

---

[1] 参见古祖雪:《现代国际法的多样化、碎片化与有序化》,载《法学研究》2007 年第 1 期。

第八章　我国参与公海保护区事务的策略选择

作为一个负责任的大国,我国近年来积极参与国际秩序的建构,在公海治理的问题上,我国既享有潜在的全方位利益,也需要应对诸如公海保护区此类新议题带来的挑战。我国海洋强国战略是国家和平发展战略的重要组成部分,重点是维护和确保我国的海洋权益,但我国海洋强国战略的实施并非旨在单纯地获取最大海洋资源及利益,而是还要兼顾其他国家的合理诉求和关切,寻求适当的利益平衡,以确保互利、共赢。鉴于公海保护区议题触及我国未来海洋事业发展的外部环境,所以我国应当高度重视其中的话语权。[1] 公海保护区法律规范的制定过程和谈判过程将为我国参与公海规则的制定提供机遇,这一机遇可以使我国从以往的“游戏参与者”变成“规则制定者”。因此,积极参与公海保护区事务的谈判,加强对公海相关法律制度的研究与海洋科学研究,为我国日后在公海保护区事务上的应有立场与

〔1〕 参见何志鹏:《在国家管辖外海域推进海洋保护区的制度反思与发展前瞻》,载《社会科学》2016 年第 5 期。

谈判方向奠定坚实的理论支撑,最大限度维护我国在公海应有的海洋权益,也为公海治理新秩序的构建贡献中国智慧与中国方案。

第一节　建立公海保护区对我国在国家管辖范围以外海域海洋权益的战略意义与挑战

一、我国在国家管辖范围外海域海洋权益

综合国力的提升和科学技术的飞跃发展使得我国能够从海洋,特别是远洋中获取更多的利益以支持国家经济的发展和国民的生活。我国与世界各国的贸易往来愈加频繁,已经成为世界上最重要的海运国之一。目前,世界上通过海运输送的大宗货物中,我国的货物占 19% ,我国商船队伍的航迹遍布世界 1200 多个港口,石油、铁矿石等原料的进出口更是依赖海运来完成。可以说航运线是我国经济的一条重要的生命线,在公海的航行自由是我国对国家管辖范围外海域物理空间利用上最为传统的海洋利益。

我国是一个人口大国,为满足人民不断增长的物质需求,实现经济社会的可持续发展,充分开发和利用海洋资源,特别是公海资源,是缓解我国人均资源短缺的一项重要措施。与其他沿海国相比,我国的远洋渔业起步较晚,受经济技术条件等限制,我国的公海捕鱼业务直到 20 世纪 80 年代之后才取得了较大发展。近年来,随着国内经济发展对资源需求的增加以及近海渔业资源的减少,我国对公海渔业资源产生了巨大的需求。根据农业部统计,2014 年我国公海渔业产量占我国远洋渔业总产量的比重达到 65% ,这一比例是 2000

年的4倍多。[1] 目前我国公海鱿鱼钓船队规模和鱿鱼产量居世界第一,金枪鱼延绳钓船数和金枪鱼产量居世界前列,专业秋刀鱼船数和生产能力跨入全球先进行列,南极磷虾资源开发取得重要进展。[2] 公海生物资源的获取是我国对国家管辖范围外海域资源利用上的重要海洋利益。

各国对于国家管辖范围外海域的利用逐步走向了深海,"区域"矿产资源和深海遗传基因资源成为各国争夺的对象。自20世纪70年代起,我国就开始了对"区域"矿产资源的各项调查研究工作。我国在1991年时就取得了先驱投资者的登记证书,是继印度、法国、日本和苏联(俄罗斯)之后的第五个登记的先驱投资者国家。直至今日,我国已与国际海底管理局签署了4份海底矿产资源勘探合同,对总面积超过16万平方千米的矿区享有专属勘探权和未来有限开发权。[3] 除对矿产资源的调查工作外,我国对深海生物资源的调查和研究也在有序展开。例如,能下潜7000米的载人潜水器"蛟龙"号多次在远洋执行作业任务,其获取的深海生物样品对促进深海生物多样性、生态系统、生物地理学等研究都具有重要价值。总之,深海基因资源和矿产资源的获取是我国对国家管辖范围外海域资源利用上的重大海洋利益。

此外,海洋科学研究也是我国在国家管辖范围外海域的海洋利益之一。例如,两极在全球气候与生态系统中的独特地位使得两极海域的水文、营养

---

〔1〕《我国远洋渔业年产量30年增长近800倍》,载中央政府门户网网站,http://www.gov.cn/xinwen/2015-03/30/content_2840318.htm. 2020年8月3日最后访问。

〔2〕《我国远洋渔业年产量30年增长近800倍》,载中央政府门户网网站,http://www.gov.cn/xinwen/2015-03/30/content_2840318.htm. 2020年8月3日最后访问。

〔3〕2001年签订多金属结核勘探合同;2011年签订多金属硫化物勘探合同;2014年签订富钴结壳勘探合同,2015年7月中国五矿集团作为第一个发展中国家企业与管理局签署了一份多金属结核勘探开发合同。

盐、化学示踪物及微生物的调查研究可以为我国理解与适应全球气候变化、为海洋经济的可持续发展提供科学依据等。又如，在深海基因资源的勘探开发领域，根据《海洋法公约》规定，无论是在公海还是“区域”，各国都有海洋科学研究的自由。[1] 但海洋科学研究和生物勘探具有相同的客体，理论上这两种活动之间的区别主要在于其意图和目的，然而实践中却难以将二者区分。[2] 因此，加快科学研究在一定程度上可以为我国在深海基因勘探开发上抢占先机。

二、建立公海保护区对我国的影响

如上所述，我国在国家管辖范围外海域享有地理空间以及生物资源与非生物资源的全方位海洋权益，而公海保护区的发展无疑会对我国在国家管辖范围外海域的海洋权益造成一定程度上的影响，也会给我国参与国际海洋事务带来挑战。

其一，建立公海保护区会对我国在国家管辖范围外海域的海洋权益造成影响。本书已详细分析了公海保护区对公海渔业、航行、科研，以及“区域”活动的影响，如航行受到管制、捕鱼活动受到控制、在公海保护区内的海

---

〔1〕《联合国海洋法公约》第 87 条第 1 款(f)、第 238 条、第 256 条。

〔2〕《生物多样性公约》秘书处和联大海洋和海洋法事务部门在一份关于《生物多样性公约》和《海洋法公约》二者关系的研究中指出，海洋科学研究可定义为一种包括收集和分析信息、数据或样品，旨在增强人类有关环境的知识，并不以获取经济利益为目的的活动。而部分生物勘探活动，虽然也包括上述内容，但其目的在于在将资源商业化之前对其经济潜力进行估算。The Executive Secretary, *Study of the Relationship between the Convention on Biological Diversity and the United Nations Convention on the Law of the Sea with regard to the Conservation and Sustainable Use of Genetic Resources on the Deep Seabed* (*decision* Ⅱ/10 *of the Conference of the Parties to the Convention on Biological Diversity*), 22 February 2003, p. 13. 又见 Salvatore Arico, Charlotte Salpin, *Bioprospecting of Genetic Resources in the Deep Seabed: Scientific, Legal and Policy Aspects*, Industrial Biotechnology 1, 2005, p. 262.

洋科学研究受到更加严格的审查等。而已对保护区选址区域完成特定领域科学研究的国家可能就此提高准入“门槛”,从而限制或妨碍了其他国家的科学研究利益。作为某一或某些公海保护区的非成员国,我国的上述海洋权益便会受到影响。

其二,建立公海保护区会给我国参与国际海洋事务带来挑战。公海治理的参与需要国家经济实力、外交实力、运用国际法规则的实力作为支撑。由于公海保护区处在多个海洋部门的交叉点上,对该制度的探讨将会直接关系到如公海捕鱼、航行、科研、资源开发等,反之亦然,即在相关制度的谈判中也会将公海保护区作为新要素纳入议程。这种相互关联、“牵一发而动全身”的状况就需要参与议事的各方具备熟练运用国际法相关规则的能力,能够以全面的视角进行分析。然而当代国际法体系中,仍以西方国际法理论占主导,这无疑会给我国参与国际规则的构建带来挑战。因此,我国需要对公海保护区以及其他相关的海洋法机制进行深入而细致的研究,并提升运用国际规则和构建国际规则的能力。此外,我国作为一个海洋大国,与经济实力及科技水平较高的海洋强国之间仍有一定的差距,而远洋、深海及资源的利用需要大量的资金投入和科学研究的支持。公海保护区的建立与管理涉及众多学科的问题,而其与现行海洋法各项制度之间复杂的关系更需要系统而又全面的科学信息作为基础,我国若想在公海事务的参与中争夺更大的话语权,则需要应对经济、科学水平上的挑战。

三、参与公海保护区建设对我国的战略意义

建立公海保护区对于我国将会是一把双刃剑,若将我国定位成公海保护区的非成员国,则公海保护区将会对我国在国家管辖范围外海域的海洋

权益造成一定的影响；但如果我国参与到公海保护区的提案、建设与管理之中，则公海保护区对于我国不仅具有潜在利益，也具有战略意义。

从目前公海保护区实践来看，无论是依区域性条约建立还是依国家间协议建立的公海保护区，其实际的管理权限最终将置于某些具体国家手中。因此，从实际效果来看，一些沿海国和区域性组织推动设立公海保护区，往往限制了其他国家在该公海海域内进行科学研究和资源勘探等活动的权利，从而保护本国或组织业已获得的利益。[1] 而国家管辖外海域拥有重大基础前沿科学研究价值，过去十几年的深海科学技术发展实践表明，作为一项高战略技术，深海科学技术的发展可以推动一系列新兴产业和新技术的发展，促进传统产业改造升级。[2]

作为一个发展中国家，我国需要加强和提升对公海保护区的科学认知和法理分析水平，加强国际合作，特别是加强与已经开展公海保护区建设的国家与组织之间的合作。吸取先进的经验对于提高我国对包括公海保护区在内的国家管辖外海域的科学认知水平将有所助益，并且有利于提升我国在公海治理领域的话语权，最大限度地维护本国应有的海洋权益。因此，积极参与公海保护区事务的讨论并掌握主动权，能够使我国抓住新一轮"海洋圈地运动"的机遇。我国是人口大国，面临着资源、环境和发展空间的巨大压力，拓展国家管辖范围以外海域的发展空间和资源利益，对于我国可持续发展具有重要的战略意义。

---

〔1〕 参见姜丽、范晓婷、罗婷婷等：《关于我国建立公海保护区问题的探讨》，载《环境与可持续发展》2013 年第 5 期。

〔2〕 参见姜丽、范晓婷、罗婷婷等：《关于我国建立公海保护区问题的探讨》，载《环境与可持续发展》2013 年第 5 期。

第二节　我国对于建立公海保护区的态度与立场

一、关于公海治理事务的立场和态度

我国参与国际海洋事务始于20世纪70年代的联合国海洋法会议。在国际社会日益重视公海环境与生物资源养护这一趋势之下,我国政府也积极开展了生物资源开发与保护方面的国际合作,并在不同国际会议场合表明和阐述了我国关于国际管辖范围外海域环境保护与资源养护的立场和态度。

首先,我国积极支持并且关注公海保护事务的相关工作。我国对公海资源的养护与管理持积极态度,先后加入了一系列有关公海资源养护和管理的公约,如《生物多样性公约》《海洋法公约》以及《鱼类种群协定》等,并积极参加保护公海资源的国际合作,如签署了《中白令海峡鳕资源养护与管理公约》,加入了《养护大西洋金枪鱼国际公约》,参加了《促进公海渔船遵守国际养护和管理措施的协定》的制定工作等,这些合作为我国参与公海的治理提供了宝贵经验。我国对公海资源的养护与管理的积极态度还体现在政府的官方文件和发言中。我国尚未出台综合性的海洋法,对于海洋事务的规定散见于相关的法律法规和政策性文件中。例如,1996年发布的《中国海洋21世纪议程》专门就公海生物资源保护和利用阐述了我国政府的立场和主张:我国是海洋大国,积极参与公海生物资源的开发与保护是我国社会和经济发展的需要,也是应尽的国际义务;合理开发利用数量巨大、种类众多的公海资源是人类未来发展的出路之一……我国作为世界人口大国、沿海

大国，应为公海生物资源的开发利用和养护作出贡献。[1] 进一步指出，我国要积极参加公海生物资源变动的有效监测；履行我国对公海生物资源保护与管理的国际权利和义务；参加关于保护和开发公海生物资源的国际或区域公约及协议；发展、扩大可持续开发利用公海生物资源的信息交流；建立国家利用公海生物资源管理机构等。[2]

第二，我国主张兼顾资源的养护与可持续利用。时任中国常驻联合国副代表刘振民大使在2006年第六十一届联合国大会审议海洋和海洋法议题时提出，国家管辖范围外海域生物多样性养护和可持续利用问题关系到海洋生态保护以及人类医疗卫生事业发展、科技进步和经济繁荣。鉴于该问题的复杂性、敏感性和人类认识的局限性，国际社会应当进一步加强对该问题的研究，还应重视在资源养护和可持续利用之间寻求平衡，而不是简单地禁止或限制利用海洋。也就是说，在公海资源的养护和利用上，我国提倡的是平衡二者之间的关系。

第三，我国主张以《海洋法公约》为基础的国际法框架来规范公海事务，并通过协商一致，循序渐进地制定海洋新规。我国在《第六十三届联合国大会中国立场文件》中表明，维护和谐的海洋秩序，应加强国际法治，仍需以《海洋法公约》为法律基础。[3]《海洋法公约》是国际社会经过长期谈判取得的成果，较均衡地反映了各方关切，为和谐的海洋秩序奠定了法律基础和

---

〔1〕《中国海洋21世纪议程》第十章“国际海洋事务”第10.15～10.16段。

〔2〕《中国海洋21世纪议程》第十章“国际海洋事务”第10.17～10.25段。

〔3〕《第六十三届联合国大会中国立场文件》，载外交部网站，http://www.fmprc.gov.cn/web/ziliao_674904/tytj_674911/zcwj_674915/t512750.shtml.2020年8月3日最后访问。

框架，是在海洋领域解决新问题、处理新挑战的重要依据。[1] 对于目前“国家管辖海域外生物多样性养护与可持续利用协定”谈判我国也积极参与其中。我国在谈判中多次表明愿与各方共同推进磋商进程，提议应坚持循序渐进，有关成果应尽量在协商一致的基础上达成。只有经过充分讨论和磋商，妥善顾及各方利益和关切，相关国际文书才能最终成为多数国家参加的普遍性法律文件。[2] 这一立场同样也在国际海底管理局目前正在起草的开发规章草案的商讨中表明。

第四，我国主张树立人类命运共同体意识，促进海洋可持续发展。平衡海洋资源利用与保护之间的关系以实现海洋可持续发展需要国际社会共同努力。全球的整体相关性日益密切，各个国家和地区的利益和命运也紧密联结在一起，海洋的可持续发展问题不仅仅依赖于双边合作，而且更多地需要国际社会的多边协调与沟通。人类命运共同体理念以全人类共同发展为目标，倡导共存、共建、共享等价值理念。其独特的优势在于，这一理念能够兼容不同的价值理念，并兼顾不同群体的利益诉求，[3] 与海洋可持续发展理念以及合作理念完全契合，对于现存公海治理问题的解决有所助益。

二、对于建设公海保护区的主要关切内容

我国对公海的资源和环境问题予以积极关注和大力支持，但对于作为保

---

〔1〕《第六十三届联合国大会中国立场文件》，载外交部网站，http://www.fmprc.gov.cn/web/ziliao_674904/tytj_674911/zcwj_674915/t512750.shtml. 2020 年 8 月 3 日最后访问。

〔2〕《中国代表团团长、中国常驻联合国副代表吴海涛大使在〈联合国海洋法公约〉第 27 次缔约国会议“秘书长报告”议题下的发言》，载中华人民共和国常驻联合国代表团网站，http://www.fmprc.gov.cn/ce/ceun/chn/zgylhg/t1470685.htm. 2020 年 8 月 3 日最后访问。

〔3〕参见杨剑、郑英琴：《“人类命运共同体”思想与新疆域的国际治理》，载《国际问题研究》2017 年第 4 期。

护公海资源与环境有效工具的公海保护区则采取了审慎的态度。公海保护区涉及海洋法中多项法律制度,倘若处理不慎,很有可能会引起海洋争端。我国对于公海保护区议题的立场和关切内容可以通过我国在参与联合国有关国家管辖范围以外区域海洋生物多样性的养护和可持续利用问题的不限成员名额非正式工作组、参与根据《海洋法公约》的规定就国家管辖范围以外区域海洋生物多样性的养护和可持续利用问题拟定一份具有法律约束力的国际文书之预备委员会(BBNJ PrepCom)、参与联合国大会关于"海洋和海洋法"议题、参与南极生物资源养护委员会就海洋保护区建设实践来梳理与总结。

自2006年起,我国政府就开始派出以外交部为主,由国家海洋局、中国常驻国际海底管理局代表处等组成的代表团参加国家管辖范围外海洋生物多样性养护与可持续利用问题非正式特别工作组会议,中国代表团强调国家管辖范围以外海域生物多样性保护问题的复杂性和现有科学依据的不确定性,主张应鼓励加强对深海生物多样性问题现状、特点及变化情况的研究;并在《海洋法公约》等现有法律框架内讨论该问题;在维护和利用之间寻求平衡,而不是先利用海洋;解决问题不宜仓促和简单化,反对任何预设结论的做法。[1]

"国家管辖海域外生物多样性养护与可持续利用协定"预备委员会自2015年成立至今,分别于2016年和2017年举行了四次会议,[2]中国代表团在历届会议中关于公海保护区议题中的观点主要包括:(1)新协定中应明确

---

〔1〕《国家管辖范围以外海域生物多样性养护和可持续利用问题工作组会议》,载 https://www.fmprc.gov.cn/web/wjb_673085/zzjg_673183/tyfls_674667/xwlb_674669/t269281.shtml. 2020年8月3日最后访问。

〔2〕预备委员会的会议每年举行两次,本书资料最后更新于2017年第四次会议。

海洋保护区的定义，该定义应至少包括目标要素、地理范围要素、功能要素。(2)建立海洋保护区的原则和制度上，可以考虑采取一体化海洋管理方法，以弥补目前分区域、按部门管理方法的不足。此外强调，海洋保护区是工具而不是目标，建立海洋保护区应以确有必要为前提，并且保护措施与保护目标和效果相适应等。(3)保护区设立与管理应满足一定的实体要件和程序要件，实体要件包括明确保护目标、确定保护对象、具体的保护范围、适当的保护措施和期限等，程序要件则包括申请、审查、决策、监督等环节。[1]

整理中国常驻联合国代表(副代表)参与联合国大会关于"海洋和海洋法"议题环节的发言来看，对于公海保护区问题，我国强调公海保护区建立尤其要符合现行的公海基本法律制度；需要平衡考虑对海洋的保护与利用，特别是要顾及发展中国家对海洋的依赖，相关工作应循序渐进；国际社会尚未就国家管辖范围外海域的海洋保护区问题确立起普遍接受且具有可操作性的通行标准和法律框架，各国对建立有关海洋保护区应持谨慎态度。[2]

在现有实践中，我国虽然没有直接参与四大公海保护区的提案或是管理，但是，我国利用南极生物资源养护委员会协商一致的决策机制参与到了南极海洋保护区的建设过程。以罗斯海保护区提案的商讨为例，我国在 2014 年第三十三届南极生物资源养护委员会会议上指出，罗斯海保护区提案在没有充

---

[1] 可参考：《中华人民共和国关于国家管辖范围以外区域海洋生物多样性养护和可持续利用问题国际文书草案要素的书面意见》，2017 年 4 月 20 日；以及在 *Chair's Non-Paper on Elements of a Draft Text of an International Legally-Binding Instrument under the United Nations Convention on the Law of the Sea on the Conservation and Sustainable Use of Marine Biological Diversity of Areas beyond National Jurisdiction*. Feb. 28, 2017 的文件中，中国和 77 国集团的提议内容。

[2] 可参考：《中国常驻联合国副代表王民大使在第 65 届、第 66 届联大全会关于"海洋和海洋法"议题的发言、常驻联合国代表刘结一大使在第 68 届、第 69 届联大关于"海洋和海洋法"议题的发言》，载 https://www.fmprc.gov.cn/ce/ceun/chn/lhghywj/fyywj/. 2020 年 8 月 3 日最后访问。

分证据证明渔业活动是否或在多大程度上影响《养护公约》的目标和原则的前提下，试图限制渔业活动。因此认为该提案实际上是要引入新的义务，将破坏《养护公约》第 2 条所建立的平衡。[1] 俄罗斯也持有类似观点。作为回应，新西兰修改了罗斯海保护区提案中的一些细节内容，包括调整保护区的边界、允许以科研为目的的捕鱼行为、添加了禁止 35 年捕鱼期限等，而且表明提案中的特别研究区域就是为了兼顾合理利用。[2] 此外，新西兰强调，《养护公约》第 2 条规定的养护包括(includes)合理利用，而不是"养护就是(is)合理利用"。[3] 最终，我国关于罗斯海保护区的意见得到了采纳。

结合上述我国参与公海保护区国际法实践的情况来看，我国对于在公海建立保护区不持反对的态度，但也不同于欧盟等积极派，而是抱有审慎态度。我国对于公海保护区议题的关切点包括定义的明确、养护与合理利用之间的平衡、设立及管理的程序事项等，这些关切点的实质反映出我国对公海秩序构建公平性、有序性的期望，也是对本国海洋权益的一种维护。

第三节　我国参与公海保护区事务的对策建议

国际秩序和行为体所采取行动之间的建构是一个动态发展、不断重复

---

〔1〕 See CCAMLR. *Report of the Thirty-Third Meeting of the Commission*, Hobart, Australia: CCAMLR, 2014, paras 7.52, 7.69.

〔2〕 See CCAMLR. *Report of the Thirty-Third Meeting of the Commission*, Hobart, Australia: CCAMLR, 2014, paras 7.52, 7.69.

〔3〕 See CCAMLR. *Report of the Thirty-Third Meeting of the Commission*, Hobart, Australia: CCAMLR, 2014, paras 7.65.

和进化的过程。一方面,国际秩序建构行为体的身份和利益,进而影响和改变行为体的行动;另一方面,行为体基于不断变化之中的共有知识而形成的集体行动又建构着国际秩序。基于建构主义理论,公海秩序的建构需要政府、政府间组织、非政府间组织等多元主体的参与,而这一进程也会影响到各参与主体的行动。我国在国家管辖范围外海域享有全方位的海洋利益,公海保护区的建设与发展对我国的海洋利益既有挑战,也有潜在的战略意义。无论未来我国是扮演公海保护区管理者还是非成员国的角色,都需要对此议题予以充分的重视,将公海保护区议题提升到我国海洋战略的高度来加以应对。既要充分考虑公海保护区建设给我国公海活动、"区域"活动带来的影响,同时也要在法律层面、外交对策、科研储备等方面做好充分的准备,积极地参与到公海保护区事务的讨论和谈判以及提案和管理中去,抓住公海保护区事务给我国带来的机遇。

一、积极参与公海保护区事务谈判,维护中国权益并贡献中国智慧

基于全球公域重要性的日益凸显,我国广泛参与全球公域治理已是维护国家利益的必然选择。近年来我国在外空、深海、极地等领域深入参与了各项国际进程,对于公海保护区事务也应予以重视并积极介入。

随着我国综合国力与国际影响力的提升,以及对外观念的改变,我国的战略定位也发生了重大变化。当代我国的战略定位可以概括为,我国是一个正在崛起的新兴大国,是国际社会中理性而负责任的一员;应成为现有国际体系与国际秩序的参与者、合作者,现存国际法体系的遵循者,更加公正

合理的国际秩序的塑造者；我国是注重并拥有软实力的文明古国。[1] 全球公域作为连接中国与世界的纽带，通过合作、协商等方式对其进行治理是我国在全球性公共议题中维护并获取国家利益的有效方式。推进全球公域治理已成为我国促进经济发展、维护国家安全和文化繁荣的内在需要。[2] 作为全球公域的组成部分，公海治理构成了全球海洋治理中的重要一环，在国际社会日益重视公海保护区构建并将其视为海洋治理的新模式和新工具的发展趋势下，我国应当积极参与其中，一方面争取话语权以切实维护我国应有的海洋法权益，另一方面为公海治理新秩序的构建贡献中国力量。

现行的海洋法体系可以说是西方发达国家主导产生的，尽管考虑到了发展中国家和欠发达国家的利益，但更多地反映和体现了发达国家的话语权。因此，国际社会对公海保护区议题的探讨为我国参与公海秩序的构建提供了宝贵契机。公海保护区制度目前尚处在兴起阶段，各参与主体对其如何成型将会起到至关重要的作用，并且在日后社会化和内化阶段直接关系到参与主体身份和利益的重新建构。因此，积极参与公海保护区事物以争取话语权是维护我国海洋权益的重要途径。积极参与公海保护区事务可以是诸如在联合国不限成员名额非正式特设工作组的会议以及"国家管辖海域外生物多样性养护与可持续利用协定"谈判中积极提出议案；也可以是积极与区域性海洋环保组织、渔业组织等展开合作；或者在国际性组织提出建立公海保护区议案时，积极对潜在选址区域进行科学研究以获取必要的数据信息、参与选址、管理措施的制定等。公海保护区议题属于海洋法的新

〔1〕 参见蔡拓：《当代中国国际定位的若干思考》，载《中国社会科学》2010 年第 5 期。

〔2〕 参见曹亚斌：《论"全球公域"治理困境及中国的治理话语权建构》，载《石河子大学学报》(哲学社会科学版)2015 年第 2 期。

兴议题,尚无明确的制度构建,在此情况之下,美国、新西兰等国更加活跃并利用了这种“空白”的状态。过分谨慎或许并不是我国在公海保护区事务中能够维护国家利益的最佳选择。

当前国际法领域发展形势的一个重要特点是全球治理体系变革进入关键阶段。[1] 我国作为一个负责任的大国,在公海治理法律秩序的构建中应当贡献中国智慧,发挥更大的引领作用。习近平总书记提出的人类命运共同体理念日益获得国际社会的广泛认同,这一理念强调和平与发展、合作与共赢为核心的全球治理方案。[2] 强调“共同发展是持续发展的重要基础,符合各国人民长远利益和根本利益”。[3] 可以说这一理念的提出为国际合作机制发展起到了推动作用,也积极引领推动更加公平合理的国际秩序的制定。[4] 人类命运共同体理念具有丰富的国际法内涵,其内容之一“清洁美丽是构建人类命运共同体的生态追求”[5]与海洋环境保护领域法律秩序的构建宗旨相符,该理念恰好能够统筹海洋环境保护的机构与规则层面的问题,在机构建立层面,应当依据“共同、共建”的理念,加强现有机构的职能、增加具体领域的国际环境保护机构;在规则制定层面,本着“共享、共商”的思想,完善海洋环境保护规则,从国际法法理上妥善丰富现有的模糊规则,使之真正适用。我国应积极参与公海保护区事务,参与到公海治理相关议题的谈判之中,宣传与普及人类命运共同体理念,为推动公海治理体制向更加公平

[1] 参见徐宏:《当前国际形势和我国外交条法工作》,载《武大国际法评论》2017年第3期。

[2] 参见黄瑶、林兆然:《国际法视角下人类命运共同体的构建》,载《法治论坛》2018年第2期。

[3] 《博鳌亚洲论坛举行开幕式,习近平发表主旨演讲(全文)》,载人民网,http://politics.people.com.cn/n/2015/0328/c1001-26764488-2.html. 2020年8月3日最后访问。

[4] 参见黄瑶、林兆然:《国际法视角下人类命运共同体的构建》,载《法治论坛》2018年第2期。

[5] 参见徐宏:《人类命运共同体与国际法》,载《国际法研究》2018年第5期。

合理的方向发展贡献中国智慧。

二、夯实对公海相关法律制度的研究，加快国内法律体系建设

对现有海洋法体系的深入研究是维护我国在国家管辖范围外海域的海洋权益的必备条件，我国需要重视对公海保护区的国际法框架、相关海洋法制度、现有公海保护区实践等展开细致、系统的研究。同时需要注意的是，从国际规范的推动到产生、社会化，再到内化阶段，总有几个或者一批国家先行一步，如东北大西洋保护区的成员国、南极海洋保护区的积极提案者美国、新西兰等。对于这些先行者先行的原因和做法，如战略考虑、规范的属性、现有国内规范与国际规范的匹配程度等进行研究，借鉴经验，能够为制定我国的公海保护区战略、发展路径提供参考。

世界各国对海洋利益的获取需要在国际法框架内进行，因此，对相关国际法律制度及相关理论的研究和运用水平是各国争夺海洋权益的软实力。公海保护区法律制度尚未成型，正在构建之中，这一过程也是利益分配的过程，我国应当在深入研究相关法律制度和理论的基础上，参与其中。为此，我国应鼓励和支持学者对相关海洋法律制度的跟踪和深入研究，提高国际法律制度研究水平。

国际法与国内法互相起着补充和促进的作用，因此，完善我国海洋保护区体系和制度一方面有助于加强我国对公海保护区议题的认识；另一方面我国海洋保护区建设与管理的经验可以为构建公海保护区的国际规则提供实践来源。

在国内法方面，目前我国海洋保护区方面的法律法规主要包括《中华人民共和国自然保护区条例》《海洋自然保护区管理办法》《海洋特别保护

区管理办法》等，为我国建立和管理海洋保护区提供了法律依据和管理制度。[1] 此外，国家海洋局制定的《南极考察活动环境影响评估管理规定》《南极活动环境保护管理规定》《北极考察活动行政许可管理规定》等，以及为使南极活动组织者和南极活动者知晓南极相关区域情况，并遵守相关区域管理计划或养护措施的规定而编制并公布的南极特别保护区、南极特别管理区、南极海洋保护区的基本信息。上述规定、条例、信息等都为我国在两极的各项活动提供了法律依据与规制，特别体现出了对两极环境保护的重视。

从1989年建立了第一批海洋自然保护区至今，经过30多年的实践，我国逐渐厘清和明确了各层级的管理机构和各部门的管理职责，形成了以国家海洋局为全国海洋特别保护区和海洋自然保护区的监督管理主体，沿海省、自治区、直辖市人民政府为直接管理主体的管理体系。在海洋保护区的建立和管理方面积累了丰富的经验，具备了一定的管理能力，这些因素都从管理体制上对我国未来参与建立和管理公海保护区提供了有力的支撑。但客观来说，我国的海洋保护区管理体制还存在管理方式较为单一、部分海洋保护区缺乏专门管理机构等现实操作性问题。因此，为适应公海保护区这种更为特殊的管理机制，我国需要充分借鉴已参与建立或管理公海保护区的国家经验，研究其海洋保护区制度，对我国现有相关制度进行优化和改革，并促进国内海洋保护区制度与国际海洋环境制度的接轨，以适应公海保

---

[1] 《中华人民共和国自然保护区条例》由中华人民共和国国务院于1994年10月9日发布，自1994年12月1日起实施，2017年10月7日进行了修改。《海洋自然保护区管理办法》是1995年5月29日国家海洋局发布，自1995年5月29日起施行。《海洋特别保护区管理办法》是由国家海洋局在《海洋特别保护区管理暂行办法》进行了修改完善的基础上形成，原《海洋特别保护区管理暂行办法(国海发〔2005〕24号)》在《海洋特别保护区管理办法》生效之时同时废止(2010年8月31日)。

护区管理内容的拓展以及与其他国家及国际组织进行合作的需要。

三、加强科学研究，为我国参与公海保护区事务奠定科学基础

我国应当重视和加强对公海保护区的研究，不仅需要对公海保护区以及与其相关的海洋法制度展开细致、系统的研究，更应加大对研投入。无论是海洋资源的开发利用还是国际海洋事物的谈判，抑或是相关国际规范的制定，都需要以充分的科研数据为基础和前提。科学研究和调查贯穿公海保护区建立和管理的全过程，特别是对于保护区的建立起到至关重要的作用。只有在法律、政策、科研都准备充分的情况下，才能在公海保护区议题上发挥主动权，以切实维护和实现我国海洋权益的最大化。

现有的四大公海保护区实践中，南大洋的南奥克尼群岛大陆架海洋保护区和罗斯海保护区是经国家提案，经南极生物资源养护委员会通过而设立的，也是我国有限参与的实践。南奥克尼群岛大陆架海洋保护区由英国提案设立，罗斯海保护区是由美国和新西兰联合提案设立。除这两个已通过的提案之外，尚未通过的提案仍在不断的讨论中。例如，2011 年，澳大利亚和法国，加上欧盟的支持，联合提出了设立东南极海洋保护区的提案；又如，2012 年德国提出在威德尔海进行海洋保护区规划。无论是已通过的南奥克尼群岛大陆架海洋保护区和罗斯海保护区提案，还是东南极海洋保护区及其他关于海洋保护区的提案，其最为基本的前提条件就是具备科学依据材料。虽然南奥克尼群岛大陆架海洋保护区被诟病科学依据不充分，东南极海洋保护区提案因科学研究不足而未通过，但不可否认的是，相关提案国家都已经对提案区域进行了大量的科学研究，掌握了关键的生物资源情况和水文环境等重要数据。目前，世界自然保护联盟及其下属的世界保护

区委员会、世界自然基金会、绿色和平组织、《生物多样性公约》缔约方大会等国际组织都提出了有设立海洋保护区潜在可能性的区域(附件1、附件2)。科研数据的充分掌握是公海保护区提案、决策、管理等各方面谈判事项和规则制定的基础。因此,我国可以与上述国际组织加强合作,对其提议设立海洋保护区潜在可能性的区域,特别是位于国家管辖范围以外海域的区块进行筛选,加大对这些海域的科学调查和研究,掌握关键数据和信息,为日后我国可能的单独或合作提案,抑或是在相关公海保护区提案协商讨论中,提供科学支撑。

结　语

公海治理是全球海洋治理中的重要部分，公海保护区作为保护海洋环境及生物多样性的有效划区管理工具日益受到国际社会的关注和重视，其构建过程不仅是不断挑战和修正传统海洋法理论的过程，而且承载和蕴含着相关海洋国家的战略利益。越来越多的国家意识到建立公海保护区带来的诸多海洋战略利益，如海洋管辖利益、科研利益、政治利益等。世界范围内现有四个公海保护区实践，建立更多、面积更大的公海保护区极有可能是未来的发展趋势。

公海保护区的建设和管理是一项系统性工程，需要立足于深入、细致、全面的科学研究和可行性分析，符合生态系统方法的要求，更为重要的是要有充分的国际法基础。在海洋治理领域，管理体制、法律规范及实施机制所共同构成的海洋治理框架日趋成熟。这一治理框架已在国际层面、区域曾面及国家层面的海洋治理实践中得到广泛实施。然而目前并没有规制公海保护区的法律框架，虽然国际社会对于公海环境与生物资源养护议题的讨论未曾间断，国际习惯法、国际公约、软法性质的法律文件等均有相关规定，同时为公海保护区的建立提供了一定的法律基础。但由于缺乏完整的法律框架,公海保护区与现行海洋法体系中相关法律制度存在不协调的关系,这一议题的出现也对现有海洋治理框架构成了一定的冲击,当然,法律制度并不是静态的,而必将经历动态的发展。

为实现公海保护区的保护目标和效果,公海保护区范围内一般会对可能威胁区域内海洋环境与生物多样性的人类活动加以规制,如公海捕鱼、航行、科学研究,以及由于公海与海底在地缘上的结合,使得“区域”及外大陆架的人类活动也会被考虑在内。但是,在传统海洋法体系中,任何国家在公海都享有公海自由,包括捕鱼、航行、科学研究、铺设海底电缆的自由等,并且对于公海上的船舶实行船旗国管辖,由此公海保护区对相关活动的管理措施很有可能会对公海制度产生一定的冲击。与公海水体部分纵向相连接的“区域”以及其资源为“人类共同继承财产”,由国际海底管理局代表全人类进行管理。《海洋法公约》将公海与“区域”的治理分为两项独立的制度,但海洋生态环境的一体性决定了“区域”活动对水体环境必然会产生影响。公海保护区与沿海国外大陆架的管理措施也会产生其与“区域”制度类似的关系。此外,公海保护区在南极海域呈现急速增长的趋势,在现有的南奥克尼群岛大陆架海洋保护区和罗斯海保护区产生之后,其他公海保护区的提案也在加紧进行,但南极条约体系与《海洋法公约》在南极海域适用时存在重叠,日后公海保护区法律框架的搭建有必要将与南极制度的衔接考虑在内。与南极地区不同的是,北极地区尚未有建立公海保护区的实践,但是北极海域国家和相关组织也开始了对公海保护区制度的探索,公海保护区法律框架的完善也将有利于北极海域公海保护区的发展。

建构主义学者对于国际法律规范的生成使用了“生命周期”的模型予以

概括和解释:国际规范的形成必将经历兴起阶段、普及阶段、内化阶段的发展过程。公海保护区这一新兴议题的出现对海洋法体系中的相关制度产生了一定的冲击,由此表明公海治理的法律规范仍在兴起阶段,至多过渡进入社会化阶段。至于何时能够完成社会化阶段而进入最终的内化阶段,可能会经历很长时间,也可能伴随着激烈的斗争。目前,在全球性公约层面,《海洋法公约》是与公海保护区最为相关的全球性公约,可是其没有直接规定公海保护区的内容。尽管正在进行谈判的"国家管辖海域外生物多样性养护与可持续利用协定"将海洋保护区纳入在内,但该协定是个"一揽子"计划,参与谈判各国基于自身的利益考量,对谈判内容持不同的立场,也会存在许多不确定因素,可以预见谈判必将经历多次相互妥协,也必将是一个漫长的过程,而在此期间公海保护区实践并不会停滞不前。无论之后形成何种公海保护区制度,只有在得到了足够数量的国家支持与遵守之后,才能成为具有法律效力意义的国际法律规范。

总之,公海保护区与现行海洋法体系之间既有融合之处,也存在不协调甚至冲突。随着公海保护区实践的规模逐渐壮大,其与现行海洋法体系此种不协调的关系一方面会使得公海保护区的管理措施难以达到有效的实施,令其成为"纸面"上的保护区;另一方面此种不协调极有可能引发利益相关国家间的冲突。因此,要实现公海保护区与现行海洋法体系之间的协调,不仅需要完善公海保护区法律框架,更为重要的是需要加强国际合作。结合现有各公海保护区所依据的区域性公约以及现有谈判来看,公海保护区法律框架的完善至少需要明确公海保护区的定义、对公海保护区的建立程序和监督机制等进行框架性规范,最重要是的应当为公海保护区成员国与非成员国、相关国际组织之间的协调与合作提供指导,这是日后公海保护区能有效运行的保障。

公海保护区设立与管理的国际合作需要通过国家间的合作以及国际组织之间的协调与合作来实现。从建构主义的国际合作理论出发,促成与深化各国在公海治理领域合作的重要条件之一就是各方就合作事项有共同利益和认知,以进一步形成合作文化使之制度化。对公海生物资源以及其赖以生存的环境予以养护是人类的共同利益,社会习得和模仿构成了国家的文化选择,在行为体(主要是国家)构建集体身份和认知时起到重要作用。即国际行为体海洋意识的变迁通过相互模仿和影响,将会形成相互依存、共同命运的认知,最终促成合作的达成。国家间协调与合作解决规范间的不协调具有特殊性和不确定性,需要“具体问题具体分析”,但普适性的原则可以包括善意原则、透明度原则,司法途径也可以是国家之间合作的一个选项。在国际组织主事国际立法的时代,国际规范之间的不协调甚至冲突在相一定程度上就表现为不同国际组织主持制定的规则之间的矛盾。因此,协调公海保护区与现行海洋法体系的关系离不开国际组织,包括国际海底管理局、国际海事组织、区域渔业组织、区域海洋环境保护组织等之间的合作。此外,联合国大会在协调国家以及国际组织合作上起到了重要作用。通过联合国大会上的谈判来为公海保护区成员国与非成员国、其他国际组织之间的合作提供指导或许是最好的途径。

国际秩序和国际行为体所采取行动之间的建构是一个动态发展、不断重复的双向过程。我国在国家管辖范围外海域享有全方位的海洋利益,公海保护区的建设与发展对我国的海洋利益既有挑战,也有潜在的战略意义。未来我国无论是扮演公海保护区管理者还是非成员国的角色,都需要对此议题予以充分的重视,将公海保护区议题提升到我国海洋战略的高度来加以应对。一方面积极参与公海保护区事务以维护我国应有的海洋权益,另一方面为公海治理法律秩序的构建贡献中国智慧与中国方案。为此应夯实对公海相关法律制度的理论研究与规则运用研究,完善我国海洋保护区法律制度,加强对公海环境与生物资源的科学调查与研究,以战略性和前瞻性视野审视公海保护区的构建,为我国日后在公海保护区事务上的应有立场与谈判方向提供理论、实践、科学支撑。

附件1　世界自然保护联盟及世界保护区委员会、世界自然基金会、绿色和平组织提出设立海洋保护的优选区[1]

提名机构	公海保护区潜在优选区
世界自然保护联盟及世界保护区委员会、世界自然基金会	罗斯海(已建立公海保护区) 东北大西洋中部查理吉布斯断裂带(已建立公海保护区) 马尾藻海 印度洋沙耶德马勒哈浅滩 太平洋帝王海山链 加拿大东部的东南大浅滩 东太平洋脊热液喷口 澳大利亚东部的贝塔斯曼海 中西太平洋 阿根廷海 阿特兰蒂斯和海洋学家破碎带 西欧盆地 西太平洋

[1] 参见 Kristina M. Gjerde, *Developing a Legal Strategy for High Seas Marine Protected Areas*, Report, 2003；国家海洋局海洋发展战略研究所:《中国海洋发展报告2010》,海洋出版社2010年版。

续表

提名机构	公海保护区潜在优选区
绿色和平组织	格陵兰海优选区：格陵兰岛东部和斯瓦尔巴德群岛之间 北大西洋优选区：从英国西部延伸到加拿大东部，包括西班牙和葡萄牙西部向南延伸的一部分 中南大西洋优选区：包含大部分大西洋洋中脊，以及从巴西海岸延伸至大西洋的特林达德洋脊 亚速尔/大西洋洋中脊优选区（亚速尔群岛北部公海部分已包含在东北大西洋海洋保护区网络中） 地中海东部优选区 地中海中部优选区（已建地中海派拉格斯海洋保护区） 马尾藻海优选区，南部包含一部分大西洋洋中脊 南极－巴塔哥尼亚区优选区：包含南极半岛、威德尔海、别林斯高晋海、斯科舍省海德大部分区域及南大西洋的部分区域 南大洋优选区：从南纬45°到南极大陆边缘之间的海域 南大洋－澳大利亚/新西兰优选区：澳大利亚、新西兰与南极大陆之间的海域，包括含坎贝尔群岛、安迪波蒂斯群岛、巴勒尼群岛等 韦玛海山－本格拉洋流区优选区 南非－阿加勒斯洋流区优选区 中印度洋－阿拉伯海优选区：包括沙耶德马勒滩，塞舌尔、马达加斯加、毛里求斯和查戈斯群岛之间的马斯克林高原 孟加拉湾优选区 澳大利亚西北部、南部优选区 西太平洋优选区，主要位于密克罗尼西亚联邦、巴布亚新几内亚、所罗门群岛、图瓦卢、基里巴斯、瑙鲁和马绍尔群岛的专属经济区内 鄂霍次克海优选区 阿拉斯加湾优选区 东南太平洋优选区：由加拉帕戈斯、科科斯、巴拿马、哥斯达黎加、哥伦比亚、厄瓜多尔所围成的区域 东北大西洋优选区：包含了克拉里昂—克利伯顿断裂带，国际海底管理局在这一区域设有特别环境利益区

附件2 《生物多样性公约》缔约方大会描述的具有重要生态或生物意义的海洋区域[1]

表格图例说明：

具有重要生态或生物意义的海洋区域标准的顺序排列 相关性 H：高 M：中 L：低 —：无信息	标准 • C1：独特性或稀有性 • C2：对物种各生活史阶段的特殊重要性 • C3：对受威胁、濒危或数量不断下降的物种和（或）生境的重要性 • C4：脆弱性、易碎性、敏感性或恢复速度缓慢 • C5：生物生产力 • C6：生物多样性 • C7：自然性

[1] 《生物多样性公约缔约方大会第十四届会议通过的决定》，UNEP/CBD/COP/14/9，2018；《生物多样性公约缔约方大会第十三届会议通过的决定》，CBD/COP/DEC/XIII/12，2016；《生物多样性公约缔约方大会第十二届会议通过的决定》，UNEP/CBD/COP/12/DEC/XII/22，2014；《生物多样性公约缔约方大会第十一届会议通过的决定》，UNEP/CBD/COP/11/35，2012。

附件2－1 对黑海和里海符合具有重要生态或生物意义的海洋区域标准的区域的描述〔1〕

区域位置及描述	C1	C2	C3	C4	C5	C6	C7
	见附件2表格图例						
黑海							
1. 罗波塔莫河 • 位置:北纬42.3019°,东经27.9343°。 • 该区包括沿黑海保加利亚海岸的沿海和海洋区。陆地部分包括拉姆萨尔公约国际重要湿地、欧盟委员会环境信息协调方案群落生境和国家保护区。海域面积超过881.91平方千米(占总面积的89.9%)。该区包括各种具有高度保护重要性的栖息地,特征是生物多样性高、生态状况良好、跨度广泛——包括独特的欧洲平牡蛎生物礁、潮下带岩石罕见喜阴红藻群落、喜光大型棕色藻类高产群落、沉积物上的贻贝群、各种无脊椎动物和鱼类、沙洲和海草草甸。海区是鲥鱼的重要栖息地,为其提供摄食地和产卵洄游路线。对于保护出现在黑海的三种小型鲸类种群具有重要意义。该区是保加利亚黑海"自然2000"生态网络内最大的海洋保护区,即《欧盟生境指令》指定的罗波塔莫河特别保护区BG0001001。	H	H	H	M	—	H	H
2. 卡利亚克拉 • 位置:位于黑海西部沿海水域(北纬43.37°~45.19°)。 • 该区有一片海域,因为是易危地中海鸌的重要迁徙走廊,被指定为"重要鸟类和生物多样性区"。地中海鸌是地中海特有鸟类,数量估计有46,000~90,000只,其中30%~40%在非繁殖季节迁徙至黑海,迁徙期间出现在保加利亚北部海岸附近。该区还是两种易危海鸟——斑头海番鸭和角䴙䴘——的非繁殖期分布区。该区对另外17种海鸟物种也很重要,被《欧盟野鸟保护指令》指定为"自然2000特别保护区",被《欧盟生境指令》指定为"特别养护区"。该区还包括该国唯一的国家海洋和沿海保护区"卡利亚克拉"。	M	H	H	M	—	H	M
3. 旧瓦乌—2迈海洋保护区 • 位置:位于罗马尼亚海岸线最南端,总面积1231平方千米,全部为海洋。地理坐标为东经28.0019777°,北纬43.0064000°。 • 该区以特有各类广阔栖息地为特征,为许多海洋物种提供栖息地和产卵区。这里的底栖和上层生物非常丰富,虽然规模小,但因其生物多样性高而被提议为鲸目动物避难所,并被划为海上"重要鸟类和生物多样性区"。	M	M	H	H	M	H	M

〔1〕 详细资料载于《生物多样性公约缔约方大会通过的决定》(CBD/COP/DEC/14/9)第4页。

续表

区域位置及描述	C1	C2	C3	C4	C5	C6	C7
	见附件2表格图例						
4. 多瑙河三角洲海域 ● 位置:位于多瑙河三角洲前方,北到 Chilia 支流,南到 Midia 角,延伸入海至20米等深线。总覆盖面积1217平方千米,全部为海洋。地理坐标为北纬44.0006472°,东经29.0111277°。 ● 该区深受汇入淡水和多瑙河带来的沉积物的影响,形成罗马尼亚沿海地区独特的各类沉积栖息地。这些沉积栖息地和低盐度上层栖息地含有大量淡水、微咸水和海洋物种,是受不同公约保护的黑海鲟鱼和鲥鱼的重要养育和摄食地。该区物种包括宽吻海豚、港湾鼠海豚、短喙普通海豚、地中海鸌、欧洲鳇、俄罗斯鲟、闪光鲟、多瑙河鲥、里海鲥。该区属于多瑙河三角洲生物圈保护区的一部分,后者被列为联合国教科文组织世界自然遗产,也被列为拉姆萨尔公约国际重要湿地。	H	H	H	H	M	M	L
5. 泽尔诺夫育叶藻场 ● 位置:位于黑海西北部一个宽阔的陆架,水深25~50米,坐标为:北纬45.1825°,东经30.4226°;北纬45.5442°,东经30.5505°;北纬46.0153°,东经31.1040°;北纬45.3105°,东经31.4256°;北纬45.1741°,东经31.2320°。 ● 以红藻为主的海藻集中出现在这里。该区是许多无脊椎动物和鱼类的重要栖息地。位于黑海环流两个分支之间的第聂伯河古河床拥有大型水生植物群,主要沉积物为贝壳灰岩、淤泥贝壳灰岩、贝壳淤泥。这里的生态系统状态是整个黑海西北部生态系统状态的指标。	H	H	H	H	H	H	L
6. 小育叶藻场 ● 位置:小育叶藻场位于卡尔基尼湾。卡尔基尼湾是黑海最大的海湾,位于克里米亚半岛西北海岸与赫尔松州海岸之间,被贾雷尔加奇岛和坚德罗夫沙嘴环抱。 ● 育叶藻是红藻类,具有商业价值,从中采集和提取红藻琼脂。也是藻类进行光合作用产生氧气的重要来源。黑海西北部的育叶藻场生长着特有动物群落,包括110多种无脊椎动物和47种鱼类。许多物种进化出一种微红色,特为在藻内伪装自己。	H	H	H	M	L	H	M
7. 巴拉克拉瓦 ● 位置:位于东经33.361237°,北纬44.263276°。位于巴拉克拉瓦湾外 Fiolent 海角和 Sarych 海角之间的沿岸水域,水深0~70米。 ● 该区是黑海鲸目动物分布热点区,被指定为《关于养护黑海、地中海和毗连大西洋海域鲸目动物的协定》鲸目动物重要栖息地。它是被列入《世界自然保护联盟濒临灭绝物种红色名录》的两种鲸目物种即黑海港湾鼠海豚和黑海瓶鼻海豚的重要栖息地,为其提供繁殖和摄食场所。	H	H	H	H	M	H	M

续表

区域位置及描述	C1	C2	C3	C4	C5	C6	C7
	见附件2表格图例						
8. 雅戈利斯基湾 • 位置:位于乌克兰尼古拉耶夫和赫尔松地区之间的黑海西北部海岸。北部有Kinburg弯岬,将第聂伯河-布格河河口隔开。海湾长26千米,入口宽15千米。地理坐标:北纬46.29122°~46.19867°、东经31.47066°~32.3695°。 • 特殊的水文、水化学、水生物学体系使雅戈利斯基湾成为黑海西北部的一个独特区域。海湾的海洋—陆地复合体具有丰富多样的动植物、高度的特有性、独特的地貌和景观,拥有具有国际环境重要性的地位。海湾的水域是国家自然公园Biloberezhia Sviatoslava和黑海生物圈保护区的一部分。这些保护区的自然和陆地复合体不仅包括海湾的水生生物复合体,而且包括湿地、草原、盐沼、沙地和森林景观,具有高度保护价值和高度生物多样性。这些群落生境在保持该区域和国家物种多样性方面发挥着特殊的作用,是主要商业鱼类繁殖和摄食的地方,而浅水区则是许多筑巢和越冬水鸟的避难所。	H	H	H	M	L	M	H
9. 库班三角洲 • 位置:位于北纬45.30°,东经37.48°。南边界沿Kurchansky河口岸,环抱库班三角洲,至亚速海。西边界和北边界沿亚速海海岸延伸,至阿赫塔尔斯基河口中点。 • 库班三角洲是黑海第二大三角洲生态系——亚速海盆地(1920平方千米)。它包括600多个不同水文情态的水体。许多水鸟在春秋迁徙季节把沿海湿地和三角洲河口作为中途停留地。该区与海洋重要鸟类和生物多样性区重叠,是一个重要的国际湿地,被指定为拉姆萨尔公约国际重要湿地。这对易危达尔马提亚鹈鹕很重要。库班三角洲受自然和人为因素的影响,仍然处于不断变化之中。	M	H	M	M	—	H	L
10. 塔曼湾和刻赤海峡 • 位置:塔曼湾是一个泻湖式浅海湾,没有持续的河水注入,位于亚速海和黑海之间,塔曼半岛以北。它向刻赤海峡敞开,被视为亚速海的一部分。刻赤海峡海域以塔曼半岛海岸阿利翁角和刻赤半岛海岸赫罗尼角之间的直线为北部界线,以帕纳吉亚角(大陆海岸)和塔基尔角(刻赤半岛海岸)之间的直线为南部界线。塔曼湾和刻赤海峡被丘什卡沙嘴和图兹拉沙嘴部分隔开。整个海域面积达803平方千米。 • 塔曼湾靠海草进行初级生产。底部植被的生物量变化很大。季节性迁徙期间,多达1,000,000只鸟停留在海湾。塔曼湾湿地是多种水禽的越冬区。该区是《俄罗斯联邦红皮书》和克拉斯诺达尔边疆区所列水鸟物种的繁殖地,具有重要价值。塔曼湾的生态系统具有一定的复原力并保持准稳定状态。毗邻的刻赤海峡是海洋生物包括各种鱼类以及两种鲸目物种——港湾鼠海豚和瓶鼻海豚的重要迁徙途径。	H	H	M	M	H	L	L

续表

区域位置及描述	C1	C2	C3	C4	C5	C6	C7
	见附件 2 表格图例						
11. 高加索黑海海岸北部 • 位置:该区包括黑海岸东北部沿海地区(2562 平方千米)。西自 Volna 村始,在 Arkhipo-Osipovka 村河口以西跨岸(北纬 45.6°,东经 36.43°至北纬 44.30°,东经 36.51°),南至 200 米等深线,北部以海岸线为界,还包括 Bugazskiy、Kiziltashskiy 和 Vitjazevskiy 河口(泻湖),但不包括新罗西斯克湾。 • 该区是黑海东北大陆架和斜坡的一部分,位于刻赤海峡以南,东部狭窄,西部相对宽阔。还包括古库班三角洲残留的大型浅水湖。该区为大型水生植物生长提供良好条件,全区具有很高的生产力(尽管未达最高水平)。该区具有一些独特和罕见的特征,如特有的碳酸盐岩滩,但在许多其他方面,更具代表性而非独特性。该区对几种海洋无脊椎动物和鱼类——包括正在减少的黑海大菱鲆、凤尾鱼和竹荚鱼——的生活史很重要,也是鲟鱼和鲸目动物等濒危物种的重要迁徙和觅食区。这里生物多样性高,因为有多样群落生境,包括大陆架上的沙嘴和浅沙坪、浅碳酸盐台滩、黏土礁、沙泥和砾石群落生境、藻类群落繁盛的水下脊台和陡岩、水下崩塌群落生境和盐水泻湖群落生境。	M	H	M	H	M	H	M
12. 科尔基斯海区 • 位置:位于 Tikori 河与 Rioni 河口(含)之间,面积 502 平方千米,纬度和经度分别是:42.3688965°和 41.5923238°;42.3678906°和 41.3485938°;42.1492143°和 41.3730120°;42.1781462°和 41.6434212°。 • 该区的特点是浮游动物种类和双壳类动物的密度和丰度较高,是大菱鲆和比目鱼的首选栖息地。冬春两季大量的凤尾鱼在这里越冬和产卵。这里也是濒危鲟科物种的栖息地和产卵地,大量候鸟和黑海鲸目动物的越冬地,是鲸目物种的重要摄食和保育地。	H	H	H	H	H	H	M
13. 萨尔皮 • 位置:该区位于以下纬度和经度:41.5447181°和 41.5606554°;41.5266607°和 41.5485533°。 • 该区涵盖海洋岩石和岩石海岸,是格鲁吉亚海岸最大的岩石栖息地。这里有 Cystoseira barbata 和 Ceramium rubrum 海洋藻场,为许多鱼类和无脊椎动物提供栖身之所。贻贝和其他双壳类动物附着在海石上。岩石区为各种鱼类提供栖身之所和摄食场。该区与一个对地中海鹱具有全球重要性的非繁殖区重叠。该区附近还有地中海特有欧洲鸬鹚亚种群落,因此在繁殖季节对该亚种具有潜在重要性。黑海鲸类到这里摄食,并可能到这里繁殖。	M	H	M	H	—	H	M

续表

区域位置及描述	C1	C2	C3	C4	C5	C6	C7
	见附件2表格图例						
14. 阿尔特温－阿尔哈维 ● 位置：该区坐标为：北纬41.2148°～东经41.18824°，北纬41.22116°～东经41.18824°，北纬41.22659°～东经41.20216°，北纬41.2214°～东经41.20216°。 ● 该区主要对海洋上层和底层鱼类物种以及鲸目动物物种具有重要性。就鸟类而言，该区与海洋“重要鸟类和生物多样性区”（IBA）重叠，对于斑头海番鸭和里海海鸥具有区域重要性。据知还出现过第三种物种：北美海鸥。在土耳其黑海沿岸发现过港湾鼠海豚，在数条河流汇入黑海的东海岸尤其多见。	M	H	H	M	—	M	H
15. 特拉布宗－叙尔梅内 ● 位置：位于北纬40.54749°～东经40.08364°，北纬40.54794°～东经40.10404°，北纬40.55183°～东经40.10404°，北纬40.55183°～东经40.08364°。 ● 该区是上层和底层鱼类的重要繁殖和摄食地。这里是一个生物保护区，禁止渔业。它有一个脚跟状的岩石沙滩，水下岩石丰富。该区也是黑海唯一的海鲷自然栖息地。黑海的这个部位生物多样性相当高。	M	H	H	H	M	M	L
16. 特拉布宗－阿尔辛 ● 位置：该区坐标为：北纬40.57769°～东经39.58532°，北纬40.58123°～东经39.58532°，北纬40.58123°～东经39.59528°，北纬40.57849°～东经39.59528°。 ● 该区是一些稀有海洋上层和底层物种的重要繁殖和栖息地，如三种海豚、大菱鲆和大叶藻草甸。其他几种鱼类，如红鲻鱼、灰鲻鱼也很丰富。该区陆地一侧是官方生物保护点，沿海部分多岩，许多鱼类不迁徙，生活在多岩多沙的环境中，拥有丰富的繁殖和摄食生态系统。这是一个禁渔区，有一个脚跟状的岩石滩，水下有岩石和广阔平坦的沙地，拥有最丰富的底栖物种多样性。港湾鼠海豚遍布土耳其黑海沿岸，在数条河流汇入黑海的东海岸尤其丰富。此外，黑海东南部是港湾鼠海豚的主要越冬区。该区与海洋“重要鸟类和生物多样性区”重叠，对于斑头海番鸭和里海海鸥具有区域重要性。据知还出现过第三种物种：北美海鸥。	M	H	H	M	M	M	M

续表

区域位置及描述	C1	C2	C3	C4	C5	C6	C7
	见附件2表格图例						
17. 吉雷松－蒂雷博卢 • 位置：该区坐标：北纬 40.5923° ~ 东经 38.46415°，北纬 41.0241° ~ 东经 38.46415°，北纬 41.0489° ~ 东经 38.4848°，北纬 41.024° ~ 东经 38.4848°。 • 该区对于海洋上层和底层鱼类尤其是大菱鲆、红鲻鱼、灰鲻鱼非常重要，对于海草也很重要。这是一个水下峡谷区，为底层和上层鱼类种群提供了繁殖场所。该区与海洋"重要鸟类和生物多样性区"重叠，主要因为这里是易危地中海鹱的重要越冬区。地中海鹱是地中海特有鸟类，在非繁殖季节有 30% ~40% 迁徙到黑海。鸟群追踪研究和栖息地适宜性研究证实该区对这一物种非常重要。对黑海中、东部海底泥沙群落生境甲壳类动物的研究表明，浅水域（<50m）的物种多样性相对较高，多样性减少与水深增加有直接关系。	M	H	M	M	—	M	M
里海							
18. 里海乌拉尔河河口前区 • 位置：乌拉尔河下河口区位于乌拉尔河入海汇合处附近的里海微咸水浅水区。 • 乌拉尔河的河口前是溯河（鲟鱼）和淡水（鲤鱼、鲈鱼）鱼类的重要繁殖地。每年春季大批鱼类聚集到这里，上溯到乌拉尔河下游和中游的产卵场产卵。产卵后，母鱼和幼鱼迁徙到下河口区（微咸水浅海区）摄食。留有小规模鲟鱼种群（如俄罗斯鲟、欧洲鳇、星鲟、刺鲟）。	H	H	H	M	M	H	M
19. 共青团湾 • 位置：共青团湾，包括 Durnev 群岛，位于里海东北部 Dead Kultuk 湾以西（北纬 45.38°，东经 52.35°）。 • 特有跨界物种里海海豹是居住在里海的唯一哺乳动物。2008年世界自然保护联盟将里海海豹的状况从"易危"改为"濒危"。对里海海豹种群的分布、丰度、结构的研究结果表明，杜尔内夫群岛上的栖居地对保护海豹非常重要。	H	H	H	H	—	—	L
20. 里海海豹繁殖场 • 位置：该区的位置取决于冬季的覆冰范围，因为海豹的繁殖季节发生在1月至3月初。区域定为考虑到冰情的动态性和多年来的分布情况。 • 里海海豹是栖息在里海内陆的一种特有的、冰上繁殖的跨界海洋哺乳动物。里海海豹每年1月至3月利用这个冬季冰场分娩和哺乳幼崽。该区对所有里海鲟物种也很重要。	H	H	H	H	—	—	M

续表

区域位置及描述	C1	C2	C3	C4	C5	C6	C7
	见附件2表格图例						
21. 肯迪利湾 • 位置:肯迪利湾位于里海中部深水区,哈萨克湾东部,全长23千米,中部最大宽度1.5千米。沙嘴在东南与大陆相连,向西北方向延伸,形成肯迪利湾。沙嘴最西北端有一个小湾。海湾西北部有一个岛,面积可达0.1平方千米,但可依风涌现象分成几个小岛屿。 • 与里海北部的栖息地不同,哈萨克湾肯迪利沙嘴顶端的岛屿位于里海中部深海区,因此风涌现象对上岸的海豹群没有太大影响。这为在岛上形成群落创造了理想的条件。	H	H	H	H	—	M	M
22. 卡拉博加兹戈尔海峡 • 位置:卡拉博加兹戈尔海峡位于里海东部,里海和卡拉博加兹戈尔湾之间。全区面积4108平方千米,中心在北纬41.093621°,东经52.915339°。 • 卡拉博加兹戈尔海峡连接里海和卡拉博加兹戈尔湾。该区形成一个独特的自然水文地质综合体,没有河流流入泻湖。水文系统深受里海动态的影响,系统的所有组成部分动态性都很高,参数依海平面动态界定。大区域的所有生物多样性主要集中在海峡,包括细菌、低等植物、无脊椎动物、鸟类(大多数是迁徙物种)。	H	M	L	H	H	H	M
23. 土库曼巴希湾 • 位置:土库曼巴希湾位于里海东岸,西北部与索伊莫诺瓦湾相连。中心坐标:北纬39.792556°,东经53.310004°。总面积2203平方千米。 • 土库曼巴希湾包括巴尔汗、北切尔肯、米哈伊洛夫斯基和其他小海湾,是水鸟大规模越冬和迁徙地,1968年起成为克拉斯诺沃德茨克(现称哈扎尔)国家自然保护区的一部分。这个国家自然保护区是土库曼巴希湾的主要部分。这是一个拉姆萨尔公约国际重要湿地和重要鸟类和生物多样性区。	M	H	H	H	H	M	M
24. 土库曼湾 • 位置:土库曼湾北部与切列肯半岛相接,西部与奥古尔钦斯基岛相接。涵盖奥古尔钦斯基岛(含)以西、切列肯湾以南的土库曼湾水域,总面积3708平方千米。奥古尔钦斯基岛是一条2千米宽的沙带,沿南北方向延伸40千米,面积达6000公顷。该区的地理中心位于北纬39.035352°,东经53.439243°。 • 土库曼湾拥有独特的综合生物多样性,特别是鸟类、鱼类和两种哺乳动物。土库曼湾受里海水位的季节性和年度波动以及Dardzhakum沙移动的影响。海平面上升时为海湾鸟类保护、觅食、筑巢、越冬提供有利条件,而海平面下降时会形成大片盐渍地。	—	H	H	H	—	M	H

续表

区域位置及描述	C1	C2	C3	C4	C5	C6	C7
	见附件 2 表格图例						
25. 缅喀勒 – 厄桑库利 • 位置：位于里海东南角，覆盖范围从土库曼斯坦的埃克雷姆 – 埃森古利海洋和沿海水域到伊朗的哥米山泻湖、戈尔甘湾、米安卡莱半岛和拉普 – 扎格马兹 – 阿布 – 班丹。 • 该区是里海环境项目海豹特别保护区潜在候选区，也是所有五种濒危鲟鱼物种的最重要的觅食和产卵地之一。该地区对水禽越冬和通行非常重要，是整个南里海越冬鸟类数量最多的地区之一。	H	H	H	H	—	H	H
26. 塞菲德鲁德三角洲 • 位置：该区位于南里海低地，涵盖里海南部最大的三角洲（约 1350 公顷）和南里海最古老的泻湖之一班达尔 – 基亚沙尔泻湖。它位于里海南部低地，涵盖里海南部最大的河流三角洲。 • 该区是各种鱼类物种的重要觅食和产卵地，包括严重濒危的鲟鱼物种。塞菲德鲁德三角洲是各种迁徙水禽的重要迁徙和越冬地，常有 10 万多只水鸟和 1% 以上的地区水鸟物种种群栖息此地。	H	H	H	M	L	H	M
27. 恩泽利湿地综合体 • 位置：恩泽利湿地综合体位于里海西南岸，靠近班达恩泽利市。 • 该区是里海南部低地特有的天然泻湖和湿地生态系统的典范。有 10 万多只水鸟和 1% 以上的地区水鸟物种种群栖息此地。该区也是动植物遗传资源和多样性的重要保护地。	H	H	H	M	L	H	L
28. 克孜勒阿加奇湾综合体 • 位置：位于阿塞拜疆里海西南沿海，涵盖大克孜勒阿加奇湾的整个水域、小克孜勒阿加奇湾的北部水域、库拉沙嘴的西部水域、大克孜勒阿加奇湾北部和西北部的草原以及萨拉半岛的北部。克孜勒阿加奇湾综合体由位于里海西南海岸的大克孜勒阿加奇湾保护区组成，面积为 88, 360 公顷，毗邻的小克孜勒阿加奇湾保护区面积为 10, 700 公顷。 • 阿塞拜疆是里海 – 西西伯利亚 – 东非飞行路线的一部分，越冬水鸟数量（超过 100 万只）在西古北极排名第三。该区拥有西古北极越冬和繁殖水鸟的最重要湿地之一。1975 年克孜勒阿加奇湾被指定为"拉姆萨尔国际重要湿地"。该区动物包括 47 种鱼类、约 273 种鸟类、5 种两栖动物、15 种爬行动物和 26 种哺乳动物。当地的鸟类主要是水鸟。该区位于里海西海岸的迁徙路线上，大批候鸟在这里摄食和休息。据报道在过去的几年中，有多达 1000 万只鸟在这里及其周边地区越冬。	H	H	H	H	H	H	M

续表

区域位置及描述	C1	C2	C3	C4	C5	C6	C7
	见附件2表格图例						
29. 库拉三角洲 • 位置:该区位于内夫泰戈尔市东部和东南部10千米处,内夫泰卡林斯基地区库拉河流入里海处。面积约15,000公顷。海拔高度约28米。近岸地理坐标是北纬39.16°~39.25°;东经49.19°~49.28°。 • 里海的库拉河地区是所有里海鲟鱼类物种(小鲟鱼除外)觅食、越冬、产卵迁徙和繁殖之地。这里对波斯鲟鱼尤其重要。此外,该区还拥有密集的芦苇植被、水坝网和一个大型岛屿,是一些鸟类物种的重要越冬和筑巢地点。该区对大量飞行中的鸟类中途休息尤其重要。在迁徙期间,水鸟数量可达创记录的75,000只。这里曾记录到许多卷羽和粉红色鹈鹕、小鸬鹚、琵鹭、苏丹鸟和其他稀有物种。	H	H	H	H	M	H	L
30. 萨穆尔-亚拉马 • 位置:萨穆尔-亚拉马随最终流入里海的萨穆尔河而延伸,涵盖俄罗斯-阿塞拜疆边界两侧,面积1250平方千米。该区包括萨穆尔河河口以及数条源于高加索山脉的小河流;它的海域包括200米等深线水域。 • 该区包括里海最深的近岸区,有一个陡峭的水下斜坡。该区对于至少20种鱼类的生活史阶段非常重要,是青年期和成年期鱼类的非常重要的迁徙走廊和摄食地。这里对鸟类也很重要,是水禽的一个飞行段和重要停留点和筑巢区。对于所有5种严重濒危的鲟鱼物种(《世界自然保护联盟濒临灭绝物种红色名录》)以及其他几种受保护鱼类和鸟类物种,也具有非常重要的意义。	M	H	H	M	M	H	M
31. 基兹利亚尔湾 • 位置:该区涵盖里海西北海岸,从伏尔加河三角洲到阿格拉汉半岛(含)、丘列尼岛和车臣岛。该区是里海西海岸最北的海湾。 • 该区是来自西西伯利亚和东欧的季节性迁徙水禽和水鸟飞越或越冬的重要区域,有鸟类物种250种,大多是水禽。这里有稀有鸟类物种,如卷羽鹈鹕,也有许多常见的物种(如白骨顶鸡、灰鹅和各种鸭)。该区是60多种鱼类的繁殖、觅食和洄游地,是濒危物种如鲟鱼(欧洲鳇、俄罗斯鲟、闪光鲟)的重要栖息地。区内岛屿是里海海豹的季节性聚集地。	M	H	H	M	H	M	M
32. "小珍珠"岛 • 位置:位于里海北部的中部,"小珍珠"岛东南方25千米处。 • 该岛是鸻形目鸟类包括《俄罗斯联邦红皮书》所列里海北部渔鸥和红嘴巨鸥的最大筑巢区。春季大量里海海豹在这里聚居。邻近水域是鱼类特别是幼鱼(欧洲鳇、俄罗斯鲟、闪光鲟)的重要摄食地。	H	H	H	M	H	L	M

续表

区域位置及描述	C1	C2	C3	C4	C5	C6	C7
	见附件2表格图例						
33. 伏尔加河河口前区 • 位置：该区包括伏尔加河三角洲下游区和伏尔加河河口前区。其北部边界就是伏尔加三角洲湿地的北部边界，沿芦苇带边界至Ganyushkinsky海峡。 • 该区是欧洲独特自然生态系统和最大三角洲伏尔加河三角洲的一部分。伏尔加河三角洲位于里海低地，低于海平面24～27米。该区对维持某些全球性重要物种，主要是水禽和其他水生和半水生鸟类，发挥着特殊作用。它是从西西伯利亚到东欧两个鸟类飞行路线的重要节点。该区记录到300多种鸟类，是珍稀鸟类如白鹤、白尾海雕、卷羽鹈鹕以及许多常见物种的重要栖息区，是60多种鱼类的繁殖、觅食和栖息地。大规模产卵洄游期间，里海北部半溯河和溯河鱼类种群进入三角洲，鱼类区系密度极高。该区是鲟鱼（欧洲鳇、俄罗斯鲟、闪光鲟、里海鲟、裸腹鲟）和里海七鳃鳗等濒危物种的产卵洄游之家。	H	H	H	M	H	M	M

附件2－2　对波罗的海符合具有重要生态或生物意义的海洋区域标准的区域的描述〔1〕

区域位置及简要描述	C1	C2	C3	C4	C5	C6	C7
	见附件2表格图例						
1. 北波的尼亚湾 • 位置：该区包括波的尼亚湾的北部，总面积为8963平方千米，海区面积为8297平方千米。 • 波的尼亚湾是波罗的海的最北端，受四大河流总流量和覆盖芬兰、瑞典拉普兰大部的集水区的影响，这里是波罗的海最微咸水区。海区较浅，海底多是沙子。该区属于北极条件；冬天全区覆盖海冰（5～7个月），为灰海豹提供繁殖栖息地，并为环斑海豹筑巢提供先决条件。夏季生产力高，由于河水浑浊，初级生产限于狭窄透光区（1～5米深）。由于极端的微咸水，海洋物种数量少，但地方特有和受威胁物种的数量很高，因为该区是末次冰川作用（10,000BP）后北撤物种的最终避难所，是沿海鱼类的重要繁殖区，几种溯河产卵鱼类的重要聚集地。流入该区的三条河（托尔讷河、卡利克斯河、拉尼亚河）是大西洋鲑鱼的重要产卵地。	H	H	H	L	M	M	M

〔1〕详细资料载于《促进描述波罗的海具有重要生态或生物意义的海洋区域的区域讲习班报告》（CBD/EBSA/WS/2018/1/4）附件七的附录。

续表

区域位置及简要描述	C1	C2	C3	C4	C5	C6	C7
	见附件2表格图例						
2. 瓦尔肯群岛 • 位置:位于波罗的海北部的波的尼亚湾,总面积为10,364平方千米,海域面积为9638平方千米。平均深度为22米,最深处133米。 • 瓦尔肯群岛包括瑞典和芬兰之间的一个狭窄(26千米)海峡以及两边的诸多岛屿和岩礁。瓦尔肯群岛在北边的波的尼亚湾和南边的波的尼亚湾海之间形成了一道浅水水下门槛(最深处26米),将波的尼亚湾一分为二。该区景观独特,布满末次冰川作用(10.000~8.000BP)形成的数千个冰碛。该区处于不断变化之中。持续的等静压地面隆起(每年8毫米)不断影响所有的群落生境和栖息地,将新的区域带入光带。瓦尔肯群岛是一个过渡带,形成生境的主要水生动植物,北边是淡水物种,到南边就成了海洋物种。相对纬度的盐度变化在波罗的海是最高的。水的持续混合也给生态系统带来生态和进化压力。水浅,基质多样性,加上夏季长达20小时的光照,使该区生产力很高,对大量鱼类和鸟类物种来说非常重要。	H	H	H	M	M	H	M
3. 芬兰奥兰海、奥兰群岛和群岛海 • 位置:位于北波罗的海,是波罗的海和波的尼亚湾的分界。西部从瑞典海岸起,横跨奥兰群岛,延伸至东部的芬兰群岛海和汉科半岛。大约宽375千米,长100千米(东西和南北方向),总覆盖面积为18,524平方千米。 • 该区海洋环境在地貌、生物和生态上变化多端,在波罗的海乃至全世界名列前茅。它是一个星罗密布、范围广阔的群岛,有水浅、周边岛礁环抱的内群岛区,有岛屿大一些的中群岛区,也有波涛汹涌、小岛和岩礁不计其数的外群岛区。与之相比,奥兰海几乎是一个大洋型条件的开放海域,有波罗的海第二最深海沟,水深300米。该海沟也是波罗的海最深含氧区。由于盐度低(0~7PSU),这里淡水、微咸水和海洋生物并存,水生维管植物和轮藻种类繁多。该区有数以百计的泻湖、狭窄入口、浅湾、河口和湿地,是鱼类和鸟类的重要领域。浅水区的底栖生物量在北波罗的海最高。该区还有环斑海豹和灰海豹重要群落。港湾鼠海豚经常出现在这里。	H	H	M	M	H	M	M

续表

区域位置及简要描述	C1	C2	C3	C4	C5	C6	C7
	见附件2表格图例						
4. 东芬兰湾 • 位置:位于波罗的海北部,芬兰湾东北部和东部,东西247千米,南北122千米。总覆盖面积为13,411平方千米。 • 该区是一个较浅(最大深度80米)的群岛和海区,涵盖数百个小岛和岩礁、沿海泻湖和寒带狭窄入口以及广阔的海区。地貌带有末次冰川作用的明显迹象,如尾碛、沙滩、岩岛和巨漂砾群。由于盐度低(海表层0~5/1000),物种由淡水和海洋生物组成,水生植物多样性特别高。许多海洋物种,包括重要生境形成物种,如墨角藻和蓝贻贝在此地生长,很容易受到人为干扰和气候变化的影响。该区拥有丰富的鸟类,并维持波罗的海最濒危种群之一的环斑海豹。	M	H	H	M	M	M	M
5. 西爱沙尼亚群岛内海 • 位置:位于波罗的海东北部西爱沙尼亚群岛内海之内。 • 该区在地质上系冰川作用形成,布满不同基质的冰碛。这里水很浅,平均深度不到4米,大部分海底位于透光区。盐度梯度,马萨鲁湾最东部为淡水,索拉海峡西部为6~7PSU,一个广阔的动态水文前沿区为本地和迁徙物种创造了独特的条件。底栖生产力高,淡水径流使其成为迁徙物种的重要摄食地。独特的地方水文地貌条件育成了这里独有的大片散落、自由漂浮的红藻群落。许多无人居住的小岛和海冰为两个海豹物种提供了重要场所。该区是大量候鸟和其他物种的家园,被指定为"重要鸟类和生物多样性区"。	H	H	M	L	M	H	M
6. 波罗的海东南部浅海区 • 位置:波罗的海东南部浅海区涵盖几个地貌不同的区域,包括北部的克莱佩达-文茨皮尔斯高原、南部的库洛尼亚-桑比亚高原、西北部的克莱佩达浅滩以及波罗的海东部最大的泻湖库洛尼亚泻湖和维斯图拉泻湖(两个泻湖由一个狭窄的沙嘴分开)。全区面积为11,626平方千米。 • 该区地貌结构复杂,是沿海和近海水域生物多样性热点。浅水区是底栖生物群落最重要的栖息地之一。其水下珊瑚礁维持沿海底栖生物群落、高度多样性的无脊椎动物、鱼类和越冬鸟类。此外,具有重要商业价值的鱼类如西鲱、鲱鱼、大菱鲆鱼和比目鱼也把珊瑚礁作为产卵和养育场。离岸浅滩成为哥德兰盆地深处流动物种短期缺氧的避难所。海岸线是水鸟的重要中途停留地。在特别严寒的冬天有些越冬海鸟数量可能增加几倍或几十倍。泻湖中有各类大型淡水鱼类区系,是候鸟和海洋鱼类的永久或临时栖息地。库洛尼亚泻湖是芬塔西鲱的重要产卵和恢复区。	H	H	M	M	M	H	M

续表

区域位置及简要描述	C1	C2	C3	C4	C5	C6	C7
	见附件2表格图例						
7. 南哥特兰港湾鼠海豚区 • 位置：该区位于海岸与哥特兰岛和厄兰岛之间，向南延伸到波罗的海四大离岸浅滩中的三个（北纬58.1°和55.4°，东经14.68°和19.55°）。总面积为29,242平方千米。 • 该区涵盖波罗的海厄兰岛和哥特兰岛一带严重濒危港湾鼠海豚亚群核心分布区，是该群落的重要繁殖区。该区也是易危港湾鼠海豚卡尔马松德亚群的家园，是濒危长尾鸭的主要越冬地。该区具有不同的地质和地貌特征，涵盖波罗的海四大离岸浅滩中的三个，构成独特的高能量环境。这些浅海区为滤食动物创造了高产条件，是比目鱼和大量越冬鸟的食物基地。	H	H	H	H	M	M	M
8. 费马恩带 • 位置：面积为1652平方千米，位于波罗的海西南部的赫尔辛基委员会亚盆地基尔湾和梅克伦堡湾。 • 该区是波罗的海和大西洋之间的主要水交换通道，承载70%～75%的水量。该区对迁徙水生物种如海港鼠海豚的西部种群数量十分重要。对于迁徙和越冬水禽也具有很高的区域重要性。该区长期暴露在咸水中，且底部结构复杂，形成了各类物种群体的底栖群落生境“马赛克”。除了几个濒危和受保护栖息地及底栖物种外，该区对以海蛤（世界上最长寿的物种之一）为首的严重濒危群落生境具有区域重要性。	H	H	H	M	L	H	M
9. 弗拉登浅滩、斯道拉浅滩和里拉浅滩 • 位置：位于北纬56.30°～57.14°，东经11.40°～12.0°，涵盖卡特加特海峡中部。总面积为615平方千米。 • 弗拉登、斯道拉和里拉是卡特加特海峡三大离岸浅滩。均由巨石和岩石组成，地形多变，还有沙洲壳砾石，增加了生境的多样性。最浅水区水深6米，密布海带林，栖息着多种鱼类和无脊椎动物物种。该区拥有独特的生境，如气泡珊瑚礁、红藻球床和宽阔的偏顶蛤床。该区鱼类、无脊椎动物和藻类密度高，还有大量稀有和濒危物种。浅滩对海鸟具有国际重要性，此外记录到的港湾鼠海豚密度也很高。该区还是几种鱼类的重要产卵地。	H	H	H	H	M	H	M

附件 2－3 对东北印度洋地区符合具有重要生态或生物意义的海洋区域标准的区域的描述〔1〕

区域所在地及其简要描述	C1	C2	C3	C4	C5	C6	C7
	见附件 2 表格图例						
1. 大陆架断裂处前沿 • 所在地：本区域位于北纬 9.683°、东经 97.364°和北纬 6.089°与东经 98.073°之间，在泰国沿岸以外，海域面积为 13, 176 平方千米。 • 在大陆架断裂处前沿，由海洋内波产生的水动力过程在将富含无机营养物的海洋输送到安达曼大陆架海区过程中发挥了重要作用。由于深层海水侵入大陆架，这一过程使本区域内浮游植物产量大大增加，有利于仔鱼大量生长。在大陆架前沿及其周围海域，浮游植物生物量和产量比大陆架平静水域高三倍，"大陆架断裂处前沿"的生物生产力高为鱼类提供了重要的产卵和觅食场所，尤其是维持了一个潜在的渔场。	H	H	—	—	H	H	H
2. 西部沿岸浅海 • 所在地：本区域的中心位于东经 99.081°和北纬 7.213°的泰国沿海地区，海域面积为 17, 500 平方千米，并且包含 643 平方千米海岸线沿线区域。 • 本区域由不同生态系统组成，涉及 10 个河口、1263 平方千米的红树林、80 平方千米的海草和 68 平方千米的珊瑚礁。在泰国境内出现的全部 11 种海草在这里都有生长。有超过 269 种珊瑚物种和 96 种岩礁鱼类物种。本区域也是海牛、海龟、鲸鱼、海豚、鲸鱼鲨和蝠鲼等很多濒危海洋物种的栖息地。	H	H	H	H	H	H	L
3. 董里——海牛栖息地 • 所在地：本区域位于泰国西南沿海以远，海域面积为 1619 平方千米。本区域的中心点位于东经 99.349°和北纬 7.284°。 • 在本区域内，生活着泰国最大的海牛种群。本区域大约有 150 头海牛，不过，海牛的密集正在不断下降。在过去 10 年里，平均每年有 5 头海牛死亡。	H	H	H	H	H	M	L

〔1〕 详细资料载于《促进描述具有重要生态或生物意义的海洋区域的东北印度洋地区区域讲习班的报告》UNEP/CBD/SBSTTA/20/INF/22 之附件四的附录。

续表

区域所在地及其简要描述	C1	C2	C3	C4	C5	C6	C7
	见附件2表格图例						
4. 加勒和雅拉国家公园之间的南部沿海和近海水域 • 所在地：本区域沿斯里兰卡南部海岸线延伸，从加勒延伸到斯里兰卡雅拉（陆地）国家公园最远端，并从近海延伸到深海平原的外围。 • 这是东北印度洋地区内部初级生产力很高的区域。包含两个以加强岛屿南部海岸线以外生产力而知名的海底峡谷，全年都有大量蓝鲸在这里栖息，养活了很多其他海洋巨型动物物种，并且包含了从大陆斜坡（蓝鲸的重要栖息地）到深海平原等各种等深线。该区域特别重要，因为它包含了不洄游蓝鲸种群的栖息地。此外，还有其他20种鲸类、5种海龟、鲸鲨、蝠鲼和4种蝠鲼类鳐形目鱼物种经常在本区域内出现。其中包括极度濒危的玳瑁、濒危绿蠵龟以及脆弱的榄蠵和棱皮龟。此外，还有金枪鱼、旗鱼物种和很多鲨鱼物种等其他海洋食肉动物，其中包括牛鲨和镰状真鲨。	H	H	H	M	H	M	—
5. 马纳尔海湾的沿海和近海区域 • 所在地：位于斯里兰卡沿海以外，北从塔莱曼纳（北纬9.05°、东经79.42°）到卡尔皮蒂亚半岛（北纬8.03°，东经79.42°），包括普塔勒姆潟湖在内。 • 马纳尔海湾是世界上生物种类最多的沿海地区之一。也是现存全球濒危海牛最大的觅食地之一。这里还有5种不同物种的濒危海龟、哺乳动物、无数鱼类、软体动物和甲壳类动物。马纳尔海湾区域拥有沿海潟湖、海草床和珊瑚礁主要生态系统内的各种生境。由于本区域内生产力高，故成为印度和斯里兰卡的重要渔场。	H	M	H	H	—	H	L
6. 亭可马里海底峡谷及相关生态系统 • 所在地：本区域位于东经81.17°、北纬8.43°和东经81.63°、北纬9.02°之间，斯里兰卡东部省境内毗邻亭可马里港的近岸水域。面积为1500平方千米。 • 亭可马里是一个海底峡谷多地貌复合体，是国内最大也是世界上最大的20个海底峡谷之一。亭可马里湾是世界上罕见的天然港口，也是与位于斯里兰卡东海岸的一个深海峡谷相连的世界上最大天然良港之一。亭可马里峡谷及相关生态系统是具有重要生态意义的区域，特别是对于全球濒危抹香鲸和蓝鲸而言。	H	—	H	—	—	H	M

续表

区域所在地及其简要描述	C1	C2	C3	C4	C5	C6	C7
	见附件2表格图例						
7. 拉斯胡环礁 • 所在地:本区域位于马尔代夫亚里环礁的东北顶端,位于北纬4.1546°、东经72.5929°。 • 拉斯胡环礁是马尔代夫境内拥有特殊生态功能的少数几个环礁之一。该环礁由4个岛屿和3个沙洲组成。拉斯胡岛和马迪瓦鲁岛之间海峡就是观察双髻鲨的著名潜水地,在这里,下到25~60米深的海底全年都可以看到大量双髻鲨。由于环礁被深海隔开和包围,故成为幼鱼在浅环礁边缘安全生长的栖息地。由于这一原因,环礁以拥有大量珊瑚鱼以及双髻鲨等它们的天敌经常光顾而闻名。由于其拥有丰富的生物多样性和独特的价值,马尔代夫环保局也已将该环礁列入其环境敏感区名单。	H	H	H	H	H	—	M
8. 巴阿环礁 • 所在地:本区域位于马尔代夫中心部分的西部环礁链,在卡西德胡–坎杜海峡北部。 • 该环礁一直是全球环境基金共同资助的环礁生态系统养护项目的一个重点。环礁生态系统养护工作组对分类群存量情况进行了审查,并出产178种水生植物、173种珊瑚、350种鱼类、115种水螅、182种其他选定无脊椎动物,在全部29个养护地共计出产998种物种。在18个有详尽物种存量记录的养护地,记录物种达到941种。绘制了整个环礁的生物多样性地图,将点生物普查数据与生境地图结合起来。芭环礁已在2011年被联合国教科文组织列为生物圈保护区。核心区(哈尼法鲁湾岛)已在2009年被列为马尔代夫海洋保护区。	H	M	H	H	M	M	M
9. 苏门答腊–爪哇沿岸上升流区域 • 所在地:本区域沿苏门答腊岛(印度尼西亚)西部海岸一直到爪哇岛南部海岸,这里会季节性地出现上升流,提高了本区域的海洋生产力。根据季节性上升流所在位置的不同,本区域一直延伸到苏门答腊–爪哇沿海以远的国家管辖以外区域。 • 在东南季风盛行期,风动上升流出现在苏门答腊–爪哇沿海区域,并且与厄尔尼诺–南方涛动现象(ENSO)以及印度洋偶极模(IODM)有关。上升流区域营养物质丰富,吸引鱼类和其他海洋动物将这一区域作为觅食、产卵及育苗地。丰饶的上升流水域能够维持高水平的海洋生物多样性,包括鲨鱼和鳐鱼等一些地方性海洋物种以及一些仍在发现之中的新物种。本区域支撑了积极的远洋渔业。这个处于苏门答腊海岸以外的区域由处于地质俯冲带(苏门答腊断裂带)的孕震区以及诱发苏门答腊岛边缘区域地震和海啸的断裂带组成。本区域内的珊瑚从2004年海啸中迅速恢复,这表明本区域对较长期珊瑚健康的重要性。	H	H	M	H	M	M	H

续表

区域所在地及其简要描述	C1	C2	C3	C4	C5	C6	C7
	见附件2表格图例						
10. 孟加拉湾丽龟洄游走廊 • 所在地:本区域位于孟加拉湾内国家管辖以外区域。 • 印度奥里萨邦海岸是世界上最大的丽龟筑巢地。德维河、拉什库尔亚河和毗塔卡尼卡河的河口是世界上最大的丽龟筑巢聚集地。卫星遥测研究表明,大多数海龟的洄游路线是从南到北/从北到南往返斯里兰卡。丽龟在印度专属经济区内的聚集和筑巢受到该国环保法律/行为的保护,但是,它们在觅食和交配期间通过的廊道未受到保护。	H	H	H	H	—	L	M

附件2-4 对西北印度洋和附近湾区符合具有重要生态或生物意义的海洋区域标准的区域的描述〔1〕

区域所在地及其简要描述	C1	C2	C3	C4	C5	C6	C7
	见附件2表格图例						
1. 阿布扎比西南水域 • 所在地:本区域位于阿拉伯联合酋长国(阿联酋)阿布扎比酋长国西南。近岸水深不到15米,是多种重要海洋物种的重要栖息地。 • 本区域拥有红树林、海草床、珊瑚礁、海藻垫和盐滩等重要生境。这些生境为包括海鸟和涉禽候鸟在内的大量海洋生物以及大量极度濒危玳瑁种群和海牛种群提供了栖息地。	M	H	H	M	M	M	M
2. 马拉瓦岛 • 所在地:本区域距离阿布扎比岛以西120千米。中心所在地为北纬24.43153°、东经53.24341°,包括一些岛屿和浅海区域。 • 本区域由包括沙坪、红树林、海草床和珊瑚礁在内的一系列特有海洋和沿海生境组成。这些生境对洄游和濒危物种尤其重要。本区域为大量鱼类物种提供了重要的育苗和产卵地,是极度濒危玳瑁和濒危绿海龟的重要的觅食生境。此外,保护区内的岛屿也为玳瑁和很多候鸟提供了重要的筑巢地,其中包括约占5%的脆弱的索科特拉鸬鹚种群。	H	H	H	M	M	M	M

〔1〕 详细资料载于《促进描述具有重要生态或生物意义的海洋区域的西北印度洋和附近湾区区域讲习班的报告》UNEP/CBD/SBSTTA/20/INF/23附件四的附录。

续表

区域所在地及其简要描述	C1	C2	C3	C4	C5	C6	C7
	见附件2表格图例						
3. 杰布阿里 • 所在地:本区域离阿布扎比-迪拜边界约1.2千米(位于东经29.2020.0800°、北纬27.55066.7720°)。根据海岸线的轮廓,本区域沿大约15千米的沿海区向海湾内平均延伸2.5千米。 • 本区域涵盖2185公顷浅潮海床,缓慢向近海倾斜,最深达9米。它的特点是从沙滩持续升高形成低矮沙丘。在本区域至少可以见到291种动植物物种。它是迪拜极度濒危玳瑁仅存的筑巢地。	H	H	H	H	—	M	M
4. 卡尔巴湾 • 所在地:本区域位于阿拉伯联合酋长国(阿联酋)东海岸沙迦酋长国的卡尔巴镇。本区域从东部海岸线边缘向外延伸1海里。 • 本区域包括生长在一条天然小溪两岸近2千米的红树林,这里拥有丰富的生物多样性。它是本地特有鸟类亚种的栖息地,也是阿拉伯联合酋长国境内存在某些蟹和贝类物种的唯一所在地。这个地区是阿拉伯白领翡翠的亚种栖息地,是出现巨型泥浆爬行动物(泥海蜷)和巨型泥蟹(锯缘青蟹)的唯一所在地。这里有300多种鸟类物种,其中一些为繁殖物种,包括黑翅长脚鹬(最多10对)、马岛蜂虎(夏季来到这里,不到100对)以及赛氏篱莺(大约10对;阿拉伯半岛唯一得到证明的繁殖地)。冬季来到这里的物种包括印度池鹭和马岛蜂虎,也是秋季迁徙通道常见的物种。海龟(玳瑁、绿色和赤蠵龟)在岛上小溪内觅食。本区域是阿联酋境内最古老和最大的红树林所在地,并拥有阿联酋境内树径最大和高度最高的红树林。	H	M	M	M	M	H	H
5. 布纳埃尔爵士岛 • 所在地:本区域位于海湾内,阿布扎比以北65千米和沙迦西南110千米处。 • 本区域是每年300多种筑巢玳瑁的栖息地(阿拉伯联合酋长国境内最大的筑巢种群),在这里繁殖的海鸟估计占到全球种群的1%以上,并且这里拥有一个非常健康的珊瑚礁生态系统。	H	H	H	H	—	M	M

续表

区域所在地及其简要描述	C1	C2	C3	C4	C5	C6	C7
	见附件2表格图例						
6. 苏奈比哈特湾 • 所在地:苏奈比哈特湾－科威特湾,位于东经29.337169°、北纬47.857175°。 • 本区域涵盖海湾内珊瑚礁、红树林、海草和海藻床等危急生境。因为它们的生物生产力、提供营养物质和丰富的生物多样性,这些生境已得到最科学的关注。微生物垫对苏奈比哈特湾潮间带和潮下带区域的动态非常重要,而这里养活了各种潮间带和潮下带大型底栖动物。仅在苏奈比哈特湾,它们成为82种大型动物物种的食物链,其中49种出现在可接近的上部潮间带区域内(14种甲壳类、2种软体动物、1种星虫、8种鱼类和24种鸟类)和33种潮下鱼类和贝类物种。	H	H	M	M	H	H	L
7. 盖罗岛和乌姆迈拉迪姆岛 • 所在地:卡罗岛位于东经28.817253°、北纬48.776904°;乌姆迈拉迪姆岛位于东经28.679059°、北纬48.654322°。 • 本区域拥有来自12种族系的35种已经记录在案的造礁石珊瑚物种,有27种是造礁珊瑚,8种非造礁珊瑚,并被认为是不同物种的重要生境。鱼是在珊瑚礁中被发现最多样化的脊椎动物群体,总共有124种记录在案的物种。这些珊瑚礁还为海龟提供了繁殖地,并且为海鸟和海豚等物种提供食物。	H	H	H	M	H	H	M
8. 奈班德湾 • 所在地:本区域位于海湾北部,从西北向东南沿伊朗大陆海岸线延伸超过90千米,其中包括奈班德海洋－沿海国家公园。 • 本区域拥有各种各样的陆地和海洋生境,包括沿海沙丘、岩石、泥岸、沙岸、珊瑚礁、红树林、海草床、潮间带湿地和河口。这里是海湾北部大陆沿海水域唯一的珊瑚礁区域,是玳瑁、绿海龟、丽龟最重要的筑巢地和觅食地之一。	H	H	H	H	—	M	L
9. 克什姆岛及邻近海洋和沿海区域 • 所在地:本区域距离伊朗大陆海岸线250千米,从东北部的提阿卜和米纳卜保护区向克什姆岛西端延伸。 • 本区域包括几个保护区、国际重要湿地(拉姆萨尔湿地)、生物圈保护区和重要鸟类区。克什姆岛及邻近海洋和沿海区域拥有广泛的沿海和海洋生境,包括珊瑚礁、红树林、海草床、河口和岩岸、泥岸和沙岸,也是海龟、水鸟、海豚、珊瑚鱼、鲨鱼、鳐和鳐科公物重要的觅食、繁殖和育苗地。	H	H	H	H	—	H	H

续表

区域所在地及其简要描述	C1	C2	C3	C4	C5	C6	C7
	见附件2表格图例						
10. 丘尔纳-凯奥岛复合区 • 所在地:本区域位于卡拉奇以西,面积约为400平方千米。它包括一个面临胡卜河三角洲的中型岛屿,以及一个位于加达尼镇附近的小岛(凯奥岛)。 • 本区域因其拥有各种各样的生境而拥有丰富的生物多样性而闻名。它在丘尔纳岛和凯奥岛周围拥有一个多元化的珊瑚组合,而在胡卜河河口拥有丰富的滩涂和牡蛎礁。丘尔纳-凯奥岛复合体因作为包括须鲸、鲸鲨、蝠鲼和翻车鱼在内的一些海洋巨型动物的重要晒太阳和觅食区而闻名。	H	M	H	M	H	M	M
11. 霍里大浅滩 • 所在地:本区域位于巴基斯坦信德省东南沿海。从海岸向近海水域延伸,面积约为22,500平方千米,最大水深约1500米。 • 霍里大浅滩以拥有丰富生物多样性而闻名,包括鲸类动物、鲨鱼、鱼类和鲸类无脊椎动物。包括糙齿海豚和朗氏中喙鲸在内的很多鲸类动物在本区域都有出现的报告。	H	H	H	L	M	H	H
12. 默兰-瓜达尔复合海域 • 所在地:位于巴基斯坦俾路支省沿海地区,面积为8750平方千米。 • 这个复合海域特别以拥有包括海豚和鲸鱼在内的很多鲸类物种而闻名。根据记录,阿拉伯座头鲸、蓝鲸和布氏鲸经常出现。本区域包含两个拉姆萨尔湿地:奥尔马拉海龟海滩和阿斯托拉(哈夫特塔拉尔)岛,还包括一个大型潟湖。	H	H	H	H	H	H	M
13. 米亚尼霍尔 • 所在地:本区域是一个潟湖,距离卡拉奇西北约95千米。长60千米,宽4~5千米,通过一个位于潟湖东南部的4千米宽的潟湖口与海相连。 • 本区域以具有丰富生物多样性而闻名,拥有多种红树林植物群落,而且拥有大量的脊椎动物和无脊椎动物。它对候鸟和非候鸟物种以及常年生活在这里的印度洋-太平洋驼背豚种群非常重要。	H	H	M	H	H	H	M

续表

区域所在地及其简要描述	C1	C2	C3	C4	C5	C6	C7
	见附件2表格图例						
14. 阿拉伯海最低含氧区 • 所在地:本区域位于阿拉伯海,散布在印度、巴基斯坦、伊朗、阿曼和也门沿海一带。 • 本区域的含氧水平可能低至0.1毫克/升。低氧区含有最大值的亚硝酸盐,表明发生了活性硝酸盐还原和反硝化作用,导致氧气被利用,从而导致含氧量下降。这个低氧区包含独特的动物群落,主要由灯笼鱼组成。海洋中层动物以七星底灯鱼、巴拿马底灯鱼、翘光眶灯鱼和长鳍虹灯鱼为主,展示了动物的昼夜垂直移动。灯笼鱼科被认为是包括大型鱿鱼、带鱼、金枪鱼和长嘴鱼在内的大型食肉动物的一种重要食物。阿拉伯海最低含氧区是一个独特的生态系统,拥有鲜明的生物学特征。	H	—	L	L	H	M	H
15. 印度河河口地区及相关小湾 • 所在地:本区域位于巴基斯坦南部。在印度河流入阿拉伯海时形成的印度河三角洲,形成了一个复杂的沼泽、溪流和红树林生态系统。该三角洲面积约为41,440平方千米,距离它与海相连处约210千米。 • 印度河流经结构复杂的溪流系统而注入阿拉伯海。该区域因其具有各种生境和生态系统而具有独特的生态和生物重要性。有广袤的滩涂,是各种海洋鸟类觅食的重要领域,也是很多海洋鱼类和无脊椎动物的繁殖和筑巢地。印度河河口下游有一个由海榄雌物种组成的红树林,被认为是世界上最大的旱区红树林。红树林以其具有丰富生物多样性而闻名。印度河河口地区是鱼类洄游物种的一个重要区域,也以其拥有多样化的鸟类动物而闻名,其中包括鹤、火烈鸟、鹈鹕、涉禽、黑鸭、鸭、海鸥和燕鸥。在印度河河口,居住着两种鲸类动物,即印度-太平洋驼背豚(中华白海豚)和江豚。	H	H	M	H	H	M	M
16. 桑兹皮特/霍克斯湾及毗邻回水海域 • 所在地:本区域位于巴基斯坦卡拉奇西南约15千米处。桑兹皮特回水海域位于马诺拉海峡最末端,卡拉奇港就在这里。 • 巴基斯坦海岸线有许多重要海龟筑巢海滩。其中包括卡拉奇海岸线上的桑兹皮特(霍克斯湾)沙质海滩,这里是绿海龟的筑巢地。一年四季都有海龟筑巢,最高峰是从9月到10月。在桑兹皮特回水海域有一片红树林,由密集和稀疏海榄雌物种组成。该区域被称为各种常住鸟类和候鸟的栖息地,尤其是火烈鸟、鹈鹕、燕鸥、海鸥和各种涉禽。	M	H	H	M	M	M	L

续表

区域所在地及其简要描述	C1	C2	C3	C4	C5	C6	C7
	见附件 2 表格图例						
17. 安格里亚浅滩 • 所在地:本区域是一个水下高原,位于印度马哈拉施特拉邦马尔文以西约 105 千米的阿拉伯海(北纬 16.692755°、东经 72.061915°)。面积为 1300 平方千米。其中包括 350 平方千米的珊瑚礁,而且珊瑚礁周围还有 5 千米长的缓冲地带。 • 本区域有印度最大的水下珊瑚礁区,这里据报告有大量灯笼鱼聚集,使这个浅滩成为本区域内的一个重要鱼类产卵场。脑珊瑚、绿珊瑚、鹿角珊瑚、盘珊瑚和软珊瑚等各种类型的珊瑚群落都在这里出现,而且还有与其相关的动植物,包括大天使鱼、海葵鱼、石斑鱼、鲷鱼、梭鱼、管鱼、穆雷鳗、鹦鹉鱼、蝎子鱼等。此外,这里还是海龟、鲸鲨、鲸鱼和海豚等一些濒危物种的觅食地。	H	M	H	H	H	—	H
18. 索科特拉群岛 • 所在地:本区域位于东经 53.0°和东经 54.35°与北纬 12.5°和北纬 12.43°之间,处在亚丁湾与西北印度洋的连接处。 • 本区域有不常见的珊瑚群落和礁区鱼类以及包括鲨鱼、海龟、海豚和鲸鱼等一些巨型动物。这些岛屿位于高产上升流的中心和三个海洋生物地理省份的交叉点,是形成高生产率和特有动物组合的原因。现有物种包括阿拉伯"地方特有物种"和西印度洋物种以及大印度太平洋特有物种和局部范围特有稀有物种(包括红海"特有物种")和(或)高度分离的全球分布物种及全球杂交鱼类物种。鱼类生物生产力为印度洋最高之一。	H	H	H	M	H	H	M
19. 大旋涡和亚丁湾上升流生态系统 • 所在地:本区域主要包括索马里和也门国家管辖区域内的水域。本区域向近海延伸了几面海里。因此,这是一个跨界区域。 • 这个广阔的区域包含季节性高生产率的整个动态以及与大旋涡、索科特拉环流和北索科特拉群岛暖涡流相关的海洋浮游生物。大旋涡与亚丁湾上升流的汇合使它成为世界上最高产的地区之一。这是唯一一个发生海洋西部边界的主要上升流系统。因大旋涡及相关涡流而产生的索马里 - 阿拉伯海上升流系统使浮游生物生产率提高了十倍。这种独特而复杂的功能维持了浮游生物、鱼类、巨型动物标志物种赖以为生的丰富的中远海和深海生态系统,特别是鲨鱼、鲸目动物和海龟。	H	H	H	M	H	M	M

续表

区域所在地及其简要描述	C1	C2	C3	C4	C5	C6	C7
	见附件2表格图例						
20. 七兄弟群岛和戈多里亚岛 • 所在地:本区域的西南部位于北纬12.8°、东经43.25°与北纬12.8°、东经43.275°;东北部位于北纬12.29°、东经43.275°和北纬12.29°、东经43.169°。 • 本区域包括拉斯-西延海洋保护区在内,该保护区是吉布提最大的海洋保护区。它包括四个红树林、一部分沿海生境和塞普弗雷雷群岛,拥有高底栖和浮游海洋生物多样性,是一个镶嵌式的沿海封闭海洋生境,也是一些海龟和海鸟的重要繁殖地。	H	H	H	M	H	M	M
21. 红海南部岛屿 • 所在地:本区域所包含的红海南部地区包括厄立特里亚和也门两国的所有岛屿,它们都属于一个生态系统。 • 这是一个生产率很高和特有物种很多的区域,为大型动物和鸟类提供了一个迁徙走廊,并为海龟和鸟类提供了一个筑巢地和繁殖地。它为维持多种海洋生物的脆弱珊瑚礁和红树林提供了生境。	H	H	H	H	H	H	H
22. 红海南部深海生态系统 • 所在地:本区域以厄立特里亚北部边界和曼德海峡为界。 • 拥有丰富的生物多样性(是红海叶绿素产量最高的地区)。这个地区的生产力很高,使之成为包括鲸类、鲸鲨、蝠鲼、魔鬼鱼和鸟类在内的很多物种的一个重要栖息地。该地区还是各种物种在红海和亚丁湾/印度洋之间的一个重要迁徙/洄游走廊。	M	H	H	M	H	H	—
23. 桑格纳布环礁/沙巴-鲁米 • 所在地:本区域位于红海中部,东北距苏丹市港口约30千米,位于北纬19.42°、东经37.26°。沙巴-鲁米是苏丹红海沿岸以外位于Sanganeb(北纬19.563°、东经37.242°)以北的一个环形珊瑚礁。 • 该环礁面积约为22平方千米(一个7.3千米长、3.2千米宽的矩形块),并位于礁石边1千米内。礁滩和浅礁前面积约2平方千米,被围起来的泻湖面积约4.6平方千米。桑格纳布环礁/沙巴-鲁米拥有苏丹红海最独特的一种礁石结构,其陡峭的礁坡从超过800米深的海底升起。它的特征是拥有高度多样化的珊瑚动物,出现在13个不同的生物自然地理珊瑚礁区,每个区域都有典型的珊瑚礁组合。植物群和动物群的多样化种群与鲨鱼、隆头鹦哥鱼和石斑鱼等众多地方特有和濒危物种处于稳定的平衡状态。本区域共有86种珊瑚和超过251种鱼类已被记录。	H	M	H	H	M	H	H

续表

区域所在地及其简要描述	C1	C2	C3	C4	C5	C6	C7
	见附件 2 表格图例						
24. 邓格纳布湾/穆卡瓦岛区域 • 所在地:邓格纳布湾北部距苏丹港约 125 千米,包括穆卡瓦岛,该岛位于距邓格纳布半岛 30 千米的近海。本区域距离海岸约 70 千米。 • 本区域包括广泛且多样化的海草床,是一个重要的区域海牛种群栖息地,也是重要的区域或全球海龟和海鸟筑巢地,并且是整个西印度洋地区特有鲸鲨和蝠鲼的季节性聚集地。	H	H	H	M	M	M	H
25. 萨瓦金群岛和苏丹南部红海 • 所在地:本区域位于苏丹南部水域,处在大陆架延伸带上。 • 该群岛内的暗礁和岛屿大幅增加了苏丹沿海水域和这部分红海水域内的可用珊瑚生境的面积,这种生境对维护丰富的物种多样性尤其重要。这些珊瑚礁向近海延伸也大大增加了礁石生境的生物地理范围和多样性。此外,这些礁石和岛屿的交通不便增强了它们的意义,因为它们提供了远离大陆沿海人类直接影响的地区和避难所,并且为一些红海重要鸟类和海龟提供了筑巢地。	H	M	H	M	H	H	M
26. 艾尔－格玛尔－艾尔巴旱谷 • 所在地:本区域包括埃及马萨阿拉姆市与埃及－苏丹边界之间的水域,海岸线长约 300 千米,总面积约 5000 平方千米。本区域位于两个保护区之内,即艾尔－格玛尔－艾尔巴旱地保护区和杰贝－艾尔巴国家公园。本区域还包括距离海岸线几千米至距离海岸线超过 70 千米的 20 个近海岛屿。 • 本区域的特征是拥有丰富的生物多样性和自然美景。这里有 200 多种软硬珊瑚物种和至少 400 种鱼类物种。一些鱼类和无脊椎动物是本地特有的物种之一。本区域至少有 7 种海草和 2 种红树林物种(在埃及红树林总资源占相当大的比例)。最大的海榄雌生态系统延伸 12 千米,该生态系统位于哈马塔边缘,呈半连续状,而红茄苳只存在于舍利丁。本区域拥有沿埃及海岸线为绿海龟和海牛提供食物的最大海草草场。本区域还有 100 多种鸟类物种,包括 15 种海鸟物种。艾尔－格玛尔岛旱谷中拥有全球最大的烟隼群体,那里的白眼海鸥约占世界白眼海鸥种群总数的 30%。根据最近进行的一项专门调查,本区域拥有大量鲸类动物(15 个物种)。泛热带斑原海豚占很大部分,此种种群大多出现在近海水域,其次是飞旋海豚(长吻原海豚)。	H	H	M	L	L	H	M

续表

区域所在地及其简要描述	C1	C2	C3	C4	C5	C6	C7
	见附件2表格图例						
27. 阿拉伯海盆 • 所在地：本区域完全位于国家管辖以外区域。它大约北以东经64.46°、北纬17.32°，东经67.36°、北纬17.32°为界；南以东经67.36°、北纬10.81°，东经64.46°、北纬10.81°为界。 • 本区域位于深海平原上方的水域。这个区域是特林达迪海燕的主要觅食区，这种鸟只在毛里求斯北部海岸以外的一个印度洋岛屿（朗德岛）上繁殖。该物种因为易受到伤害已被列入《世界自然保护联盟濒临灭绝物种红色名录》。各种其他海洋大型动物也会出现在这里，其中包括三种海龟、五种须鲸、三种齿鲸，至少有十种海豚。	H	H	H	M	M	M	M
28. 戴曼尼亚特群岛 • 所在地：戴曼尼亚特群岛位于阿曼巴提奈区以外海域。 • 戴曼尼亚特群岛是具有重要国家和区域生态和生物意义的一个突出区域。有各种大量的海鸟在这些岛屿上筑巢，每年还有多达400只雌性玳瑁在这里筑巢，可能是世界上这一极度濒危物种的最密集的栖息地。这里的珊瑚群落和珊瑚礁是其国内最成熟的之一，并且拥有至少一种阿曼特有物种。经常在本区域出现的其他物种包括海龟、鲸目动物和各种海鸟。	M	H	H	H	H	M	H
29. 阿曼阿拉伯海 • 所在地：本区域位于阿曼南部以外海域，处于拉斯哈德半岛以北和阿曼与也门边界以南之间，并且向近海延伸数百千米。本区域包括阿曼中部和南部沿海三个核心领域。 • 它位于世界五大上升流区域之一的中心，与阿拉伯海内季风带动的上升流相关的高初级生产力催生了更广大区域的生态系统。它还形成了适合于至少20种鲸类动物觅食的环境，其中包括世界上最孤立的鲸鱼——濒危阿拉伯海座头鲸。卫星跟踪表明了这些鲸鱼及濒危和极度濒危海龟等其他动物物种的首选栖息地。浅水区生长着大量的海草和海藻群落，而且以特有的方式共同生长着地方性大型藻类和珊瑚群落。这种不寻常的热带和新温带物种的混合形成了一个全球特有的生态群落。一个特殊的珊瑚群落或许是地球上已知最大单一特异性的珊瑚群落，几乎全部由一个尚未对其进行描述的物种——卷心菜形珊瑚组成。由西南季风形成的特有条件有助于鱼类种群在基因、种群和物种到生物群落和生态系统方面保持丰富的生物多样性。与阿曼其他地方相比，本区域的上层、中层和底层鱼类都更加丰富。鸟类是阿拉伯海的另一个重要特征，其中包括本区域特有的一些接近濒危的厚嘴燕鹱和索科特拉鸬鹚种群。在冬季，沿海湿地拥有50万只或更多只鸟类，主要是海鸥、燕鸥及水鸟。	H	H	H	H	H	H	M

续表

区域所在地及其简要描述	C1	C2	C3	C4	C5	C6	C7
	见附件2表格图例						
30. 阿拉伯河三角洲 • 所在地:本区域位于一个狭长浅海区的北端,该浅海区在伊拉克法奥市伊拉克南部边界形成一个西南走向的三角形半岛,向西北延伸,在克诺尔-阿卜杜拉形成与科威特的海上领土边界,到克诺尔-祖拜尔运河结束。该河的南端成为伊拉克与伊朗的边界,往下一直到注入海湾的河口处。长度为200千米。宽度不等,最窄处在巴士拉,仅为232米,最宽处在河口,为800米。 • 本区域包含众多独特的海洋、沿海及潮汐生境,包括泥质潮间带。本区域特别是科威特布比延岛对面的霍尔阿卜杜拉沿海水域,成为许多鱼类和其他重要经济海洋和微咸水甲壳类和软体动物以及其他无脊椎动物群体孵育和孵化区。阿拉伯河三角洲在整个海湾地区发挥独特的影响。	H	H	—	H	H	H	M
31. 莫克兰/达兰-吉沃尼海区 • 所在地:本区域处于伊朗和巴基斯坦之间,是一个跨界沿海区域,从巴基斯坦的甘兹延伸到伊朗的坦格海角。 • 本区域广泛的沙质海岸尤其成为榄蠵和绿海龟的重要筑巢地。沼泽鳄在本区域的河流及河口水域的最西边均有分布。恰赫巴哈尔湾的东部拥有只在阿曼海北部知名的珊瑚礁。从瓜达尔到恰赫巴哈尔湾一带水域已有江豚出现的记录。吉沃尼海角及邻近地区是著名的海洋无脊椎动物和鲸类动物生物多样性十分丰富的地区。本区域的沿海水域以鱼类和龙虾鱼获量很大而闻名。本区域还拥有种类丰富的水鸟。	H	H	H	H	H	—	M

附件2-5　对东亚海洋符合具有重要生态或生物意义的海洋区域标准的区域的描述[1]

区域所在地及其简要描述	C1	C2	C3	C4	C5	C6	C7
	见附件2表格图例						
1. 海南东寨港红树林国家级自然保护区 • 所在地:本区域位于海口市美兰区东北部(东经110.3°~110.37°,北纬19.51°~20.01°)。面积为5400公顷。 • 本区域具有重要的沿海红树林生态系统,拥有中国最大的热带原始自然红树林,也具有非常丰富的生物多样性,特别是有各类海洋和沿海物种,如红树林森林、水禽、浮游植物和浮游动物。	M	H	H	H	—	H	M

[1] 详细资料载于《促进描述具有重要生态或生物意义的海洋区域的东亚海洋区域讲习班报告》附件五的附录,UNEP/CBD/SBSTTA/INF/24。

续表

区域所在地及其简要描述	C1	C2	C3	C4	C5	C6	C7
	见附件2表格图例						
2. 山口红树林国家级自然保护区 • 所在地：本区域地处中国广西壮族自治区合浦县东南部沙田半岛两侧。位于北纬21.28°，东经109.43°。总面积为8000公顷，沿海岸绵延约50千米。 • 本区域有14种红树林和大量底栖硅藻、鱼类、贝类、鸟类和昆虫，已成为中国最大的热带沿海红树林区域之一。	M	—	H	M	M	M	M
3. 南麂岛海洋保护区 • 所在地：本区域总面积为201.06平方千米，包括陆地面积11.13平方千米。位于东经121.05°和北纬27.27°。 • 本区域拥有高度生物多样性，包括427种贝类和178种大型底栖藻。号称“贝藻王国”。还有459种微藻、397种鱼类、257种甲壳动物和158种其他海洋生物。	H	M	M	L	M	H	M
4. 冷泉 • 所在地：本区域位于中国台湾盆地西南部，在北纬21.12°东经118.30°、北纬21.12°东经120.17°、北纬22.19°东经118.30°和北纬22.19°东经120.17°之间，水深为2900～3000米。本区域面积约为14,000平方千米。 • 本区域具有独一无二的深海生态系统，不仅因为有多样的细菌、贻贝、蛤蜊、毛蟹和虾类种群，而且它们的栖息地主要由方解石、文石、石灰石、黄铁矿和自生矿物（包括菱铁矿、重晶石、石膏和天然硫）组成，支撑了大量的细菌、贻贝、蛤蜊、毛蟹和虾类。	H	M	L	M	H	L	H
5. 务安泥滩 • 所在地：本区域位于朝鲜半岛西南沿海地区，在北纬35.0420°～35.0752°和东经126.212°～126.279°之间。面积约为42平方千米。 • 本区域保持了原始环境，拥有成长良好的底质来支持多种迁徙水鸟和渔业资源。沉积物具有30%～40%的黏土含量。该区域有许多全球濒危和保护物种在此孵化、养育和觅食。已观测到属于48个物种的约29,000只越冬鸟类。此外，务安泥滩分布了47种盐生植物。底栖动物的多样性也非常丰富。务安泥滩自2001年起成为保护区，2008年被指定为《拉姆萨尔公约》湿地。	H	H	H	L	H	H	M

续表

区域所在地及其简要描述	C1	C2	C3	C4	C5	C6	C7
	见附件 2 表格图例						
6. 东亚浅海潮间带区域 ● 所在地：本区域包括了 20 个独立地点，组成东亚海洋迁飞路线网络。这些地点位于日本、韩国、中国、越南、泰国、马来西亚、印度尼西亚、菲律宾和缅甸。 ● 东亚沿海浅海潮间带区域对许多越冬迁徙鸟类的生存至关重要，它们生命周期的不同阶段都依靠这些潮间带，尤其是在迁徙时期，对繁殖和非繁殖种群来说，一些地点（特别是中国、韩国、朝鲜的黄海生态区域）都是重要隘道。近几十年来，潮间泥滩和沙滩以惊人的速度消失，使越冬迁徙鸟类只能依赖于越来越少的地点。越冬迁徙鸟类数量剧减，导致多达 30 个物种濒危或严重濒危，它们的生存依赖于少数几个往往未受到保护的地点。为拯救依赖潮间带的越冬迁徙鸟类，剩下的所有东亚海洋潮间带都至关重要。	H	H	H	H	M	M	M
8. 热浪群岛和毗邻区域 ● 所在地：热浪岛位于瓜拉丁加奴东北方约 45 千米（24.28 海里）处。热浪岛表面积约为 2483.58 公顷，是热浪群岛的九个岛屿中最大的一个。群岛位于北纬 5.432892°、东经 102.590453°和北纬 5.491049°、东经 103.030282°之间。 ● 马来西亚珊瑚礁现状核查项目 2014 年的研究显示，热浪岛周围的珊瑚礁状态“良好”，活珊瑚覆盖率为 58.13%。根据最近的海洋生物研究，热浪岛被认为是马来半岛东部大多数海洋生物多样性的种源。丁加奴海滩为玳瑁、棱皮龟和濒危的绿甲海龟提供了筑巢地。马来西亚共有 78 个海龟筑巢地，其中丁加奴海滩有 36 个。海龟在丁加奴的每一处海滩登陆，但筑巢地集中在热浪岛、停泊岛、帕纳里克、兰道阿邦、北加、格里加和基加勒。	M	H	H	H	—	M	L
9. 马六甲海峡南部 ● 所在地：本区域包含马来西亚森美兰州至印度尼西亚廖内群岛的水域和海滩，包括了现有的海洋保护区、海龟筑巢区以及海龟觅食区。本区域北界为东经 101.6°、北纬 2.42°，南界为东经 104.98°、北纬 0.57°。 ● 本区域的独特性在于它是夹在苏门答腊岛和马来半岛之间的狭窄浅海水域，与新加坡海峡和廖内群岛相连。此处是极少的玳瑁存活种群的重要觅食和筑巢地。邻宜河为濒危的咸水泥彩龟和巨河龟提供了重要栖息地。本区域的海草床、河口和红树林拥有丰富的海洋资源。	H	H	H	H	M	M	L

续表

区域所在地及其简要描述	C1	C2	C3	C4	C5	C6	C7
	见附件2表格图例						
10. 尼诺科尼斯桑塔那国家公园 • 所在地:本区域位于南纬8.2700°和东经127.2000°,面积为1236平方千米。 • 本区域拥有丰富的海洋多样性,包括鲨鱼、珊瑚鳟鱼(鳃棘鲈种)和高度濒危的苏眉鱼(波纹唇鱼)以及聚集在本区域珊瑚礁周围的其他海洋物种。	M	M	H	M	M	H	M
11. 上泰国湾 • 所在地:本区域位于北纬13.239994°,东经100.2750783°,面积为9565平方千米,海岸线绵延400千米。本区域包括泰国春武里府、差春骚府、沙没巴干府、曼谷市、沙没沙空府、沙没颂堪府和碧武里府的沿海地区。 • 本区域有一系列栖息地和高度的生物多样性。本区域有红树林森林、大型底栖动物群、浮游植物和浮游动物以及鱼类、鸟类(红树林鸟类和迁徙鸟类)和濒危海洋物种,如玳瑁、绿甲海龟、伊洛瓦底江豚、江豚、中华白海豚、印太洋宽吻海豚和布氏鲸。本区域的沿海水域是布氏鲸的觅食、交配和养育场所。	M	H	H	M	M	M	L
12. 下龙湾–吉婆石灰石岛群 • 所在地:下龙湾–吉婆石灰石岛群海域位于越南海防市东京湾东北部的近岸地区,包括白土长湾国家公园、下龙湾世界自然遗产、吉婆岛国家公园、吉婆岛生物圈保护区和海洋公园以及龙舟岛,总面积为15.783公顷,海洋区域为9.658公顷。 • 下龙湾–吉婆石灰石岛群海域拥有2400个独具特色的石灰石岛和小岛,还有特别的岛屿岸礁。它包含非常多样的沿海和海洋栖息地和生态系统,包括珊瑚礁、海草床、红树林、沙滩和珊瑚滩、硬底和软底和底层、潮汐湿地、喀斯特盐湖、岸湾、海湾、喀斯特洞穴、海底喀斯特谷地、喀斯特漏斗、喀斯特井、河床石和浅水区域。还有极为多样的物种,包括浮游植物、浮游生物、软体动物、甲壳动物、海洋鱼类、爬行动物、蛇类、海龟和哺乳动物。	H	H	H	H	M	H	M
13. 刁曼海洋公园 • 所在地:刁曼海洋公园群岛由九个岛组成,是马来半岛42个海洋公园中最大的。该区域位于东经104.11°和北纬2.47°。群岛长19千米,宽11千米,海域面积为25,115公顷。 • 2014年开展的一项研究显示,该区域的珊瑚状况良好,活珊瑚覆盖率为60%,26%状况极佳,37%状况优良。刁曼岛下潮带的海草场为在马来半岛东海岸各岛屿间游弋的儒艮提供了良好的庇护所。在这里发现了一些罕见和重要的物种,如黑条蓝鱼,此外,还发现了17种世界罕见的物种。	H	H	H	M	M	H	M

续表

区域所在地及其简要描述	C1	C2	C3	C4	C5	C6	C7
	见附件2表格图例						
14. 高龙岛海洋国家公园 • 所在地:本区域位于北纬10.35749°,东经103.175536°,包括柬埔寨沿海城镇西哈努克港外海25千米的高龙群岛周围的78平方千米海域。 • 本区域包括珊瑚礁和海草栖息地,支持了区域内数量庞大的几种海洋哺乳动物,包括儒艮、伪虎鲸、长吻真海豚、点斑原海豚、侏儒飞旋海豚、印度-太平洋宽吻海豚和印度-太平洋驼海豚。还支持了3种全球濒危的海龟,即绿甲海龟、玳瑁和棱皮龟。	L	M	H	H	M	M	M
15. 兰比海洋国家公园 • 所在地:本区域位于缅甸德林达依省博宾镇。 • 本区域是缅甸43个保护区之一,是该国唯一的国家海洋公园,位于丹老群岛,这个群岛由800多个岛屿组成,沿安达曼海海岸线绵延600千米。本区域拥有多个重要的生态栖息地,包括红树林森林、珊瑚礁和海草,是软体动物、甲壳动物、棘皮动物和鱼类,以及绿甲海龟和儒艮等以海草为食物的濒危物种及在潮间带和潮下带觅食的各种鸟类的重要栖息地。	M	H	H	M	M	H	L
16. 拉贾安帕特群岛和极乐鸟半岛北部 • 所在地:本区域位于印度尼西亚东部的巴布亚岛西北部。地处东南亚赤道附近,是珊瑚三角区的中心,包括无数小岛和珊瑚礁。拉贾安帕特群岛由四个主岛和数百个其他小岛组成,位于极乐鸟半岛海景的西侧。拉贾安帕特群岛和极乐鸟半岛北部全部突出区域的边界包括俾斯麦所罗门海生态区的两个毗邻区。 • 极乐鸟半岛海景是世界上最重要的生物多样性热点,包括极具多样性的地理地貌、栖息地和海洋物种。本区域地处珊瑚三角区的中心,是全球热带浅水海洋生物多样性的集中区,有超过600种珊瑚和1638种珊瑚鱼。本区域因具有非常丰富和多样的礁石栖息地和种群而为人所知,为金枪鱼提供了觅食地,为棱皮龟提供了繁殖地。强烈的洋流生成了拉贾安帕特群岛的地方旋流和湍流,使珊瑚幼虫能够在礁石之间良好连通,有助于珊瑚礁的高复原力。本区域对海龟和鲸鱼等多种濒危物种的生命历史阶段具有重要意义,还拥有许多特有物种。	H	H	H	M	H	H	H

续表

区域所在地及其简要描述	C1	C2	C3	C4	C5	C6	C7
	见附件2表格图例						
17. 阿陶罗岛 • 所在地：本区域位于东帝汶帝力市以北约27千米，面积约为144平方千米。 • 本区域是阿陶罗岛和东帝汶之间的大洋海峡内的海洋巨型动物群的家园。阿陶罗岛具有高度生物多样性，在其周围朝印度尼西亚阿洛岛方向发现了被称为休氏鹦鹉鱼的新物种。阿陶罗海域也被视为在印度洋和太平洋生活和迁徙的儒艮的热点地区。	M	M	M	M	M	H	L
18. 苏禄－苏拉威西海洋生态区 • 所在地：正好在赤道上方，面积为1,003,526平方千米。 • 本区域地处印度洋－西太平洋珊瑚三角区的顶点，位于全球海洋生物多样性的中心，拥有最多的珊瑚和热带珊瑚鱼多样性。	H	H	H	H	H	H	L
19. 班哈姆隆起 • 所在地：东经123.30°～126.00°和北纬17.42°～15.36°之间。 • 本区域是吕宋岛东海岸外相对原始的海底高原，面积为1300万公顷。该地对近海荧光珊瑚礁生物多样性和渔业可持续性来说具有极其重要的生态意义。除了是重要的生物多样性来源和有助于濒危生态系统的复原力以外，本区域也是太平洋蓝鳍金枪鱼的唯一已知产卵区。	H	H	H	M	—	M	H
20. 北海道东部 • 所在地：本区域位于北纬42.9°～45.4°以及东经144.3°～145.8°之间，包括知床半岛周围的岩岸；根室海峡的沿海和泻湖区域；根室半岛、齿舞群岛和色丹岛周围的岩石栖息地；东太平洋海岸的岩岸和河口。 • 本区域拥有日本最原始的自然生态系统。这里的海洋生态系统受到亲潮寒流和冬季冰封的强烈影响，使此地成为特别适应寒冷气候的海洋物种的家园。本区域有各种生态系统类型，包括咸水河口和泻湖、潮间坪、潮间岩岸、海藻床和巨藻森林。	H	H	M	H	H	M	H
21. 南西诸岛 • 所在地：位于北纬23.9°～28.7°以及东经122.8°～130.2°之间，由奄美岛、冲绳岛、庆良间诸岛、宫古列岛和八重山诸岛组成。 • 日本南西诸岛包括奄美群岛、冲绳列岛、庆良间诸岛、宫古列岛和八重山诸岛，属于亚热带地区，有岸礁、堡礁和环礁。大多数区域的礁石上有红树林和海藻床，栖息地绵延的海景生活着各种各样的动物群和植物群，包括许多特有物种。	H	H	H	H	H	H	H

续表

区域所在地及其简要描述	C1	C2	C3	C4	C5	C6	C7
	见附件2表格图例						
22. 九州西部内海区域 • 所在地:位于北纬31.9°~33.2°以及东经129.9°~130.7°之间,包括有明海、天草和八代海。 • 本区域因大型潮幅而独具特色。有明海和八代海水域内部有广阔的泥滩。在这些潮间坪中出现了属于不同生物分类群的底栖生物及特有物种。本区域的外海岸有各种潮间和潮下栖息地,包括岩岸、海藻和海草床以及温带珊瑚群落。	H	H	H	M	M	H	M
23. 四国岛和本周岛南部沿海区域 • 所在地:位于北纬32.7°~35.4°以及东经132.2°~139.9°之间。 • 本区域受到黑潮暖流的显著影响,拥有底栖植物群和动物群。开放的沿海区域主要是岩岸,突出岬角后的半封闭海湾是软底底栖生物的适宜栖息地。大部分地方还有温带珊瑚群落。	H	H	M	H	H	H	M
24. 包括屋久岛和种子岛的南九州 • 所在地:位于北纬30.1°~31.8°以及东经130.3°~131.2°之间。 • 本区域位于温带最南部,周围是许多温带海洋物种的南界。拥有各种栖息地,包括暴露海岸的潮间岩岸和潮下海藻床,海湾内侧的海藻床以及种子岛和屋久岛的温带珊瑚礁。	M	M	M	M	M	H	M
25. 小笠原群岛 • 所在地:位于北纬27.8°~26.5°及东经142.0°~142.3°之间。 • 拥有多种特有物种。2011年,整个区域被宣布为教科文组织世界遗产地。沿海区域位于亚热带气候区,有着大洋岛屿特有的生长良好的珊瑚礁,本群岛也被公认为是海鸟群落的重要产卵地。	H	H	H	L	H	H	H
26. 兵库县、京都府、福井县、石川县和富山县北部海岸 • 所在地:本区域位于北纬35.4°~37.6°,东经134.5°~137.4°之间。包括竹野海岸和圆山河口、若狭湾、越前和加贺海岸、能登半岛外海岸以及七尾湾和富山湾南部的毗邻水域。 • 本区域的地形多样,包括沙坪、风化岩岸、复杂里亚斯式海岸、半闭合内湾,最特别的是富山湾的深底,导致局部上涌和海岸周围的高生产力。	M	H	M	M	H	M	M

续表

区域所在地及其简要描述	C1	C2	C3	C4	C5	C6	C7
	见附件2表格图例						
27. 琉球海沟 ● 所在地:位于琉球群岛以南,北纬26.6°、东经130.1°和北纬22.7°、东经122.9°之间。 ● 本区域是菲律宾板块和亚欧板块的交界处。琉球海沟5802~5808米、1400~1500米和636~812米水深的斜坡上包含重要的化能合成生态系统,是6个特有物种的家园。	H	H	M	H	L	L	H
28. 西千岛海沟、日本海沟、伊豆－小笠原海沟和北马里亚纳海沟 ● 所在地:位于北纬42.1°、东经146.8°和北纬23.2°、东经141.1°之间。 ● 大洋海沟(水深超过6000米的地方)是独特的栖息地。西太平洋的海沟栖息地(从千岛海沟到马里亚纳海沟)尤其发展良好,生活在这种生态系统中的物种仅与一种或两种渗流有关。因此,海沟内的物种是特有的、脆弱的和容易灭绝的。因为极端遥远,到现在为止,海沟环境的自然状态得到了很好的保护。	H	H	M	H	L	L	H
29. 南海海槽 ● 所在地:位于日本本州岛以南,在北纬35.1°、东经138.8°和北纬29.5°、东经130.4°之间。 ● 本区域由于存在许多甲烷泉,水深270~4800米处发现了大量化能合成生物群落。本区域总物种数量的50%以上是特有物种。渗流场的底内无脊椎动物(如巨蛤)的密度更高。	H	H	M	H	—	H	L
30. 相模海槽和伊豆－小笠原岛屿和海底山群 ● 所在地:本区域位于日本本州岛以南的西太平洋,在北纬35.8°、东经141.6°和北纬26.5°、东经138.6°之间。 ● 本区域包括东京海底峡谷、从相模湾和骏河湾陡然下降的海底峡谷以及在相模海槽、房总半岛、大岛之间横跨330千米的相模海沟,南至明神礁、水曜海山、木曜海山和海形海山。	H	H	H	H	H	—	H
31. 本州以东对流区 ● 所在地:本区域位于日本本州岛北部以东,北纬41.2°、东经145.3°和北纬35.9°、东经140.8°之间。 ● 本区域是亲潮洋流(寒流)和黑潮洋流(暖流)的交汇处。这种复杂的前沿结构构成了温水和冷水漩涡。此外,三陆海岸外的津轻洋流(暖流)造成非常复杂的海洋学特征。浮游动物(特别是磷虾)很丰富。该区域为热带动物提供了重要的觅食区,大洋鱼类和哺乳动物的密度非常高。本区域还是重要的海鸟觅食地。	H	H	H	L	H	H	L

续表

区域所在地及其简要描述	C1	C2	C3	C4	C5	C6	C7
	见附件 2 表格图例						
32. 蓝鳍金枪鱼产卵区 • 所在地：本区域位于流向日本南部的黑潮暖流上界，在北纬 30.1°、东经 130.7°至北纬 23.0°、东经 122.5°。 • 黑潮洋流亚热带区的海水来自南西(冲绳)诸岛，黑潮洋流向北流向九州岛南部海岸，与珊瑚三角区相连，为蓝鳍金枪鱼提供了主要的产卵场。	M	H	H	H	M	H	M
33. 九州－帕劳海岭 • 所在地：本区域起始于九州岛东南侧都井岬东南方，南抵帕劳近海。分隔了四国和西马里亚纳海盆和菲律宾海盆，在北纬 31.1°～17.0°和东经 137.1°～132.4。 • 九州－帕劳海岭是洋底地形，包括许多死火山(主要在海平面下)链。本区域发现了 213 种鱼类，14 种是科学界新发现的鱼类。还在本区域发现了独特的深海蝴蝶鱼。本区域有白斑海鳗的产卵场。	H	H	—	—	—	H	H
34. 本州以南的黑潮洋流 • 所在地：本区域位于日本九州岛南部和东南部海岸，四国岛和本州岛以南，在北纬 35.9°、东经 141.8°和北纬 30.0°、东经 129.9°之间。 • 黑潮暖流与九州岛、四国岛和本州岛海岸平行。因为海洋学环境复杂，该区域生物多样性程度高，是重要的商业鱼类和乌贼物种特别重要的产卵场。本区域也是江豚的繁殖地。据称本区域有三种濒危鱼类。	H	H	M	L	H	H	L
35. 本州东北部 • 所在地：本区域包括日本陆奥湾、原隆太泻湖湖岸和三陆里亚斯式海岸潮间带和潮下带底部，位于北纬 38.2°～41.6°及东经 140.6～142.2°。 • 本区域是生产力高的海区，受三种不同类型的洋流的影响，如亲潮寒流、黑潮暖流和津轻洋流。本区域有多种海洋生物群，包括适应冷温和暖温的物种。本区域有各种沿海栖息地类型，包括潮汐滩、泻湖和潮间区的潮间带岩岸以及潮下带水域的海草床(主要是巨藻和马尾藻)。	H	H	H	H	H	M	H

续表

区域所在地及其简要描述	C1	C2	C3	C4	C5	C6	C7
	见附件2表格图例						
36. 南西诸岛斜坡的热液生物群落 • 所在地:南西诸岛西斜坡,位于冲绳海槽西侧。 • 本区域发现了许多化能合成生态系统地点,是热液生物群落和渗流群落的家园。本区域的大型和巨型动物群的数量是几个深海化能合成区域中最多的。本地区发现的特有物种也很多,68%的物种是本地区特有的。由于不可进入,本区域仍保持了自然景观和环境。	H	H	—	H	H	H	H

附件2-6 对南印度洋符合具有重要生态或生物意义的海洋区域标准的区域的描述〔1〕

海域的地理位置及概述	C1	C2	C3	C4	C5	C6	C7
	见附件2表格图例						
1. 厄加勒斯浅滩繁殖区 • 位置:南纬34°~36°和东经20°~23°。整个地区位于南非领海和专属经济区内。 • 作为一个产卵场和繁殖区,它是许多暖温带物种的聚集中心,其中包括一些地方性的鲷科鱼。北方狭窄大陆架上物种产卵的唯一暖温带育苗区,对物种的保留、补充和喂养非常重要,丰富的底栖桡足类群落提供了丰富的食物来源。该地区包括极度濒危的淤泥泥生境和支持冷水珊瑚群落的独特知名火山近海珊瑚礁。本区域内有濒危岩礁鱼类——南非强齿鲷的产卵聚集区。这个区域已被两个系统的规划举措确定为重要的生境。	H	H	H	M	M	M	M
2. 厄加勒斯的斜坡和海底山 • 位置:位于南部非洲大陆架边缘南端的厄加勒斯浅滩制顶端,范围:南纬35°~38°和东经21°~23°。 • 厄加勒斯浅滩南端的外围是大片生产率高、多为浮游和底栖生境异质性的近海区域。厄加勒斯和本格拉南部生态区域在这里交汇,大陆架边缘零星的上升流提高了外围的生产能力。该地区是沙丁鱼、凤尾鱼、竹荚鱼和鳕鱼的产卵区。厄加勒斯浅滩的这个区域被视为重要的产卵区。这里的漩涡帮助近海水实现再循环,并将重要的繁殖区与大陆架边缘的产卵生境连接起来。由于其丰富的生境多样性,南非国家空间计划将这个区域认定为重点区域。	M	H	M	H	H	H	H

〔1〕 详细内容载于《促进描述具有重要生态或生物意义的海洋区域的南印度洋区域讲习班报告》附件四的附录,UNEP/CBD/RW/EBSA/SIO/1/4。

续表

海域的地理位置及概述	C1	C2	C3	C4	C5	C6	C7
	见附件2表格图例						
3. 伊丽莎白港的近海地区 • 位置:南非专属经济区内伊丽莎白港上斜坡的海岸线(南纬33°~35°和东经25°~27°)。 • 该区域包括空间范围有限的一些罕见的生境类型,被认为是支持重要生态过程的一个重要的底栖和浮游区。这里是海鸟(包括濒危的非洲企鹅)的繁殖和觅食区,其中还包括产卵区、繁殖区以及底栖和远洋鱼类的重要流经通道。这里也是濒危棱皮龟的生活区。潜在的脆弱生境和物种包括海底峡谷、陡峭的大陆架边缘、深礁、外陆架及大陆架边缘砾石,以及100~1000米深海中的造礁冷水珊瑚。	M	H	H	M	H	H	L
4. 霸王花海堤和沙丁鱼路线 • 位置:南纬30°~32°和东经30°~31°。 • 这个区域包括几种鱼类的重要迁移路线(又称沙丁鱼迁移)和生境非常复杂的离岸区。底栖生物特性包括一个独特的深水暗礁系统(称为霸王花海堤)、陡峭的大陆架边缘和斜坡,以及四个海底峡谷。沙丁鱼迁移是顶级觅食捕食者,包括海鸟、哺乳动物、鲨鱼和游钓鱼类等的临时特性。据称,霸王花海堤是石首鱼科和鲷科鱼的聚集产卵区。	H	H	M	M	M	M	L
5. 纳塔尔湾 • 位置:南非东海岸,邓福德港到尤姆杰奈河近岸,绵延2000米,包括图盖拉河岸、纳塔尔湾繁殖区、大陆架边缘和上游深海区。 • 纳塔尔湾对许多生态过程,包括陆海洋连接、幼虫保留和补充都很重要。这里有罕见的生境类型,大量冷水经厄加勒斯推动的上涌流入大陆架,来自图盖拉河的大陆径流对淤泥和其他未固结沉积物栖息地的维护非常重要。浑浊和营养丰富的环境对甲壳类动物、底栖鱼类、洄游性鱼类、海龟和鲨鱼以及某些濒危生物的生命阶段非常重要。潜在脆弱的海洋生态系统和物种包括海底峡谷、冷水珊瑚和生长缓慢的鲷科鱼。	M	H	H	M	H	L	L
6. 科马提河到蓬塔-杜欧鲁(莫桑比克南部) • 位置:科马提湾。这个区域涵盖科马提河口马普托湾、拉戈阿湾、巴斯-达纳区域、伊尼亚卡岛南端到蓬塔-杜欧鲁的整个海岸线和公海(莫桑比克和南非夸祖鲁-纳塔尔省之间的边界)。 • 虽然这里面积非常小,但却蕴含多样性非常丰富的不同类群,包括具有商业意义的渔业和虾。海湾也是受到特殊关注的几种物种的栖息地,如儒艮、海豚、三种龟(棱皮龟、蠵龟和绿龟)、鲨鱼、鲸鱼、海马、濒危双壳类和脆弱的海草丛生大叶藻。伊尼亚卡岛是南部非洲所有鸟类中33%的鸟类的栖息地。该地区是伊尼亚卡岛和马昌古罗半岛海洋和陆地储量的所在地。	M	M	H	M	H	H	M

续表

海域的地理位置及概述	C1	C2	C3	C4	C5	C6	C7
	见附件2表格图例						
7. 德拉诺大陆架边缘、峡谷和斜坡 • 位置：南纬26°~29°和东经32°~34°。这一区域涵盖目前马普塔兰南部、北部和海岸以及伊西曼格利索湿地公园的圣卢西亚海洋保护区。 • 该地区是濒临灭绝的棱皮龟的重要海上栖息地，其中包括座头鲸的一条重要的迁徙路线、公牛鲨的繁殖区、鱼（特有的鲷科鱼）和鲨鱼的产卵区以及腔棘鱼、海洋哺乳动物和鲨鱼等其他濒危物种的栖息地。潜在的脆弱海洋生态系统包括许多海底峡谷、古海岸线、深礁和硬陆架边缘，而硬陆架边缘的造礁冷水珊瑚也在水深超过900米处恢复。这里是鲸鲨的季节性饲养区。	M	H	M	M	M	H	H
8. 萨韦河到蓬塔－圣塞瓦斯蒂安（莫桑比克中部） • 位置：巴扎鲁托群岛距离莫桑比克海岸20千米，位于南纬21.30°~22.10°和东经35.22°~35.30°。 • 此区域主要涵盖巴扎鲁托群岛，该群岛是东非儒艮种群最多的地区，也是一个海洋保护区。这一地区有许多大巨型动物，如儒艮、海龟、海豚和马林鱼，以及海草草地和红树林。	H	H	H	M	H	H	H
9. 莫伦贝内到扎沃拉角湾（莫桑比克南部） • 位置：西北入口处到伊尼扬巴内湾。该区域包括伊尼扬巴内湾、半岛、从托佛到扎沃拉角（包括波梅内和潘达内区域）。 • 这一区域拥有丰富的巨型动物，主要是被称为世界最大种群的暗礁鱼、巨型蝠鲼和鲸鲨。这里还有儒艮、五种龟、珊瑚礁（其中一个独特），以及海草床面积宽广的红树林，主要集中在莫伦贝内和伊尼扬巴内湾。	H	H	H	M	H	H	L
10. 克利马内到祖尼河（赞比西河三角洲） • 位置：该地区从河吉兆河一直延伸到南部的祖尼河（欣代中间，三角洲主要分支到贝拉市）。 • 本区域是莫桑比克最大也是产量最高的渔业水域。渔业区的产量同赞比西河三角洲广袤的红树林直接相关。这片红树林是东非最大的红树林，面积约为100,000公顷。	H	H	M	L	H	—	M
11. 阿古拉斯锋 • 位置：东经20°~83°和南纬36°~44°。位于印度洋内国家管辖范围以外的海洋区域。 • 这里生物群物种非常丰富，包括稀有和濒危物种，如南方蓝鳍金枪鱼、南露脊鲸、鳍足类动物和海鸟，包括特有的极度濒危阿姆斯特丹信天翁。	H	H	H	M	H	M	L

续表

海域的地理位置及概述	C1	C2	C3	C4	C5	C6	C7
	见附件2表格图例						
12. 坦噶腔棘鱼海洋公园 • 位置：位于南纬5.0337°和东经39.1441°、南纬5.2413°、东经39.0812°、南纬5.2139°和东经39.0155°以及南纬5.0321°和东经39.0321°之间。 • 坦噶腔棘鱼海洋公园有腔棘鱼。腔棘鱼是世界上最稀有、最神秘的深海鱼，之前曾认为已经灭绝。科学研究和在该地区使用遥控录像仪显示，腔棘鱼生活在150～200米水深的洞穴中。	H	L	H	M	L	M	L
13. 奔巴－希莫尼－基西特 • 位置：南纬4.50°～5.30°。 • 奔巴海峡生活着各种鱼类，包括中上层鱼、海龟、海豚、海牛和鲸鱼。基西特－姆彭古蒂区位于肯尼亚南部海岸的希莫尼区域，包括肯尼亚最大的禁捕区（28平方千米）基西特海洋公园和附近肯尼亚最小的保护区（11平方千米）姆彭古蒂海洋保护区。这里的海洋物种丰富，包括珊瑚、珊瑚鱼和海龟，也是珍稀特有物种椰子蟹的重要生活区。基西特岛是一个重要鸟类栖息地，这里生活的许多物种，如乌燕鸥和数量庞大的凤头燕鸥和粉红燕鸥，这里有范围广泛的栖息地，包括红树林、珊瑚礁、海草床和近海水域，这被认为是重要的鱼类育苗场。	H	M	M	M	M	M	L
14. 普里梅拉斯岛和塞贡达斯岛 • 位置：南纬14.2°～18°和东经38°～41.5°。 • 这里的生产量很高，拥有原始的珊瑚礁。它也包括圣拉扎罗的渔场（安戈谢南部到纳卡拉/莫桑比克岛）。白克索－平达是莫桑比克复杂泻湖和潮间独特沿海区域的典型。这里生活着独特的鱼类和特有的微藻物种长心卡帕藻。此外，纳卡拉和莫桑比克岛附近有几个海底峡谷。	M	M	M	M	M	H	M
15. 桑给巴尔岛（安古迦岛）－萨阿达尼 • 位置：南纬5.50°～6.9°和东经38.7°～39.8°。 • 这里生活着重要生物物种，如鲨鱼、海豚、儒艮、虾和海龟。该地区是许多鳍鱼类和甲壳类动物的栖息地，也是著名的沿海旅游风景区，这是因为这里深受珊瑚、鳍鱼类和贝类喜爱，生物多样性非常丰富。	M	M	M	M	M	M	M
16. 鲁菲吉－马菲亚－基卢瓦 • 位置：南纬7.1°～9.0°和东经39.2°～40.6°。 • 这里生活着数量庞大的各种濒危海洋物种，如儒艮、海龟、腔棘鱼和其他鳍鱼、甲壳类动物和鸟类。在马菲亚、基卢瓦和鲁菲吉河三角洲海岸发现了连绵不绝的最大红树林区。	M	M	M	M	H	M	M

续表

海域的地理位置及概述	C1	C2	C3	C4	C5	C6	C7
	见附件2表格图例						
17. 瓦塔穆区 • 位置:东经39.9°、南纬3.5°及东经40.2°、南纬3.3°。 • 这一地区的栖息地包括潮间带岩石、沙子和泥巴、裙礁和珊瑚园、珊瑚崖、沙滩和米达河红树林。海洋生物包括鱼、海龟、儒艮和螃蟹。这一地区周围部分是米达河森林,有非常丰富的红树林物种,包括角果木、红茄苳、木榄、白骨壤和杯萼海桑。这些栖息地为各种留鸟和候鸟种提供栖息地。	M	M	M	M	M	M	M
18. 奔巴湾－姆特瓦拉(莫桑比克海峡的一部分) • 位置:莫桑比克北部的奔巴岛湾,距鲁伍马河口和坦桑尼亚南部姆特瓦拉－姆纳兹湾的珊瑚礁系统400千米。 • 该群岛是该地区(以及莫桑比克北部)珊瑚最多的地区,拥有60个类别的近300个珊瑚。富有魅力的物种包括海龟、海牛和大象及许多珍稀特有植物物种。	H	M	M	H	H	H	L
19. 莫桑比克海峡 • 位置:该地区横跨莫桑比克海峡,从坦桑尼亚南部的姆特瓦拉到马达加斯加的东北角,向南延伸到马达加斯加的东南端和南非的圣西亚灯塔。 • 莫桑比克海峡拥有全球独有的涡流和环流,形成了印度洋西部边界的庞大西边界流厄加勒斯暖流。海峡的独特涡流动态和马达加斯加高原的上升流形成了联系紧密、非常丰富的浅水底栖和浮游海洋生物群落,影响珊瑚礁、浮游生物和浮游群落的生产力、动物区系群体,包括大型鱼类、海龟、海鸟和海洋哺乳动物的空间和时间活动。	H	H	H	H	H	M	H
20. 法属印度洋诸岛(莫桑比克海峡的一部分) • 位置:法属印度洋诸岛横跨非洲东海岸延伸到马达加斯加东海岸之间的莫桑比克海峡。 • 这些岛屿相距遥远,在很大程度上仍然完好无损,自1972年以来受到保护,是具有重要保护价值的地区。它们是迁徙物种,如海龟、海洋哺乳动物和海鸟的重要栖息地,也是重要的繁殖和觅食区。这里对一些海龟和群居的幼鲨(直翅真鲨)非常重要。	H	H	M	H	H	M	H

续表

海域的地理位置及概述	C1	C2	C3	C4	C5	C6	C7
	见附件 2 表格图例						
21. 拉穆－基温加区域 • 位置:这一区域覆盖东经 40.3°、南纬 3.2°及东经 41.9°、南纬 1.5°的地区。 • 肯尼亚东北部、毗邻索马里边界的印度洋海岸地区拉穆区的红树林和潮滩生境非常出名,因为这里是东非整个海岸沿线最广泛且物种丰富的地区。它们在生物多样性、气候保护(蓝炭)、渔业、自然旅游和沿海保护方面具有宝贵价值。	M	M	M	M	M	M	L
22. 沃尔特斯浅滩 • 位置:南纬 33.09°～33.16°和东经 43.49°～43.56°。 • 沃尔特斯浅滩陡峭,呈锥形,平顶(最小深度 15 米)覆盖有破碎和锯齿形的珊瑚礁,尤其是漫长的外边缘。确定的底部等深线为 800 米。它们是最近提到的大螯虾十足目龙虾已知的唯一栖息地,沃尔特斯浅滩浅水鱼类区系的 30%～40% 为岛屿和海山西风链某些地方所独有。	H	M	L	L	L	M	H
23. 珊瑚海山和断裂带特征 • 位置:南纬 41.00°～41.40°和东经 42.10°～43.10°。 • 该地区是亚南极水域已知的唯一冷水珊瑚礁栖息地。这是在西南印度洋的一个独特区域,其中包括大片陡峭的地形,从 300 米深的珊瑚海底山的海底山山顶一直延伸到 5200 米水深处相邻的深海海沟/断裂带特征区域的底部,距海底山西部只有 10 千米。该地区是冷水珊瑚礁和珊瑚园,是各种相关动物群,包括各种无柄(珊瑚、海绵)和移动(东方扁虾、棘皮动物)的聚集区。此外,与海底山相关的浮游生态系统不同于曾研究过的亚南极锋以北的海底山。特别是珊瑚海底山生活着数量众多的浮游长尾鳕科鱼。	H	M	—	H	—	H	M
24. 莫桑比克海峡北部 • 位置:姆特瓦拉南部到坦桑尼亚南部;莫桑比克北部、马达加斯加西北部和东北部、科摩罗群岛、塞舌尔南部,包括阿尔达布拉群岛、普罗维登斯高原和法夸尔以及法国海外领土马约特岛和格洛里厄斯群岛。 • 莫桑比克海峡北部可作为一个同质的生态生物地理单元,其特征是环流和涡旋波涛汹涌,促进岛屿彼此紧密相连。同这些涡流和环流运动有关的涌流模式导致最丰富的生物多样性集中在该区域的这一地区。	H	H	H	H	H	H	L

续表

海域的地理位置及概述	C1	C2	C3	C4	C5	C6	C7
	见附件 2 表格图例						
25. 莫埃利海洋公园 • 位置:南纬 11.20°~13.04°和东经 43.11°~45.19°。 • 是区域和国际层面具有代表性的许多物种和生态系统的栖息地。莫埃利海洋公园是这个群岛的绿海龟的第一个筑巢地,是座头鲸的重要繁殖区和儒艮的避难所。	M	H	H	H	H	H	H
26. 爱德华王子岛、德尔卡诺海隆和克罗泽群岛 • 位置:南纬 43°~48°和东经 32.73°~55°。 • 它是许多濒危鸟类的觅食和繁殖区,对陆海连通和海洋生物分布特征之间的联系非常重要。这里有相当大的浮游和底栖生境异质性,其中可能有敏感的生境和脆弱的物种,包括暗礁形成的冷水珊瑚。这个区域的生境包括海底山、转换断层和海底破裂带、深壕、热液喷口、深海平原和若干深海栖息地。	H	H	H	H	H	H	H
27. 马达加斯加岛南部(莫桑比克海峡的一部分) • 位置:水深 1000~2500 米的大片深海底高原或山脊,从马达加斯加南向南延伸至近 1000 千米的距离。 • 该地区食物丰富的水域是该地区迁徙频繁的物种,包括海鸟和鲸类动物的重要觅食地。这里有大型海岸沙丘、泻湖和海边养殖池,形成了独特的沿海生境和湿地。这个区域的浅层底栖生物群落主要是硬质沉积群落,四周有小型孤立的珊瑚礁。	H	H	H	M	H	H	H
28. 特罗姆林岛 • 位置:大约在留尼旺岛西北部 580 千米(东经 54.31°,南纬 15.53°)。 • 由于不易接近,科学知识不多,将罗姆林岛所保护的是极少数类群。特罗姆林岛是绿海龟在西印度洋最重要的筑巢区之一。已在该区域的珊瑚和鸟类中发现遗传隔离现象,这也使这个海岛具有非常的保护意义。此外,该地区是本区域两类稀有的蠕鲛珊瑚的栖息地。	H	H	H	H	H	H	H
29. 马赫岛、阿尔丰斯和阿米兰特高原 • 位置:东经 50.00°~58.00°和 0.00°~南纬 10.00°。 • 这里生物多样性非常丰富,是鲸类动物的繁殖、觅食和育苗区,并为这些物种提供了迁徙路线,是上层鱼类,尤其是金枪鱼和鲨鱼物种的重要觅食地。珊瑚礁和红树林是这一区域的特色,为鱼类产卵和饲养提供了重要场所,而红树林帮助减少沉降和珊瑚礁的流失。高原提供繁殖和觅食地,帮助保护海鸟。这里是绿海龟和玳瑁的重要筑巢地。	H	H	H	M	H	H	L

续表

海域的地理位置及概述	C1	C2	C3	C4	C5	C6	C7
	见附件2表格图例						
30. 亚特兰蒂斯海底山 • 位置:南纬32.28°~32.48°和东经57.12°~57.20°。 • 一个活动构造的海山/平顶海山/沉没的岛屿,地貌复杂,这一地区深度为700~4000米,生活着各种各样的深海动物群。海底山有各种珊瑚园和复杂的海崖深海群落,其代表是大海葵、扶手椅大小的海绵和八放珊瑚。海底山生活着大洋拟五棘鲷和金眼鲷。	H	M	H	H	M	H	M
31. 蓝湾海洋公园 • 位置:蓝湾海岸公园位于毛里求斯东南部,从北部的军团港延伸到南部的瓦科阿岛。 • 在公园里找到两种类型的珊瑚礁:裙礁和补丁礁。这里有非常丰富的珊瑚物种,至少有28属、15科的38种不同的物种。目前公园里有商业物种和许多岩礁鱼类,包括那些有驯养行为的物种,以及其他海洋动物,包括7种棘皮动物、8种软体动物、4种甲壳类、4种海绵、2种裸鳃类动物、4种海参和1种海龟。	H	H	M	H	—	H	H
32. 撒雅德玛哈浅滩 • 位置:南纬8.30°~12°和东经59.30°~62.30°。 • 撒雅德玛哈浅滩是构成马斯克林高原的三个浅滩中最大的一个浅滩。马斯克林高原非常遥远,仅在最南端有露出水面的土地和小岛,这个高原还没有全球知名度,但大量迹象显示这里有独特的海洋学特征和生境,其中包括世界上最大的海草床和浅水生境、特有物种和大量聚集的海洋哺乳动物和海鸟。	H	H	—	—	H	—	H
33. 斯里兰卡一侧的马纳尔湾 • 位置:这个区域坐落在斯里兰卡的专属经济区和大陆架范围内。 • 这一地区有丰富的生态和生物多样性,是海龟和儒艮的一些濒危物种的栖息地。此外,该地区拥有非常脆弱敏感的沿海生态系统——珊瑚礁、海草床、红树林边的泻湖和河口、泥滩、沙丘和一些河口的入口。在全球范围内,可在本地区找到濒临灭绝的海洋哺乳动物,如蓝鲸和大公儒艮。本区域生物多样性丰富,有鳍鱼、鲨鱼、鳐鱼、虾、龙虾、琵琶虾、海螺、海参和岩礁鱼。重要的天然珍珠床也在这里。	H	H	H	H	H	H	L

续表

海域的地理位置及概述	C1	C2	C3	C4	C5	C6	C7
	见附件 2 表格图例						
34. 印度洋中部盆地 • 位置:该区域位于斯里兰卡南部和东部、马尔代夫、印度洋中部海盆和东经 90°洋脊的一部分。 • 该区域是在西印度洋筑巢的至少四种海鸟的重要觅食地,在南部的冬季期间,鸟儿在季节性浮游生物大量繁殖期间迁徙 3000 多千米到这里觅食。	L	H	M	L	L	M	—
35. 罗斯基 • 位置:南纬 31.20°和东经 94.55°至南纬 31.20°和东经 95.00°、南纬 31.30°和东经 95.00°至南纬 31.30°和东经 94.55°。 • 在断脊中部东经 95°出现的一个小山丘,从山脊的海底基地不断上升,从 1200 米上升到 580 米。这是山脊中央的唯一一个山丘。在山丘上发现了小金眼鲷和伪五棘帆属。已在山丘上进行过拖网捕鱼作业,在捕获量中发现了黑珊瑚(刺胞动物)。这是断脊上已知有黑珊瑚的唯一地区,南印度洋深海捕鱼者协会已宣布该地区为底栖生物保护区。	H	—	—	H	—	—	L
36. 福尔斯平地 • 位置:南纬 31.32°和东经 94.40°至南纬 32°和东经 95.32°、南纬 31.50°和东经 95.38°至南纬 31.24°和东经 94.51°。 • 这一地区位于断垄高原南侧。山脊浅滩中心区域到周围大约 990 米,其南侧急剧下降到 4000 米。山脊的南部边缘有大量冷水珊瑚,高度为 20 ~ 30 米。西南边界似乎有强大的上升流,这无疑为深水珊瑚的生长创造了有利条件。	H	—	—	H	—	—	H
37. 盖奥特东断脊 • 位置:南纬 32.50°和东经 100.50°至南纬 32.50°和东经 101.40°、南纬 33.25°和东经 101.40°至南纬 33.25°和东经 100.50°。 • 这个平顶山侧深高,还是一个局部比重高的区域,位于断脊的东端。它的特点是两侧有无数的滑坡和峡谷,并且似乎侵蚀严重。就目前所知之前未对其进行过描述,也没有在这里进行过拖网行为。认为这里在生物学上是纯净的,并且还没有描述过其海底生物和高度断裂的地形。一些迹象表明,过去某一段时间这里曾高于海平面。这个平顶山的结构同断脊其他地方的结构迥然不同。它的结构长而窄,西侧的地貌复杂,为深水所环绕。	H	—	—	M	—	—	H

续表

海域的地理位置及概述	C1	C2	C3	C4	C5	C6	C7
	见附件2表格图例						
38. 爪哇岛南部 • 位置：南纬12°～17°和东经107°～117°。 • 这一地区是南部蓝鳍金枪鱼已知的唯一产卵区。南部蓝鳍金枪鱼的种群单一，广泛分布在南半球。该物种返回爪哇岛南部地区产卵，产卵发生在9月至次年4月，未成年的南部蓝鳍金枪鱼向澳大利亚西海岸迁移，分散在整个印度洋、太平洋和大西洋。	M	H	H	—	H	—	—
39. 大澳大利亚湾南部 • 位置：位于南澳大利亚的中央海岸。 • 这里是全球几种濒危的海鸟和鱼的重要觅食区，所涵盖的具体生活史阶段包括非繁殖季节来自阿姆斯特丹岛的乌信天翁和来自克罗泽岛的未成年漂泊信天翁。这里还被用于迁移极度濒危的南部蓝鳍金枪鱼。	—	H	H	M	L	—	—

附件2－7　对热带和温带太平洋东部地区符合具有重要生态或生物意义的海洋区域标准的区域的描述[1]

海域的地理位置及概述	C1	C2	C3	C4	C5	C6	C7
	见附件2表格图例						
1. 东北太平洋白鲨海洋聚集区 • 位置：大约北纬23.37°、西经132.71°，半径约为250千米的地区。 • 它是成年大白鲨的季节性聚集区。鲨鱼来自两个沿海越冬区（美国加利福尼亚中部和墨西哥瓜达卢普岛）和夏威夷。鲨鱼一年数月在持久性和可预测的区域聚集，这对于这个群体非常重要，即使在聚集发生的区域中，不知道是否会出现动态海洋学过程，且表层初级生产力低下。	H	H	H	L	L	—	—

[1] 详细内容载于《促进描述具有重要生态或生物意义的海洋区域的热带和温带太平洋东部区域讲习班》的附件四的附录，UNEP/CBD/RW/EBSA/ETTP/1/4。

续表

海域的地理位置及概述	C1	C2	C3	C4	C5	C6	C7
	见附件2表格图例						
2. 克利珀顿环礁 • 位置:克利珀顿岛(北纬10.17°,西经109.12°)位于加利福尼亚州半岛顶端和赤道之间。该地区的界限是根据哺乳类动物蓝脸鲣鸟的觅食区划定的,觅食区位于岛屿200千米内。 • 这是热带太平洋东部的唯一环礁,由于这个原因,它代表了这个区域中特定和独特的生态系统。这里的特有现象是有几个主要类群,如鱼(5%),或甲壳类(6%)。环礁似乎的确被鲨鱼,至少是被白鳍鲨用作繁殖地,世界自然保护联盟将白鳍鲨划入近危物种类别。在全球范围内,这里的蓝脸鲣鸟数量众多,有资格成为禽鸟生命国际组织标准规定的鸟类重点保护区。据估计这里大约有110,000只鸟,其中20,000对在繁殖,这使其成为世界上这一物种的最大栖息地。	H	H	M	M	M	M	M
3. 瓜伊马斯盆地热液喷口保护区 • 位置:这个区域的坐标为最高北纬27.054954°至最低北纬26.572043°;最大西经111.275301°至最小西经111.192488°。在水下500米。 • 由于其靠近海岸,这是一个不寻常的热液系统,那里的高沉积速率在脊轴上形成了大片厚厚的有机化合物丰富的沉积物。瓜伊马斯盆地热液沉积物中含有高度多样化的厌氧嗜热微生物,包括产甲烷菌、硫酸盐还原菌,可能还有甲烷氧化菌。	H	H	M	M	H	H	M
4. 危地马拉西帕卡特－卡尼翁圣何塞海洋生态系统 • 位置:位于危地马拉领海范围内的太平洋东部。 • 其已被作为一个重点区域纳入危地马拉国家保护区系统。该区域受茂密的红树林和河口泻湖的影响,对具有商业重要性的鱼类和海龟、远洋鸟类和鲸类动物等海洋物种的生命周期非常重要。	M	H	H	M	H	H	M
5. 丰塞卡湾 • 位置:丰塞卡湾横跨中美洲与太平洋相关的水域约2015平方千米。它毗邻三个国家:萨尔瓦多、洪都拉斯和尼加拉瓜。 • 该海湾由不同的生态系统组成,其中主要生态系统包括丰塞卡湾的红树林、干燥热带森林、潮间带平原、潮间带和潮下岩石区。几条在此交汇的河流为这块水域带来丰富的营养、污染物和沉淀物。这个海湾还包含不同的岛屿,其中有一些大大高于水平面(>500米)。这一地区是重要的传统捕鱼和贝类水生动物捕捞区。盐业生产和虾类养殖也发生在该地区。	H	M	M	H	—	M	M

续表

海域的地理位置及概述	C1	C2	C3	C4	C5	C6	C7
	见附件2表格图例						
6. 马尔佩洛海岭 • 位置:根据研究划定区域的坐标为北纬1.2924°~5.002°和西经79.4026°~82.4456°。马尔佩洛海岭完全在哥伦比亚太平洋海洋盆中心区的国家管辖范围内。 • 这个区域是特有物种的栖息地,具有丰富的生物多样性。不同种类的海洋哺乳动物和鲨鱼在其各自的部分生命周期生活在这个区域。由于本区域内的渔业资源被过度开发且受到厄尔尼诺现象的影响,这个区域的生态系统极其脆弱。	H	H	H	M	M	H	H
7. 帕帕卡约和毗邻区的上升流系统 • 位置:全年的大小和位置不同,但平均位置约在北纬9°、西经90°,在北赤道流西部和北赤道逆流东部之间。 • 东北部太平洋地区的初级生产力非常高,生活着海洋食肉动物如金枪鱼、海豚和鲸类动物。濒危棱皮龟移栖穿过这片区域,在哥斯达黎加的海滩筑巢。该地区是濒临灭绝的蓝鲸一年生存和恢复的重要栖息地。该地区是蓝鲸特别重要的生活区,冬季期间蓝鲸从加利福尼亚半岛向南迁徙以便繁殖、产仔和喂养。	H	H	H	H	H	—	—
8. 东部太平洋热带地区海洋走廊 • 位置:东部太平洋地区中央。 • 属于这一地区的四个国家(哥斯达黎加、哥伦比亚、厄瓜多尔和巴拿马)已认识到这一地区生物多样性的重要性,已宣布这些地区为联合国教科文组织世界遗产。科学证据表明,该地区的地貌结构具有重要的生物和生态意义,对物种迁徙路线和生命周期(如交配、出生、喂养等)的联系非常重要。该地区对锤头双髻鲨、座头鲸、棱皮龟和榄蠵龟以及鸬鹚、鲣鸟和鹈鹕等鸟类的种群非常重要。	M	H	H	M	M	M	L
9. 赤道高生产力区 • 位置:该开阔洋系统介于赤道两侧的北纬5°和南纬5°,西起加拉帕戈斯群岛,东至东经约165°。 • 太平洋赤道高生产力区为规模较大的赤道流系海洋地貌。它几乎横跨整个太平洋盆地,但南北方向狭窄,在赤道两侧呈带状分布。该区域的温跃层在风力的作用下,自西向东流动,将高浓度的营养物质带至表层附近,使得该区域的初级生产力高于南北两侧的附近海域。该水域底栖水层耦合性强,深海平原的底栖次级生产力与表层初级生产力密切相关。根据记载,该地区的抹香鲸数量曾创下历史较高水平。该地貌深受厄尔尼诺现象的影响,且易受气候变化的影响。另外,气候变化也可能削弱本区域支持其高水平初级生产力的上升流和营养循环。	H	L	L	—	H	L	L

续表

海域的地理位置及概述	C1	C2	C3	C4	C5	C6	C7
	见附件2表格图例						
10. 加拉帕戈斯群岛及其西向延伸地带 • 位置:这一地区占地585,914平方千米,其地理坐标为:西经95.2477°、北纬3.6744°,西经87.2051°、南纬3.4350°。 • 加拉帕戈斯群岛生态系统拥有丰富多样的特有物种,现已建立加拉帕戈斯群岛海洋保护区,对这些物种进行保护。	H	H	H	H	H	H	M
11. 卡内基海岭 - 赤道锋 • 位置:卡内基海岭西起厄瓜多尔和秘鲁西海岸,南至南纬1°和南纬6°,东抵西经88°。 • 赤道锋是厄尔尼诺和洪堡流输送的水团之间的过渡区,其特点是温盐梯度大,并在旱季达到峰值。赤道锋南侧的生物生产力水平历来较高。卡内基海岭是位于厄瓜多尔海岸和加拉帕戈斯群岛之间的太平洋火山无震洋脊。热带东太平洋的最南端是生物多样性丰富区,栖息着秘鲁沿海地带70%以上的物种。热带东太平洋生物地理省拥有众多特有物种,多类物种数量居最。这是红树林分布的最南端,生物群落结构独特。这里是大型鲸类的繁衍之地,是海龟繁殖范围的最南端。该地区生活着许多受到威胁或遭到过度开发的物种。该地区生产力水平高,因为它能够获得来自洪堡生态区的营养物质。	H	H	H	M	H	H	M
12. 瓜亚基尔湾 • 位置:海湾口沿西经81°子午线自北向南绵延200千米,从厄瓜多尔蓬蒂亚德圣埃伦娜(南纬2.12°)延伸至秘鲁曼科拉(南纬4.07°)附近。海湾伸入内陆约120千米。 • 该湾生物生产力水平高,栖息着丰富多样的生物群并撑托着该国最重要的渔业,河口周边红树林遍布,汇入该湾的河流带来大量的有机物质沉积,同时又受到各种水团的影响,占据主导地位的河口条件与海洋和河流特点相结合,内部平台面积广阔且深度较浅,加之许多其他因素,故而明显有别于该区域其他类似环境。瓜亚基尔湾的海洋条件与赤道锋的发展、沿海上升流和各种水体(海水和来自海湾内河口的淡水等)相互作用密不可分,而这也正是该海湾浮游植物丰富多样的重要成因。	H	H	H	H	H	H	L
13. 秘鲁洪堡上升流系统 • 位置:该区域位于洪堡洋流生态系统的海岸带,与秘鲁中部海岸相对,南纬5°~18°。其最西端为大陆坡外界的海岸线,等深线约为5000米。	H	H	H	L	H	H	L

续表

海域的地理位置及概述	C1	C2	C3	C4	C5	C6	C7
	见附件 2 表格图例						
• 秘鲁沿岸洪堡洋流生态系统是世界上最具生产力的海域之一。它与沿海海洋上升流活动系统相连，该系统因其地方特殊性强而独一无二。这些区域通常含有数目庞大的小型中上层鱼类(凤尾鱼和沙丁鱼)，它们反过来又为大量掠食性动物提供食物来源并维系着捕鱼活动的发展。该区域有七股相当强大的上升流，这对于该系统在经历高气候变率现象后的重建至关重要。此外，该地区的生物多样性之高具有世界性意义，并且已被列为全世界200个重点保护的生态区之一。	H	H	H	L	H	H	L
14. 秘鲁洪堡上升流系统的持续上升流核心和重要鸟区 • 位置：现已查明，在这几处生物活动中心存在六股洋流，剧烈的海风与千姿百态的沿海暗礁相撞击，形成最重要的洪堡洋流上升流中心。这些中心是：(1)蓬阿古哈(南纬 5.47°)；(2)钦博特(南纬 9.5°)；(3)卡亚俄(南纬 12.59°)；(4)帕拉卡斯(南纬 13.45°)；(5)蓬圣胡安(南纬 15.22°)；(6)蓬智迈(南纬 16.14°)。 • 秘鲁生态系统的上升流主要是在海岸平行风的作用下形成的，并受到温跃层深度、沿海形态和海底地形等其他因素的高度影响。这在秘鲁海岸形成一系列的上升流中心，而这正是海洋掠食性动物在此聚集的重要原因，同样，这里还成为世界上最密集的海鸟聚集区：排粪鸟类聚集区。这些中心对于出现变暖现象之后洪堡系统的重建至关重要，而且，在出现变暖现象期间，这些中心内的上升流持续不停，遂而成为避难所。	H	H	H	L	H	M	M
15. 智利北部洪堡上升流系统 • 位置：本区域位于南纬 21°～24°的智利北部上升流区，自海岸线向海上延伸 200 千米。 • 这个上升流区包括萨尔瓦多罗亚河区、梅希约内斯半岛沿海上升流中心及周边地区。在上升流的驱动下，萨尔瓦多罗亚河区和梅希约内斯半岛都是生物活动极为活跃的知名地带，这里浮游和底栖生物群落集中，从而成为鱼类、甲壳类和软体动物物种的重要产卵及哺育区。连续不断的上升流带来大量养料，种类庞杂的浮游植物蓬勃发展但它们生命周期极短，为后续营养级向更高水平的多样性进化提供了机会。	H	H	M	H	H	M	—
16. 智利中部洪堡上升流系统 • 位置：该区域位于南纬 29°～31°，并向西延伸 200 千米。 • 由于上升流一年四季不息，该系统生产力水平极高，该地区的海湾为几个物种提供了休养生息之所。该地区分布有几个常住濒危鸟类和海洋哺乳动物栖息地。	H	H	H	—	H	H	M

续表

海域的地理位置及概述	C1	C2	C3	C4	C5	C6	C7
	见附件2表格图例						
17. 智利南部洪堡上升流系统 • 位置:这一海域位于智利中南部南纬35°~38°的区域,并自海岸线延伸至海上200千米处。 • 此区域表现出极高的初级生产力价值,其特点是上升流季节性强,在南半球春、夏两季,上升流现象沿着一条被海底峡谷隔断的相对较宽的大陆架(>50千米)频频出现。在该大陆架上,长时间缺氧对底栖环境产生影响,促进大量生物质以巨型细菌辫硫菌属垫的形式生长。这个生态系统的高生产力水平表明,厄尔尼诺/南方涛动周期年际变率很高,造成源自该生态系统的资源可持续性和该生态系统对正在发生的气候变化的潜在应对具有不确定性。	H	H	—	H	H	M	L
18. 萨拉·戈麦斯和纳斯卡海岭 • 位置:萨拉·戈麦斯海岭的地理坐标为南纬23.42°~29.12°、西经86.30°~111.30°。纳斯卡海岭的地理坐标为南纬15.00°~26.09°、西经76.06°~86.30°。 • 该地区是一个生物学热点地区,其海洋生物物种特有性居世界前列(鱼类41.2%,无脊椎动物46.3%)。它被视为某些海洋哺乳动物(如蓝鲸)的必经之地,而且,现已被确定为棱皮龟觅食区的一部分。此外,它已被称为旗鱼的休养生息和哺育区,还被描述为过度开发物种智利竹荚鱼繁殖场所的一部分。	L	H	H	H	M	H	H
19. 佚恩费南迪储海岭的海山 • 位置:该区域与智利大陆和岛屿专属经济区相对应,其中有海山。该区域分为七个区:北部区、中部区、南部区、远南区、圣费利克斯区、佚恩费南迪储区和复活节岛。 • 智利各类专属经济区内现已查明和描述的海山共计118座。此外,现已收集到关于佚恩费南迪储1号和2号海山(JF1、JF2)的海洋和生物数据(浮游植物、浮游动物、无脊椎动物,以及使用各种技术的探捕)。捕鱼作业主要发生在JF2海山。2002年、2003年和2005年,捕鱼作业量大幅增加,改变了JF2海山资源聚合的空间结构。	H	H	M	M	M	M	M
20. 西风漂流交汇处 • 位置:位于智利海岸南纬41.5°~47°(包括峡湾和海峡,以及距离直线基线100海里内的近海区域)。它还通过超深海渊带延伸,将远洋区域包括在内。	H	H	M	M	H	H	M

续表

海域的地理位置及概述	C1	C2	C3	C4	C5	C6	C7
	见附件2表格图例						
• 这一拟划定的区域由一群纵横交错的内海、群岛、海峡和峡湾组成,直线距离绵延约600千米,环绕着大致10,700千米的蜿蜒曲折的受保护海岸线。这个区域(又称"咆哮西风带"的一部分)现已被列为确定拉丁美洲和加勒比地区海洋保护地理优先事项过程中的一个"重大关切"。该海域的部分地区属于寒温带南美省,也称为智利生态区。	H	H	M	M	H	H	M
21. 东南太平洋海隆灰色海燕喂养区 • 位置:该区域的地理坐标大致如下:北纬120°,西经47°;北纬112°,东经49°;南纬112°,东经57°;南纬120°,西经57°。该地区毗邻东太平洋海隆最南端,南太平洋盆地西部。最近的陆地在南距南极洲2000千米,北距复活岛2500千米,东距南美洲4000千米,西距新西兰岛屿7000千米。 • 该地是新西兰映岛近危物种灰色海燕(灰风鹱)在非繁殖季节的一个主要觅食区。每年10月至来年2月,这些鸟类从繁殖地迁徙至此地觅食。	M	H	M	M	—	—	—

附件2-8　对北太平洋地区符合具有重要生态或生物意义的海洋区域标准的区域的描述〔1〕

海域的地理位置及概况	C1	C2	C3	C4	C5	C6	C7
	见附件2表格图例						
1. 彼得大帝湾 • 位置:该地区位于俄罗斯领海的最南端。彼得大帝湾包括三个小海湾:阿穆尔湾、乌苏里湾和普斯艾塔湾。 • 该地区的特点是北部和亚热带动物群汇聚共存,生物多样性高度丰富。该地常见的底栖动物包括各类牡蛎和扇贝。该地区生长着大量茂盛的海带、鳗草(大叶藻属)、伊谷草和江蓠。商业性鱼类包括阿拉斯加鳕鱼、石斑鱼和沙丁鱼。商业性底栖无脊椎动物包括堪察加蟹属、雪蟹属(灰眼雪蟹)、浪蛤属和马珂蛤属等物种,以及灰色和黑色海胆和列入濒危名录的腹足类。该地还是一个觅食区,经常有鲨鱼在此出没。在该海域和岛屿上,栖息着350多种鸟类,其中有200种与海洋存在联系。	H	H	H	H	H	H	M

〔1〕详细内容载于《促进描述具有重要生态或生物意义的海洋区域的北太平洋区域讲习班报告》附件五的附录,UNEP/CBD/EBSA/NP/1/4。

续表

海域的地理位置及概况	C1	C2	C3	C4	C5	C6	C7
	见附件2表格图例						
2. 西堪察加大陆架 • 位置：本区位于鄂霍次克海东部，北太平洋堪察加半岛西部海岸线（俄罗斯联邦）：北至平行于200米等深线的北纬57.15°，南至平行于200米等深线的北纬50.51°，西起东经156.39°，向东一直延伸至东开普沃帕特卡。 • 这里是各种太平洋鲑鱼的一个主要觅食区和产卵前洄游的必经之路。西堪察加大陆架是螃蟹、阿拉斯加狭鳕、鲱鱼、鳕鱼和大比目鱼等物种的重要繁殖区。该地区在支撑整个鄂霍次克海域的生产力和生物多样性方面发挥着独特的作用。该区域分布有世界上最大的红鲑鱼天然产卵场。	M	H	H	M	H	H	M
3. 堪察加半岛东南沿海水域 • 位置：本区域的边界始于海角沃帕特卡（堪察加半岛的南端，北纬50.90°，东经156.70°），沿俄罗斯联邦领海外缘向北延伸，直至海角科兹洛娃（北纬54.65°，东经161.89°）。 • 堪察加半岛东南沿海水域对于几种海洋巨型动物至关重要。它撑起这片狭小水域的高度生物多样性，并吸引着海洋巨型动物（鲸目动物、鳍足类）来此生息繁衍。多种不同的脊椎动物（海洋鸟类、鲸类、鳍足类、鲑鱼类）都沿海岸进行迁徙。	—	H	H	M	M	H	M
4. 库页岛东部大陆架 • 位置：该地区沿库页岛东海岸分布，南起库页岛南端，沿200米等深线向北延伸，东至阿穆尔河河口。 • 该地区底栖生物聚集区密布，是灰鲸的一个重要捕食区。底层生物群落的特点是贝类和海胆密度高。库页岛北部地区是鲑鱼大规模向阿穆尔河的产卵地洄游的必经之地，因而是白鲸的一大觅食地。该地区还发现了极具商业价值的鲑鱼（大马哈鱼）。濒危鲟鱼（鳇）、成群绵蟹和列入濒危名录的萨哈林哲罗鲑也经常出没于这片海域。	M	H	H	M	H	H	M
5. 莫涅龙岛岛架 • 位置：位于鞑靼海峡，俄罗斯联邦库页岛西南方向45千米处，其岛架边界沿150米等深线分布。 • 这里是一个生物多样性热点地区，底栖生物群落多样性高度丰富，海洋生态系统完整，其中包括海绵、苔藓虫、红水螅珊瑚动物群落。该地区位于鲍鱼分布带的北部边界地带，因受自然因素影响，年际变率高。该区域是鄂霍次克海南部地区唯一的一处斯特勒海狮群栖地，也是鄂霍次克海中浮游动物密度最高的区域。	M	M	—	L	H	L	H

续表

海域的地理位置及概况	C1	C2	C3	C4	C5	C6	C7
	见附件2表格图例						
6. 尚塔尔群岛岛架、阿穆尔湾和图古尔湾 • 位置:该地区位于鄂霍次克海东南部,覆盖整个尚塔尔群岛,其边界延伸至俄罗斯联邦尚塔尔群岛周边30海里处。 • 该地区的植物群和动物群及其非生物景观都带有很多地方特有性。群岛上有多个鳍足类动物大型群栖地,而且附近海域的鲸鱼数量也在稳步攀升。鸟类多样性极高,240多个物种(包括世界自然保护联盟濒危名录所列物种)将该区域作为筑巢和移徙地。图古尔湾的生物质达100,000吨之多,由海绵、海葵、海鞘、海藤壶和双壳类组成。	H	M	H	H	H	H	H
7. 指挥官群岛(科曼多尔群岛)架和岛坡 • 位置:指挥官群岛(科曼多尔群岛)位于西白令海和太平洋的地理边界线上,其中包括两个大岛(白令岛和梅德内岛)、两个较小的岛屿(托波尔科夫岛和阿雷罗克岛)和散落在阿留申群岛延伸线上的零星岩石。该区域包括深达4000米的岛架和岛坡及各自的水层,完全属俄罗斯联邦管辖范围。 • 本区域带有显著的独特性,其海洋生物多样性水平之高至今尚未有完整记录。它对于维持多个重要海洋物种的数量具有重要意义,在保护濒危和受威胁物种方面也起着至关重要的作用。该区域,特别是近海区域,仍高度保持着原始的自然本色。	H	H	H	H	H	H	M
8. 楚科奇半岛东部和南部海岸 • 位置:该区域从阿纳德尔湾西北海域的克列斯特湾开始,沿楚科奇半岛崎岖复杂的海岸线延伸,止于杰日尼奥夫角。海上边界恰与俄罗斯联邦白令海专属经济区的界限和俄罗斯在白令海峡的海上边界线重合,因而完全处于俄罗斯的管辖范围内。 • 白令海峡西部和楚科奇半岛南部沿海水域的独特性在于其面积最大和最广为人知的北太平洋和楚科奇海冰间湖体系。这里是北极露脊鲸、白鲸、太平洋海象和众多海鸟的越冬地。在春季,冰间湖被用来作为迁徙路线。在夏季,楚科奇半岛的南部和西南海岸成为楚科奇最大的海鸟繁殖地。该区域海岸线崎岖复杂和海冰情况变化多样,其沿岸和亚沿岸栖息地丰富多样,海洋物种多样性水平相对较高。	M	H	H	H	M	H	H
9. 雅姆斯基群岛和舍利霍夫湾西部 • 位置:该区域位于俄罗斯专属经济区内,自鄂霍次克海西北海域位于200米等深线的扎维亚洛夫岛所在纬度以东开始,沿着环绕皮亚根半岛和科尼半岛和雅姆斯基群岛的等深线延伸分布,直至吉日加半岛,包括舍利霍夫湾西部。	M	H	H	H	H	H	H

续表

海域的地理位置及概况	C1	C2	C3	C4	C5	C6	C7
	见附件 2 表格图例						
• 舍利霍夫湾的特点是上升流往复运动、潮汐流强大和冰情特殊。其高水平的生产力吸引着众多物种出没于该区域,其中包括濒危物种。雅姆斯基群岛岛架区是鲸类不可或缺的重要区域,同时还是众多海鸟的栖息地。	M	H	H	H	H	H	H
10. 阿利霍斯群岛 • 位置:阿利霍斯群岛(墨西哥)地处太平洋东部海域(北纬 24.5705°和西经 115.4500°),位于加利福尼亚半岛以西 300 千米处。 • 阿利霍斯群岛是一组圆柱状小火山岛,深度为 2400 ~ 4500 米。阿利霍斯群岛属于太平洋沿海生物群落,该区域生产力水平高,鱼类和其他脊椎动物密度高。阿利霍斯群岛的特点是大批鸟类聚集于此。岩石露头是海鸟的主要筑巢地。这些岛屿被视为墨西哥的海洋保护优先地区之一。	L	L	—	M	H	H	H
11. 科罗纳多群岛 • 位置:科罗纳多群岛位于北美大陆边缘,离下加利福尼亚半岛西北海岸 13.6 千米,在墨西哥专属经济区内。它由四个小岛组成:北科罗纳多岛(北纬 32.28°,西经 117.18°),占地面积为 48 公顷;皮隆岩(北纬 32.25°,西经 117.16°),占地 7 公顷;中科罗纳多岛(北纬 32.25°,西经 117.16°),占地 14 公顷;南科罗纳多岛(北纬 32.25°,西经 117.15°),占地 183 公顷。 • 群岛的四个岛屿支撑着丰富的鸟类种群。岛屿四周环绕着狭窄的大陆架。岛屿沿海地带包括海滩、悬崖、沙丘、沿海泻湖和海湾,形成深海栖息地。栖息地的多样性造就岛屿的高度生物多样性。在上升流的作用下,该区域的季节性初级生产力提高,支撑着高生物量的无脊椎动物、成批聚集的鱼类、海洋鸟类和哺乳动物。	L	M	L	M	H	H	L
12. 瓜达卢佩岛 • 位置:瓜达卢佩岛是火山喷发形成的大洋岛,地处墨西哥专属经济区内,下加利福尼亚半岛以西 241 公里处。该岛位于北纬 29.2°和西经 118.166°。 • 瓜达卢佩岛坐落在太平洋板块上,岛上有两个盾状火山。该海洋系统在上升流的作用下,生产力水平高,支撑着数量庞大的特有海洋鸟类、无脊椎动物、鱼类和海洋哺乳动物。该地区对于某些鸟类和海洋哺乳动物物种的生命阶段具有高度重要性。该地区的一个重要方面是,它与沿加利福尼亚洋流系统分布的其他种群息息相关。该地有许多特有的陆地和海洋物种因食肉动物和害虫的侵入以及岛上资源的开发利用而面临危险。	L	H	M	M	H	H	M

续表

海域的地理位置及概况	C1	C2	C3	C4	C5	C6	C7
	见附件2表格图例						
13. 加利福尼亚湾上游地区 • 位置:该地区处于墨西哥的国家管辖范围内。 • 科罗拉多河三角洲和加利福尼亚湾上游地区有着当地独有的生物物理特性、特有生物物种和海洋学特征。其中包括潮汐运动形成强大的潮混合现象,以及科罗拉多河河水释放令淡水大量涌入三角洲地区。这里经过长期的泥沙沉积,形成巨大沙床,养料聚集,生产力极高。该地区还生活着一些濒危特有物种,其中包括加利福尼亚湾海豚和石首鱼。该地区对于长须鲸、普通海豚、海狮和众多海鸟而言亦十分重要。该地区的商业性渔业,无论是工业化还是小规模的渔业,都使该地区容易受到人类活动的影响。	H	H	H	M	H	M	L
14. 米德列夫群岛地区 • 位置:地处墨西哥国家管辖范围内。 • 米德列夫群岛地区的生物群丰富多样。海洋哺乳动物的多样性之高几乎涵盖了所有大型须鲸、抹香鲸、大群海豚和众多群栖海狮。岛屿崎岖、多山和干旱,海岸线上散落着几个海鸟群落,一些重要的种群在此筑巢。	H	H	H	H	H	H	H
15. 下加利福尼亚州沿海海域 • 位置:该海域自格雷罗内洛罗泻湖北端、塞德罗斯岛和圣贝尼托群岛和纳和蒂维达岛向南延伸,包括圣伊格纳西奥泻湖和生产力水平高的马格达莱纳湾,以及紧邻该湾西部和北部的近海地区。这一地区属墨西哥国家管辖范围。 • 该沿海地区面积广阔,坐落其中的大型沿海泻湖是濒危灰鲸种群的哺育和繁殖之所,岛屿和近海地区是浮游动物的重要觅食区。该地区的泻湖对于鲸鱼,以及海鸟、海龟、无脊椎动物和鱼类具有重要意义,岛屿为濒危乌黑鹱提供了筑巢之地,近海地区则是大西洋蠵海龟、鲨鱼和金枪鱼至关重要的觅食区域。	L	H	H	H	M	M	H
16. 胡安德富卡海岭热液喷口 • 位置:该区域由坐落在三个狭短延伸地带的一组喷口组成,即位于加拿大不列颠哥伦比亚省和美国华盛顿州、俄勒冈州和加利福尼亚州沿岸的胡安德富卡海岭、戈尔达海岭和探险家海岭。只有散布在加拿大和美国专属经济区外的喷口按照具有生态和生物重要性的海域的标准进行了评估。 • 海底、喷口处物理结构、周边水层(受喷口液体和气体的化学性能和热性能影响)和喷口处生物群落一应符合该项标准。热液喷口的成因在于持续不断的板块构造活动。东北太平洋地区喷口的微生物群落就其生理机能、新陈代谢、热耐受性和盐度耐受性而言,可谓多种多样、罕见而独特。	H	H	—	H	H	M	M

续表

海域的地理位置及概况	C1	C2	C3	C4	C5	C6	C7
	见附件2表格图例						
17. 东北太平洋海山 • 位置：整个海山群系列，包括柯布－埃克尔伯格海山链，均位于东北太平洋海域，北起阿留申群岛，沿卡斯卡迪亚俯冲带向南延伸，直抵轴海山。 • 现已根据有关海山形态（包括深度、高度和与邻近海山的间距）的调查数据和知识、国家管辖范围内类似海山推测得出的珊瑚分布和数量情况，按照具有生态和生物重要性的海域的标准，对这八组海山群进行评估。该组海山群因地质起源相似，故作为一个独立的具有生态和生物重要性的海域进行评价，火山的构态有利于底栖和浮游物种沿纬线水平线自南向北进行基因流动和迁徙。	H	M	L	H	H	H	H
18. 皇帝海山链和北夏威夷海岭 • 位置：皇帝海山链和北夏威夷海岭北起阿留申海沟，南抵位于北太平洋西部海域的夏威夷群岛西北地区，共绵延约3000千米（北纬30°～53°，东经164°～177°）。 • 该地区拥有具有重大商业价值的鱼类以及一些珊瑚物种。	M	M	L	M	M	M	L
19. 北太平洋过渡带 • 位置：北太平洋过渡带的纬线跨度随季节更替，在北纬28°～34°至北纬40°～43°不断变化，在北半球冬季，会进一步南移。其特点是，如受亚热带锋区影响，向南偏移，如受亚北极锋区影响，向北偏移。 • 北太平洋过渡带的海洋地貌对北太平洋许多物种生物群落具有特殊重要性。该地区因沿纬度梯度递变的物理特性，包括漩涡和锋面区，形成一个食饵资源积聚的高生产力栖息地，从而吸引多种深海掠食性动物——包括濒危和具有商业价值的物种——出没于此。该地貌区还是蓝鳍金枪鱼和未成年蠵龟等物种的洄游走廊。	L	H	H	L	H	M	M
20. 夏威夷信天翁产蛋和孵化期间的主要觅食区 • 位置：北纬35°～45°和西经155°～175°。 • 位于该地区西北夏威夷岛繁殖地的黑脚信天翁（世界自然保护联盟濒危名录脆弱物种）和黑背信天翁（世界自然保护联盟濒危名录近危物种）占各物种全球总量的90%。虽然在产蛋和孵化年度周期（11月至次年2月）的大部分时间里，成年信天翁分布广泛，但它们主要集中在接近繁殖地的锋面栖息地区域进行觅食。黑脚信天翁主要集中在亚北极锋以南的有限地带进行觅食，而黑背信天翁则主要依赖北部亚北极锋区内的较冷水域。	M	H	H	H	H	L	L

附件2-9　对东南大西洋地区符合具有重要生态或生物意义的海洋区域标准的海域的描述〔1〕

海域的地理位置及概况	C1	C2	C3	C4	C5	C6	C7
	见附件2表格图例						
1. 毛里塔尼亚沿岸浅海区和塞内加尔最北部的沿海生境 • 位置:西经16.024°~17.238°;北纬15.802°~20.773°。 • 本区域包含的特定生境有北部的蛤蜊和藻砾栖息地、迪米里斯岬南部岩石区、石斑鱼等被过度开发的底层种类以及位于努瓦克肖特南部和查特布尔之间乌鱼产卵区栖息地。在本区域,温度、盐度、悬浮物、营养物质和湍流方面的环境条件差别很大,对本区域的生物多样性有很大影响。本区域的特点是生产效率高(尤其是在透光层)。它成为一个渔业资源的温床和栖息地,渔业资源是该国经济的支柱,也是僧海豹、驼背海豚和海龟等具有巨大生态价值的标志性物种的栖息地。此外,本区域还受到潜在的人为压力(因为它包含城市中心,并且被用于多种用途)。	H	H	H	M	H	M	—
2. 努瓦克肖特外侧的冷水珊瑚礁 • 位置:这些冷水珊瑚礁位于大陆斜坡(斜坡的隆起部分,长约400千米)。它们包括班达亚齐和迪米里斯护堤。 • 冷水珊瑚礁出现在600米深的毛里塔尼亚大陆斜坡度底部,沿长约400千米的斜坡生长。这些珊瑚礁形成名副其实的海山,最高长到高于海床100米:迪米里斯岬外侧的"迪米里斯护堤"和努瓦克肖特外侧的"班达护堤"。珊瑚是"生态系统工程师",也是大量生物多样性的家园。然而,人们对毛里塔尼亚活珊瑚和珊瑚礁化石的作用没有什么研究。虽然在2010年进行了活珊瑚取样,但对礁石上活珊瑚群落的数量和位置尚未确定。这些水中刚性结构和资源动态的作用尚不得而知。	M	M	—	M	—	M	M
3. 毛里塔尼亚北部的永久上升流 • 位置:加那利上升流生态系统的中心部分,是世界上四个最重要的上升流系统之一(北纬21°)。在寒冷天气期间(11月至次年6月),强烈的信风将沿海海水推向远海,从而引起营养丰富的冷水从深海向上涌流。夏季(7月至10月)风向改变,毛里塔尼亚海域受到来自南方(几内亚洋流)温暖的表层海水喂养,大部分上升流停止,布朗角(北纬21°)除外,那里常年存在上升流现象。	H	H	M	—	H	H	L

〔1〕 详细内容载于《促进描述具有重要生态或生物意义的海洋区域的东南大西洋区域讲习班》附件四的附录,UNEP/CBD/RW/EBSA/SEA/1/4。

续表

海域的地理位置及概况	C1	C2	C3	C4	C5	C6	C7
	见附件2表格图例						
• 本区域的特点是拥有大量渔业资源,拥有大量古北区、南极和次区域(包括马卡罗尼亚)海洋鸟类和标志性巨型动物(金枪鱼、剑鱼、旗鱼、鲨鱼、鳐鱼、海豚、瓶鲸、须鲸和抹香鲸)群落。另外,许多中上层鱼类、海洋鸟类(包括塘鹅和瓣蹼鹬)以及大型食肉动物和鲸类动物的季节性存在也值得注意。因此,它是小型中上层鱼类(小沙丁鱼、沙丁鱼、鳀鱼、竹荚鱼和鲭鱼)关键区域之一,占毛里塔尼亚专属经济区渔业总产量的85%以上。它也是大量底层鱼类的主要生活区域,小型深层鱼类为草食物种。这是一个动态系统,具有很高的初级生产力,可以扩大或缩小(在时间或空间方面),并且有可能受到气候变化的影响。	H	H	M	—	H	H	L
4. 迪米里斯峡谷系统 • 位置:迪米里斯峡谷是毛里塔尼亚专属经济区里最大的峡谷。深250~300米,宽为2~7.5千米。其走向是沿深海区海岸垂直450千米。 • 峡谷的结构起着一个重要生物走廊的作用,将半深海和深海区的动植物群落与浅海和沿海带生物多样性连接起来。峡谷结构便于将沉积物从沿海运到较深的水域。同样也便于深层水运动到表层。因此,峡谷周围表层水可能成为浮游生物多样性的避难所。峡谷在连系深海平原、斜坡和大陆架生态系统方面发挥重要作用。	H	M	M	H	H	M	M
5. 卡亚尔海山 • 位置:卡亚尔海山位于卡亚尔以外,塞内加尔维德角以西300千米,处在西经17.864223°~17.496424°以及北纬15.832420°~15.368942°。它出现在离海岸约100海里的200~500米深水处。 • 它是一个复杂的海山,由三个海山即卡亚尔海山、小卡亚尔海山和麦地那海山组成。卡亚尔海山是塞内加尔海岸以外罕见的海山之一,具有大量生物多样性和较强的水动力。这个包括大量生物多样性和初级生产力的动态水流的积极成果鼓励这些地区的拖网渔业,甚至是小规模渔民,他们经常从事破坏性捕鱼活动。	H	M	M	—	M	M	L
6. 卡亚尔峡谷 • 位置:卡亚尔峡谷大概位于北纬15.25°和西经18.00°。它位于塞内加尔领水和专属经济区内。 • 从其规模及特殊性来讲,该峡谷是个难得一见的生态系统。另外,它还拥有大量生物多样性。本区域是海鸟、海龟和若干沿海浮游鱼类和沿海底层鱼类物种洄游的重要地区。	H	M	M	M	M	H	L

续表

海域的地理位置及概况	C1	C2	C3	C4	C5	C6	C7
	见附件 2 表格图例						
7. 萨卢姆三角洲 • 位置:西经 16.573°~17.071°,北纬 13.601°~14.235°。 • 它拥有潮湿、海洋、河口、湖泊和湿地的特点,是一个两栖区域,由三个大组岛屿组成,环绕着一个密集水路网(一般称为 bolons)。它是鱼类和水鸟繁殖、寻找食物和栖息的主要环境。这个丰富的环境与许多被红树林包围的滩涂连在一起。	M	L	M	M	M	H	M
8. 卡萨芒斯河口 • 位置:卡萨芒斯河口位于塞内加尔南部,在大西洋边上。它位于西经 16.737610°~17.150513° 以及北纬 12.393311°~12.835083° • 从生物学角度来讲,这一地区包括若干浮游和深层物种的幼苗生长地(圆小沙丁鱼、短体小沙丁鱼、短线竹筴鱼、玫鲹、青铜石斑鱼)。它是若干鱼类、海龟和鸟类的洄游和繁殖区。	M	M	M	M	M	M	L
9. 博阿维斯塔岛 • 位置:博阿维斯塔海区位于北纬 15.802917°~20.773682°以及西经 16.024292°~17.238525°。它涵盖了博阿维斯塔岛的西南和东南部部分以及佛得角境内的若昂瓦伦特、博阿维斯塔和佛得角海山。 • 博阿维斯塔岛周围海区的特点是拥有大量珊瑚,被认为是世界上 10 个珊瑚保护热点之一。它也是大西洋东部边缘最大和世界第三大蠵龟繁殖区。这个区域的生物和生态重要性也因海山的存在而被加强,尤其是若昂瓦伦特、博阿维斯塔和佛得角海山。此外,它还是包括鲨鱼和鲸类在内许多海洋物种的觅食和繁殖区。最后,该区域包含了佛得角的大部分海洋生物。	H	H	H	H	H	H	M
10. 卢西亚、拉苏和布兰科结合体 • 位置:北纬 16.51°~16.86°;西经 24.51°~24.85°。 • 其生物丰富性和需要保护其生物多样性已促使国家主管部门(环境局)建立了野生生物保护区,并从 2009 年起建立了一个海洋保护区,负责协调保护活动及需要确保当地主要由渔民组成的社区的和谐发展。	H	M	H	H	M	M	H
11. 圣安唐岛西北地区 • 位置:本地区从博阿维斯塔西北延伸,深度从海平面以下 2000 米上升到 30 米,位于佛得角圣安唐岛 15 海里处。此地位于北纬 15.802917°~20.773682°以及西经 16.024292°~17.238525°	H	M	H	M	H	M	—

续表

海域的地理位置及概况	C1	C2	C3	C4	C5	C6	C7
	见附件2表格图例						
• 圣安唐岛西北地区是一个具有巨大生物和生态价值的地方，其拥有海山、峡谷和珊瑚等大型生境。该地还为鲸目动物和海龟等许多标志性和濒危物种提供了栖息地，并且具有高水平的生物生产力。圣安唐岛西北是佛得角的主要渔区之一，尤其是金枪鱼，并且还拥有很多特有物种。	H	M	H	M	H	M	—
12. 比热戈斯群岛 • 位置：位于几内亚比绍海岸以外，位于迦巴/科鲁巴尔河的河口，处于北纬 15.802917°～20.773682°以及西经 16.024292°～17.238525°。它涵盖了一个巨大的岛屿复合体，占地总面积为1,046,950公顷，由大小不等的岛屿组成。它向外延伸到海岸100千米以外，接近国家管辖范围内的大陆架边缘。 • 比热戈斯群岛的特点是拥有许多濒危和标志性物种，拥有大量关键生境和很高的生物生产力。该群岛是古北区鸟类第二大栖息地和非洲大陆绿海龟最大的繁育地。此外，比热戈斯群岛还被认为是锯鳐的最后避难所，锯鳐是西非濒临灭绝的一个物种。该区域包括比热戈斯群岛沿10米等深线的整个海洋部分。	H	H	H	H	H	H	M
13. 庞戈河 • 位置：庞戈河，它的名字来源于与它相连的一条河，位于博法州，处于北纬 10.01°～10.13°和西经 14.04°～14.12°的几内亚北部沿海。其表面积为0.300平方千米。 • 它是很多海洋和沿海生物的幼体栖身、繁殖和生长的地方及洄游通道，是白颈鹳、巨鹭、锤头鹳、吼海雕和鱼鹰等退化较少的港口鸟类的栖息地。西非海牛也在此栖息。法塔拉和莫特芭河口海洋生物多样性（浮游植物、浮游动物、虾、底栖生物和鱼类）的数据证实，这个两河口都是值得关注和保护育苗区。几内亚共和国已在1992年9月指定庞戈河为拉姆萨尔湿地。	L	M	M	M	M	H	L
15. 亚维利复合体 • 位置：本区域位于塞拉利昂南部大陆架区域内，位于北纬 7.222966°～8.071635°以及西经 12.411116°～13.201124°。亚维利复合体横跨亚维利湾、香蕉岛和海龟岛，向南延伸到雪布罗岛和亚维利湾以西10千米，进入相邻的塞拉利昂大陆架水域。 • 亚维利复合体拥有包括皇家燕鸥（最大海鸥）、西非海牛、鲨鱼和海龟（绿海龟、蠵龟、太平洋丽龟）在内的濒危物种。许多研究已经表明，这个区域是很多有鳍和贝类物种以及濒危海龟的一个非常重要的产卵地。	M	M	H	L	M	M	—

续表

海域的地理位置及概况	C1	C2	C3	C4	C5	C6	C7
	见附件2表格图例						
16. 里弗塞斯－格林维尔海龟繁育地 • 位置：本区域位于利比里亚东南部里弗塞斯和希诺县的南部。离里弗塞斯县的塞斯托斯市约20英里，离锡诺县格林维尔市约10英里。该地区完全在利比里亚国家管辖范围内。 • 里弗塞斯－格林维尔是海龟、浮游生物、底栖生物和其他生活在温暖浅水中鱼类物种的繁育地。在大西洋沿岸，可以发现十余种海龟。这里有不同种类的海龟。该地区是沿利比里亚南部大陆边缘发现的。海角山的一部分，特别是森伯恩、蒙特塞拉特的班卓尔海滩和巴弗德湾，已被确定为海龟繁育地，但本区域的其余部分主要是里弗塞斯和格林维尔之间的海岸线，因此，这就是对它进行描述的原因。产卵区与桑昆河河口连在一起，而河水带来的大量腐乱木料为本区域的生物提供了栖息地和食物。挑染海鸥、大翅海燕和墨菲海燕等海鸟居住在这一区域。这个区域被认为是一个重点保护区域的原因是其具有的生物学意义和海洋生态系统的脆弱性。	H	H	H	H	M	—	M
17. 塔布峡谷和海山 • 位置：本区域位于科特迪瓦塔布沿海。 • 本区域包括一个峡谷和海山，近海水深超过100米。海底为沙地或泥地生境，有的地方有沙又有泥，拥有独特的岩相和岩石。拥有非成熟上升流是该地区的另一特点。	H	H	H	M	H	H	M
18. 阿比让峡谷和无底洞 • 位置：本区域位于北纬3°～5°，西经3.8°～4.3°，将垂直于海岸线的科特迪瓦海域分成两块：西部从阿比让到利比里亚边界和东部从阿比让到加纳。 • 在阿比让的海洋区域，科特迪瓦有一个峡谷和无底洞，维持着其海洋生物多样性遗产。深度超过3000米，该峡谷和无底洞拥有丰富的底栖生物群落（约200种多毛类物种）和鱼类，包括属于沿海上层鱼类的6个科和17种鱼类。	H	H	M	M	H	M	L
19. 从塔布到阿西尼的虾和沙丁鱼洄游路线 • 位置：塔布－阿西尼海域位于北纬5°～4°以及西经3°～7°。 • 500多千米长的海岸线景观主要由常绿森林、沼泽森林、红树林、泻湖前草原、自然公园和保护区、水道与海或泻湖的直接通道以及弗雷斯科、格兰德－拉乌、埃布利埃和阿比泻湖组成。西部主要由海上悬崖和沙滩组成，沙滩是海龟的休息场所。而东部主要以沙滩为主，经常出现严重的侵蚀和封闭河口区。该区域是几	H	H	H	M	H	H	M

续表

海域的地理位置及概况	C1	C2	C3	C4	C5	C6	C7
	见附件2表格图例						
内亚洋流和逆流的经过区域,产生成熟且营养丰富的季节性上升流。这些上升流是形成本区域食物网的基础。在这个生物链中,第一个环节是产生了浮游植物。浮游动物的产量也比较高。每年的虾生产量在600~800吨,而鱼产量(主要是以沙丁鱼为主)为每年30,000~40,000吨。此外,还有300多种鱼类采样,本区域拥有全国80%以上的海洋物种。	H	H	H	M	H	H	M
20.科特迪瓦沿海专属经济区 • 位置:本区域位于北纬3°至0°和西经2.5°~8.5°,其水深超过100米。 • 科特迪瓦拥有专属经济区内的海洋水域和一个具有重要生态或生物意义的特殊海洋区域,是一幼年和成年深海红蟹,包括青花鱼、回跳鱼、大眼鱼、长鳍鱼在内的洄游鱼类,包括小金枪鱼在内的金枪鱼和鲭鱼,大西洋旗鱼,旗鱼和鲨鱼的洄游、繁殖和成长之地。底栖环境是以泥底和独特的岩相为主,该地区的特点是拥有强大且成熟的上升流。该地区面临的主要威胁是非法捕捞、过度开发和污染以及外来入侵物种。	M	H	H	M	H	M	M
21.阿博德拉弗沿海和海洋生境 • 位置:本区域位于多哥国家管辖范围内。它主要由沿海区域组成,并以大陆架为界。 • "沙滩石"是这个生境的重要组成部分,因为它成为周围很多藻类群落生长的基础。除了在多哥发现的452种鱼类物种之外,这个区域还是四种海龟(绿海龟、玳瑁、太平洋丽龟和棱皮龟)的产地,最后两种海龟沿着整个海岸线栖息。它是一个绿海龟的觅食地,这种海龟是以海滩岩石生长的藻类为食。本区域还拥有包括驼背豚在内的16种海洋哺乳动物。在这些物种中,大多数属于自然保护联盟红色名单上的濒危物种。除其他外,该区域正在受到包括海岸侵蚀、各类污染、海上交通增长和对自然资源过度开发在内的各种威胁。	M	H	H	H	H	H	L
22.罗伊–托宾 • 位置:本区域位于多哥境内。 • 罗伊–托宾海区是沿海平原的一部分,是由潮滩和泻湖分隔开的沿岸沙滩的复合体。水深为0~1000多米。该区域还有小型季节上升流。这个过程助长了生物群落的增殖,包括浮游植物、浮游动物、附着在孤立岩石和珊瑚礁藻类、甲壳类、中上层和底层鱼类、鲸类和包括海龟在内的海洋爬行动物。	H	H	H	H	M	M	L

续表

海域的地理位置及概况	C1	C2	C3	C4	C5	C6	C7
	见附件2表格图例						
23. 多哥 – 贝宁交界海域 • 位置:这个跨界区域横跨多哥和贝宁两国。从性质上讲,它主要是沿海区,并且止于大陆架。它位于多哥和贝宁两国的国家管辖范围内。 • 它是一个狭长的区域,沿海岸长约27千米,并向海延伸超过22千米。两个河口为沿海和海洋生态系统的高生物生产力提供了良好条件。这两个国家都拥有大量海洋和沿海生物多样性,拥有一些目前已被列入世界自然保护联盟红色名录的标志性物种,并且适用于很多有关保护生物多样性的国际条约。不过,这一区域面临很多威胁,主要原因是因为人类住区和资源开发,特别是因为大坝和矿井等大型公共工程建设。	L	H	H	H	M	M	L
24. 克里比 – 坎波 • 位置:本区域位于喀麦隆境内。 • 克里比 – 坎波海域是喀麦隆生物多样性最丰富的地区之一。除了海龟栖息地之外,它包括考古遗址和神秘的岩石卢普河畔的罗切尔。那里还有洛贝瀑布,直接落入大海。喀麦隆政府意识到需要在克里比 – 坎波海域建立一个海洋保护区。尽管受到克里比深水港建设项目带来的威胁,但这个计划已经取得了很大进展。此外,该区域位于克里比沿岸以外,占地总面积约为126,053公顷,已被森林和野生动物部部长宣布为一个公益的海洋区。	H	M	M	M	—	—	L
25. 蔚蓝湖和海螺沟海滩 • 位置:圣多美岛是圣多美和普林西比国的一部分,该岛位于北纬2.32°~2.43°和东经7.20°~7.28°,拥有143千米直线海岸,离非洲大陆300千米,土地面积为859平方千米,并且拥有大陆架面积436平方千米,拥有小规模渔业区3171平方千米。 • 这一海域包括许多生态系统,由很多生境组成,其中包括众多海洋动物经常光顾的33个海湾、珊瑚、岩石、沙底和海滩,这些动物中包括鱼类、海龟和海鸟等。这些动物的生命周期的全部或部分发生在这个区域,这些动物有时对大型渔业起到支撑作用,有助于改善沿海社区人民的福祉。	H	H	H	H	H	H	H
26. 廷霍萨斯岛 • 位置:本海区位于普林西比岛上,是圣多美和普林西比国的一部分,它位于圣多美岛以北大约160千米处,位于北纬1.32°~1.43°和东经7.20°~7.28°,距离非洲大陆220千米。主岛总面积为142平方千米,并且与几个小岛连在一起。	H	H	H	H	H	H	H

续表

海域的地理位置及概况	C1	C2	C3	C4	C5	C6	C7
	见附件2表格图例						
• 本海域呈现不同的生态系统和生境,包括很多海龟物种筑巢和产卵的沙滩,其中最重要的是棱皮龟、玳瑁、太平洋丽龟、绿海龟和蠵龟。此外,本地区还盛产许多本地特有的珊瑚(海绵状物和伯尔纳迪石)、底层鱼类(西非石斑鱼)、中上层鱼类(大西洋旗鱼、金鲹、鲭鱼、小鲔、巴劳鱵、大西洋飞鱼、竹荚鱼、鲣鱼)和鲨鱼(皱唇鲨真鲨、沙条鲛和双髻鲨)。最后,该地区还是白尾鹲、乌燕鸥、Sula eucogaster、燕鸥和 Anous minute 等很多海鸟经常来的地方。	H	H	H	H	H	H	H
27. 马永巴海洋和沿海区 • 位置:这一部分加蓬海岸的特殊性是关系到广大泻湖区的存在,从这一海域以北500千米处的费尔南瓦斯泻湖一直延伸到刚果边界以外。 • 马永巴海洋和沿海区的特点是拥有大型水生哺乳动物(鲸、逆戟鲸、鲨鱼和海豚)以及在覆盖植被的沿岸海滩上拥有大型陆地哺乳动物(大象、水牛和河马),特别是每年10月至次年4月到此产卵的棱皮龟。本区域的明显特征是其拥有丰富的生物多样性:它不仅是近岸动物(龙虾、鬼蟹)的家园,也是鸟类、灵长类动物(山魈、大猩猩和黑猩猩)以及众多沿海和海洋渔业资源的家园。	H	H	H	H	H	H	H
28. 西北大陆架 • 位置:它位于黑角港海岸以外,包括120~450米等深线之间区域以及以外部分。该地区位于刚果国家管辖范围内。 • 本区域的特点是拥有很高的沿海水域生产率、生物多样性和大量鱼类种群。生物资源群落包括深海底层资源和近海中上层资源。它位于水深120米及以上的大陆架上。它在气候和资源的变异性方面具有特殊性。	H	H	L	M	M	M	H
29. 穆安达沿海和海洋区域 • 位置:本区域占地面积约66,000公顷,其地理坐标位于南纬5.45°~6.55°和东经12.45°~13°,在刚果民主共和国境内。 • 刚果民主共和国的大西洋海岸有40千米长,在海洋红树林公园,生长有大面积的红树林,一直到其与安哥拉的卡宾多省北部边界。这个沿海地区的西部地区占地面积约为11万公顷。该地区包括海龟巢居的海岸线、红树林周围区域以及由毗邻的刚果民主共和国在大西洋地区的刚果河影响区水下峡谷形成的海洋盆地。人们可以在这里看到海牛、河马、鲸、海豚、海龟、鱼、海鸟、软体动物、甲壳动物、红树林等。此外,由于峡谷的存在以及刚果河	M	M	H	M	M	H	—

续表

海域的地理位置及概况	C1	C2	C3	C4	C5	C6	C7
	见附件2表格图例						
河口的影响,导致在本区域形成了一个海相盆地。除此之外,本区域还存在上升流现象,吸引了许多海洋动物,从而为动物觅食和繁殖创造了有利的生存环境。该盆地的存在也对初级生产、盐度、海洋生物分布、海洋流体力学和本格拉和几内亚洋流的方向起到了促进作用。	M	M	H	M	M	H	—
30. 赤道金枪鱼生产区 • 位置:本区域横跨赤道,起源于刚果海相盆地;其水深超过100米,有时超过1000米。 • 毗邻几内亚洋流的非洲沿海国家的近海海域都有所谓“赤道生产区”的区域海区,它是金枪鱼及相关物种的幼体和成年洄游、繁殖和成长的地方。据估计,金枪鱼的年渔获量为20万吨以上。底栖生境主要由泥和独特的岩相组成,且该地区拥有季节性强大成熟上升流。	H	H	M	M	H	M	M
31. 加那利和几内亚洋流交汇地 • 位置:本区域位于北纬3°~15°以及西经12°~25°,包括塞内加尔南部、冈比亚、几内亚、几内亚比绍、塞拉利昂和利比里亚北部以及国内和专属经济区海域的生态系统和生境,并且延伸到由很多海山组成的深海水域。 • 本区域是许多生态系统、生境尤其是海山的家园。本区域拥有粉红虾、槽虾、多刺龙虾和软体动物等物种,也有中上层和底层鱼类和高度洄游鱼类。在本区域,人们还可以看到包括小金枪鱼在内的金枪鱼以及鲭鱼、大西洋旗鱼和箭鱼、鲨鱼和西非海牛等水生哺乳动物。除其他外,本区域还拥有白颈鹳、巨鹭、锤头鹳、吼海雕和鱼鹰等鸟类。本地区的另一个特点是拥有强劲的上升流,这是本海域拥有很高生产率的基础。	H	H	H	M	H	H	M
32. 拉米罗斯-帕尔梅林哈斯沿海区 • 位置:本区域位于安哥拉罗安达市以南。它不包括姆苏鲁半岛,但包括泻湖和卡赞加岛,以及南到宽扎河的沿海区域。 • 本区域的植物是以慢速生长的盐沼物种和生长在潮滩其他动植物为主。本区域是濒危海龟的重要繁殖地,是螃蟹幼体的繁育地,并且拥有大量其他物种。红树林及相关生境及有些品种(如筑巢海龟)对影响其生态系统功能(避难、繁殖和觅食区等)的人为压力(例如,交通、污染、开采、开发及相关碎片化)非常敏感。鉴于本区域的物种生长和繁殖缓慢,且因此生物群落下降/毁林(包括海龟、海牛、红树林)后的恢复速度缓慢,故被视为生态系统脆弱区。	M	H	H	M	M	M	M

续表

海域的地理位置及概况	C1	C2	C3	C4	C5	C6	C7
	见附件2表格图例						
33. 库内－蒂格雷斯 • 位置：本区域占地约4841平方千米（103千米×47千米），最北到蒂格雷斯岛以北10千米，最南到库内河口以南2千米，近海范围25海里。本区域完全在其横跨的两个邻国（安哥拉和纳米比亚）国家管辖范围内，其中80%以上面积属于安哥拉管辖范围内。 • 库内河和蒂格雷斯岛－海湾复合体因各种物理化学过程被完整地联系在一起。虽然相隔50千米，但库内河仍然影响河口北部蒂格雷斯海湾的盐度、泥沙和生产力。这个区域的特点是它的独特性、对候鸟的重要性、繁育功能及其生境和物种的多样性。	H	H	M	M	M	H	M
34. 纳米比亚群岛 • 位置：本区域由位于南纬24°～27°的四个岛屿组成（作为一个整体），处于纳米比亚国家管辖范围内。 • 纳米比亚近海岛屿都位于密集的卢德里兹上升流内本格拉洋流大型海洋生态系统（BCLME）中心区。对纳米比亚近海岛屿对濒危和脆弱海鸟物种的生命历史阶段具有重要意义。这四个岛屿（水星岛、哈利法克斯岛、Ichaboe岛和波塞申岛）是现有纳米比亚群岛海洋保护区内的海鸟繁殖地。每个岛周围5千米的缓冲区被用于为具有重要生态或生物意义的岛屿和毗邻海洋环境划界。	L	H	H	H	M	L	M
35. 奥兰治锥形区 • 位置：该河口位于南纬29°，形成南非和纳米比亚的沿海边界，并且继续在西南方向海洋延伸。本地区向北延伸30千米，一直到奥兰治河南岸，离海岸线约60千米，虽然离海岸线最远处达100千米，但本地区仍然具有奥兰治锥形区海洋环境的特点。本区域横跨南非和纳米比亚两国国家管辖范围内的海洋区域。 • 对于海洋环境的径流而言，奥兰治锥形区是南非的主要河流。河口拥有丰富但已被改变的生物多样性。沿海地区包括极度濒危生境（纳马夸沙质近海）。海洋环境经历缓慢、可变洋流和弱风，使其成为中上层鱼类潜在的有利繁殖区。此外，事实证明，由于河流流出物对Thukela海底斜坡（一个类似浅海细粒淤积环境）地区吸引鱼类的重要性，有可能对奥兰治锥形区内海也具有类似的生态依赖性。本区域以南300千米（Olifants河）和以北1300多千米（Kunene）没有遇到类似的河口/近海生境。南非和纳米比亚正在考虑在奥兰治河河口建立一个跨界拉姆萨尔湿地保护区。总之，这个区域被认为在“唯一性或稀缺性”和“对物种生命历史阶段的特殊重要性”方面具有重要意义。	H	H	M	M	M	M	M

续表

海域的地理位置及概况	C1	C2	C3	C4	C5	C6	C7
	见附件2表格图例						
36. 奥兰治大陆架边缘 • 位置:本区域位于南非和纳米比亚西部外大陆架及大陆架边缘,处于两国边界毗邻区内。它位于两个国家的国家管辖范围内。 • 在纳米比亚一侧,包括特里普海山和一个大陆架凹进峡谷。南非境内区域已知由硬质未固化底层大陆架/大陆架边缘生境组成,至少包括已查明的60个近海底栖生境类型中的3个。根据近期对南非沿海和海洋生境进行的一次威胁状况评估,这三种类型生境正在受到威胁;其中一个生境为极度濒危。不过,本地区是南非处于相对自然/原始状态的少数濒危生境类型中的一个。根据对系列拖网调查数据进行长期分析的结果,该地区已被确定为底层鱼类生物多样性的持续热点。这可能与该地区的异质生境有关。总之,根据具有重要生态或生物意义的海洋区域标准:"对受威胁、濒危或下降物种和/或生境的重要性""生物多样性"和"自然",本区域被认为非常重要。	L	M	H	M	M	H	H
37. 柴尔兹海底斜坡 • 位置:柴尔兹海底斜坡大约位于南非西海岸鸿德克利普拜以外190海里,完全位于南非国家管辖范围内。 • 这个区域包括五类底栖生境,海底斜坡、外大陆架及大陆架边缘、起支撑作用的硬质生境和未固化生境。本区域内的一类生境被评定为"极度濒危",另外两种被评定为"脆弱"。然而,海底斜坡本身的海底区域被认定为处于"良好"自然状态,表明其生态状况和过程均处于完好状态。柴尔兹海底斜坡及相关生境均以支持结构复杂的冷水珊瑚、水珊瑚虫、柳珊瑚以及由构成脆弱海洋生态系统组成的玻璃海绵等物种而闻名。	H	L	M	H	L	M	H
38. 纳马夸沿海地区 • 位置:本区域在南非国家管辖范围内,处于南非西海岸纳马夸生物区内。它北以斯波伊格河口为界,南以苏特河河口为界。 • 纳马夸生物区的特点是生产率高和沿岸拥有大量生物。本区域中大部分地区的生境处于相对较好(自然/原始)状态下,原因是相对于北方省其他沿海地区其受到人类压力要低得多。因此,本区域对当地出现的几种受威胁生境(包括一些已被列为极度濒危的生境在内)非常重要。	L	M	H	M	H	L	H

续表

海域的地理位置及概况	C1	C2	C3	C4	C5	C6	C7
	见附件2表格图例						
39. 开普峡谷及周围地区 • 位置:本区域位于南非西南海岸以外,完全在南非国家管辖范围内。本区域包括开普峡谷、毗邻大陆架边缘、外大陆架区域和内大陆架区域以及圣海伦娜湾的一部分。本区域还包括兰吉泻湖和萨尔达纳湾以外岛屿。 • 开普峡谷是南非西海岸以外两个海底峡谷之一,这是一个比较广阔区域,已被公认是三个系统保护计划中的一个重要区域。既有底栖地貌,也有深海地貌,该地区对中上层鱼类非常重要,是海洋哺乳动物和一些受威胁海鸟物种的重要觅食区。大陆架边缘上的峡谷和泥质地貌是有限的生境类型,被认定为极度濒危。还有证据表明,海底峡谷拥有脆弱的生境形成物种,本区域还有其他特有和潜在脆弱底栖生物群落。硬地区域,特别是拖网足迹没有覆盖的区域,也可能会受到破坏,并且本区域的石油和采矿活动也越来越多。本区域内有几个小的沿海海洋保护区。	M	H	H	H	H	M	M
40. 布朗斯海底斜坡 • 位置:布朗斯海底斜坡包括沿南非西部大陆边缘的外大陆架和大陆架边缘。本区域位于南非西南海岸以外,完全在南非国家管辖范围内。 • 本区域包括一个特有卵石生境、造礁冷水珊瑚和无拖网硬地。它是底层和中上层鱼类的重要产卵区。产卵区与西海岸近海区和阿古拉斯海底斜坡的幼苗生长区连在一起,并且具有比北区域更好的保留区。阿古拉斯和南部本格拉生态区与本区域东南边界相连,零星的大陆架边缘上升流提高了外部边缘的生产率。本区域对受威胁生境和物种非常重要;其中包括极度濒危的底栖生境,并且可能与两个拟议的海上重要海鸟区重叠,即科里海鸥海鸟区和大西洋黄鼻信天翁海鸟区。本区域已被两个系统的生物多样性计划确定为一个优先区域,满足生境代表、脆弱海洋生态系统和鳕鱼产卵地的目标。	H	H	H	M	M	L	M
41. 纳马夸化石林 • 位置:本区域位于南非纳马夸陆地海岸以外120~140米深的中心大陆架上,处于南非专属经济区内。 • 纳马夸化石森林是一个小的(2平方千米)露出水面的海底岩石,位于南非西海岸大约30千米以外,由水下136~140米深的化石罗汉树组成。化石树干已被脆弱、正在形成的礁石珊瑚生境所占据,这一情况得到了潜水调查影像的证实。露出水面的岩石为高达5米×1米×0.5米横向延伸的石板。根据区域侧扫声纳	H	—	—	H	M	—	—

续表

海域的地理位置及概况	C1	C2	C3	C4	C5	C6	C7
	见附件 2 表格图例						
解释,露出水面的岩石据信是本区域特有的。这个地方被认为是未被开采的地方,尽管它可能属于当前钻石采矿租凭区范围内。综上所述,纳马夸化石森林被认为是有大量复杂结构的特有地貌,非常容易受到底栖影响。	H	—	—	H	M	—	—
42. 纳米布洄游路线 • 位置:纳米布洄游路线位于十字角和桑威奇港之间的多罗布国家公园和纳米布诺克路福公园的一块近海区域上,处于南纬 21°~24°。该区域向海上延伸 50 海里,位于纳米比亚的国家管辖范围内。 • 纳米布洄游路线是本格拉系统中的一个高产区,吸引了大量的海洋和近海鸟类、海洋哺乳动物、海龟和其他动物。它包含两个海洋拉姆萨尔湿地、四个重要鸟类保护区和两个拟议离岸重要鸟类保护区。卢德里兹上升流与沿岸漂移和盛行陆上风进一步影响其北部。由于繁盛期推迟,本格拉洋流的初级产量是纳米比亚海岸中部地区最高的。	M	H	H	M	H	M	L
43. 本格拉上升流系统 • 位置:本格拉上升流系统的地理范围是从南部的好望角到安哥拉-纳米比亚边界(南纬 17.15°),北部沿非洲西南海岸。此外,它还被划定为从高水位线向大于源自垂向归纳模型(VGPM)的全球海洋生产力估计平均值每天 1000mg · C/m^2 生产率极限过渡的区域。在北部地区,本格拉上升流系统近海边界区延伸到纳米比亚和安哥拉专属经济区以外。 • 本格拉上升流系统的北部和南部以温暖水流系统为界,并且具有很高的初级生产力(大于每天 1000mg · C/m^2)。这种高生物生产力支持了众多商业、手工业和休闲渔业。它包括重要的鱼类产卵及育苗区以及濒危和受威胁鸟类物种的觅食区。另一个关键特征是本格拉北部的硅藻泥地带。这包括以正在氧化的硫化物细菌为生的区域特有低氧底栖生物群落。	H	H	H	M	H	H	M
44. 鲸湾海脊 • 位置:该地貌完全在国家管辖范围以外,从纳米比亚-安哥拉大陆边缘(南纬 19.3°)倾斜着向大西洋中部海脊(南纬 37.4°)的特里斯坦达库尼亚岛群延伸。 • 鲸湾海脊是一个重要海山山脉,形成一个从非洲大陆边缘向南部大西洋海脊的自东向西的桥梁。它是一个独特的地貌特征,很可能对与海山有关的脆弱无柄大型动物和底栖鱼类特别重要。	H	H	M	M	—	M	M

续表

海域的地理位置及概况	C1	C2	C3	C4	C5	C6	C7
	见附件2表格图例						
虽然鲸湾海脊有底层渔业活动,但商业捕鱼活动的空间范围被限制在一个相对较小的区域。由于深度变化,从斜坡到最高处和表层水域,本区域很可能是维持一个相对较高的生物多样性。这一地貌特征维护了很多全球濒危海鸟。	H	H	M	M	—	M	M
45. 亚热带交汇区 • 位置:本区域是一个从西经9°~18°到南纬36°~43°的细长多边形,并将鲸湾海脊和大西洋部海脊的边缘与西部连接起来。该区域的特有地貌的边界一直延伸到南纬31°,并向下延伸到南纬45.5°。该亚热带交汇区的海洋学特征继续向西一直延伸到南美大陆边缘。本区域最西端不包括特里斯坦达库尼亚群岛的国家管辖区域。该区域完全位于国家管辖范围以外的海洋区域内。 • 本区域生产率很高,并且支持大量生物区。本地区拥有的物种包括南方黑鲔、南露脊鲸以及被世界自然保护联盟确认为受威胁物种的海鸟,其中包括极度濒危的特里斯坦信天翁。	M	H	H	M	M	M	L

附件2-10 对北极地区符合具有重要生态或生物意义海洋区域标准的区域的描述[1]

海域的地理位置及概况	C1	C2	C3	C4	C5	C6	C7
	见附件2表格图例						
1. 北冰洋深海边缘冰区和季节性冰盖 • 位置:本区域由表层冰面以及国家管辖范围以外区域水深超过500米水域边缘海冰区相关联的相关水体组成。从地理和时间上讲,处于浮冰群边缘的边缘浮冰区是一个动态地貌,由于北极浮冰群每年都可能发生变化,所以其面积、形状和地理位置也会变化。本区域多年边缘冰的范围已被限制在国家管辖范围以外海域且位于北极区域水深超过500米的水域。 • 在北冰洋中部的盆地,大面积的区域常年被冰层覆盖,因此,冰缘和季节性冰区在夏季会有一段露出水面的时期。在北冰洋深处这个新的重要冰缘/季节性冰区和季节性露出水面的区域会随时间和空间变化而变化。由北冰洋深海(水深超过500米)上的季节性冰盖而形成边缘浮冰区是国家管辖范围以外区域的一	H	H	M	H	H	M	H

[1] 详细内容载于《促进描述具有重要生态或生物意义的海洋区域的北极区域讲习班报告》附件八的附录,UNEP/CBD/EBSA/WS/2014/1/5。

续表

海域的地理位置及概况	C1	C2	C3	C4	C5	C6	C7
	见附件2表格图例						
个显著且独特的地貌特征。这种冰的生境在北极别的地方没有。无论是在冰区，还是在水体，海冰都会改变初级生产的数量、时间和位置，并且可能会在整个生态系统内发生连带效应。本区域对几种北极特有物种非常重要。有些与冰相关的物种被自然保护联盟列为脆弱物种和（或）被奥斯巴委员会列为受到威胁和（或）正在下降的物种。对于与冰相关的物种来说，边缘浮冰区及沿岸水道是其重要觅食区。对于某些海洋哺乳动物来说，海冰是重要的繁殖、换毛和休息的生境。	H	H	M	H	H	M	H
2. 北冰洋中部多年海冰 • 位置：本区域由表层冰面以及与多年海冰区相关联的相关水体组成。从地理和时间角度来讲，这个区域被描述为一个动态区域。此种描述中提到的多年海冰范围系指国家管辖范围以外的区域。 • 本区域提供了一系列全球和区域重要生境。由于气候变化的原因，对不断变化的冰况预测表明，北冰洋中部国家管辖范围以外区域以及邻近加拿大水域保留冰的时间很可能比北极其他地区更长，从而为包括脆弱物种在内的全球以冰为生的特殊物种提供栖息地，因为冰的丧失仍在继续。向较少多年海冰转变将会影响到本区域的物种构成以及初级生产者的产量，并且可能会在整个生态系统内产生连带效应。在冰盖不断减少的情况下，对多年海冰边缘生活的冰上动物的影响将是最大的。北极熊高度依赖于海冰生境，因此，特别容易受到海冰范围、持续时间和厚度变化的影响。多年海冰生境对南部和北部波弗特海亚群北极熊的繁殖生境特别重要。	H	M	M	H	L	L	H
3. 摩尔曼滨海和瓦朗厄尔峡湾 • 位置：本区域位于巴伦支海内。东以白海为界，西以俄罗斯/挪威海上边界为界。 • 本区域的特点是生产率非常高（每年净初级生产力的9% ~ 13%）且底栖生物量大。它是若干种中上层鱼类（如毛鳞鱼、沙鳗）的产卵区，而滨海有大量海鸟群体（超过50,000对不同种类的繁殖鸟）。它还在维持海洋哺乳动物种群方面发挥重要作用，成为灰海豹的重要觅食和繁殖区，小须鲸、港湾鼠海豚和逆戟鲸的觅食区。科拉半岛的沿海水域也是白鲸的洄游走廊和觅食区。世界自然保护联盟红色名录所列其他鲸类也经常在这里出现，如座头鲸、塞鲸和白喙豚等。	M	H	H	H	H	H	M

续表

海域的地理位置及概况	C1	C2	C3	C4	C5	C6	C7
	见附件2表格图例						
4. 白海 • 位置:本区域包括除沃罗卡北部以外的整个白海,从海洋学角度上讲,沃罗卡北部与巴伦支海接近。本区域完全位于俄罗斯联邦专属经济区范围内,且包含国际海上航线。 • 白海是欧洲最年轻的海,拥有特有的海洋学状况,有深层冷水形成的戈罗海峡。戈罗区域的特点是强劲的潮流引起高湍流,并将向下混合水体一直到海底。它将冷水传播到南部,并且填满整个白海深海区并且温度常年保持零度以下。这些特殊条件形成一个生物边界,限制了动物从外部区域进入白海。充满冷水的深海区为浮游和底栖生物群落提供了生境,而上层和浅水区则拥有典型的寒带动物和水生植物(海带和海草)。在某些区域,大型底栖动物物种数量超过460种,而白海里的浮游植物物种数目超过440种。白海拥有两个特有鱼类亚种、大西洋鲑鱼的洄游路线及其丰富的种群。白海的海湾和岛屿为17种水鸟提供了繁殖地,并且成为常见绒鸭作为筑巢区。这个区域与东大西洋洄游路线重叠,因此,作为洄游走廊和临时停留区域,它具有极大重要性。冬季形成的冰间湖是若干海鸟的重要过冬地。就海洋哺乳动物而言,白海拥有竖琴海豹重要的觅食、产仔和换毛区,也是白鲸极为重要的交配地。	H	H	M	H	M	H	H
5. 巴伦支海东南部(伯朝拉海) • 位置:本域主要涵盖受伯朝拉河流影响的巴伦支海东南浅水区。传统上,这个区域被称为伯朝拉海,即使它不是正式的海。该区域完全位于俄罗斯联邦的领海和专属经济区内。 • 巴伦支海东南部浅水区,即所谓的伯朝拉海,具有特殊的海洋学、水文和冰情特征,并且拥有一个主要基于底栖生产的特有生态系统。它不同于巴伦支海的其余部分,其带有更多的大陆性气候、盐度更低、水深浅且有低地海岸。最突出的环境特点是伯朝拉河(它是排入北冰洋欧洲部分第二大河流)。伯朝拉河流入北冰洋的河水影响到这一区域,并且证明了某些生物学特征。伯朝拉海被称为拥有丰富且高产的底栖生物群落,伯朝拉河为这些生物群落带来了大量营养。	M	H	M	H	H	M	M

续表

海域的地理位置及概况	C1	C2	C3	C4	C5	C6	C7
	见附件 2 表格图例						
6. 诺瓦亚赞姆亚西部和北部海岸 • 位置:本区域涵盖了峡湾沿海地区和一般 100 米等深线以内毗邻大陆架(诺瓦亚赞姆亚北岛最北部分除外,那里较深的地方非常接近岸边)。本区域位于俄罗斯的领海和专属经济区内。 • 诺瓦亚赞姆亚西部和北部的巴伦支海海岸是一个基于波动极锋区和边缘浮冰区的高产海区。大西洋和北冰洋水团在此交汇,形成极锋,其特点是温度和盐度变化率很大,且其位置沿东巴伦支海波动,从而导致整个诺瓦亚赞姆亚西部海岸的生产力提高。导致高产的另一个特征是边缘浮冰区,而它在这一区域内随季度在移动。该区域为巴伦支海鳍足类和鲸类动物等常见物种提供了觅食地,并且为须海豹和环斑海豹提供了繁育地。诺瓦亚赞姆亚西海岸的沿岸水道和上层浮冰系统应该是卡拉白鲸种群以及可能的大西洋海象的春季洄游路线。该海域的高生产力支持了东北大西洋最大的海鸟群,包括常见绒鸭的大量繁殖种群。珍稀和受威胁的物种/栖息地包括受威胁的虎头绒鸭和长尾鸭的中转和换羽地。在西部海岸的一些地方,其底栖生物量超过每平方米 1000 克,因此,本区域成为大西洋海象的重要觅食地。在冬季,诺瓦亚赞姆亚西海岸的边缘浮冰区、冰间湖和沿岸水道都是海鸟和北极熊的重要过冬地。	M	H	—	M	H	—	M
7. 巴伦支海东北部 – 喀拉海 • 位置:本区域涵盖弗兰兹 – 约瑟夫地群岛和北地群岛的北极俄罗斯群岛以及几个近海岛屿、内海群岛水域和内海、毗邻俄罗斯领海和专属经济区。 • 本区域是大西洋地区特有、原始和脆弱的高纬度北极海洋生态系统的一个例子。其地形由一群岛大陆架和有众多深水峡谷的毗邻岩床断裂带组成;边缘浮冰区在一年期间要从本区域通过。其表面水域是典型的北极水域,大西洋海水沿大陆斜坡流动并丰富了本地生物群落和生物生产力。本区域拥有大量典型北极物种(例如,海鸟、海洋哺乳动物、底栖无脊椎动物),并且拥有若干全球受威胁鸟类和海洋哺乳动物物种的核心区域。	M	H	H	H	H	—	H

续表

海域的地理位置及概况	C1	C2	C3	C4	C5	C6	C7
	见附件2表格图例						
8. 鄂毕－叶尼塞河口 • 位置:本区域包括大西伯利亚鄂毕河和叶尼塞河河口和三角洲,以及它们的外海区。鄂毕湾是俄罗斯北极地区最大的河口,从鄂毕河三角洲到北部中南部喀拉海海口长达近1000千米。叶尼塞湾是继鄂毕湾之后的第二大河口。 • 鄂毕湾和叶尼塞湾形成北极地区最大的河口区。前部区域初级生产力高,维持了大量淡水和半溯河性鱼类种群、水生鸟类和水禽。溯河和半溯河产卵的物种通过河口进行季节性洄游,而河口区外侧部分的固定冰则成为极地鳕鱼的一个重要产卵区。本区域的沿海区的特点是生物和景观多样性非常高(从沙滩到苔原的过渡性生境系统)。这里是大多数生物热点都注意到的区域。本区域养育了多种水鸟物种。其中大多数与非繁殖季节期间的海洋生境有着比较密切的关系。这些物种中包括像虎头绒鸭、皃绒鸭(斑脸海番鸭)和长尾鸭等全球濒危物种,它们在苔原上繁殖但在非繁殖期间主要以沿海水域为生。河口还为海鸭、鹅和天鹅提供换羽和觅食地,包括王绒鸭、长尾鸭、海番鸭、暗腹黑雁鹅和毕威克天鹅。本区域还是其外侧部分出现的白鲸和北极熊的重要夏季觅食地。	H	H	M	M	H	L	M
9. 大西伯利亚冰间湖 • 位置:本区域位于拉普捷夫海内,并且与拉普捷夫海处于东泰梅尔与新西伯利亚群岛北部区域(与东西伯利亚海的边界上)之间的中间岩床上形成的最大部分冰间湖相对应。本区域完全位于俄罗斯联邦的专属经济区内。 • 其最显着的特征是拉普捷夫海海象。这种海象先前被认为是特有亚种。本区域对恢复极地鳕鱼发挥着重要作用,而极地鳕鱼是高纬度北极生态系统中大部分顶级掠食者的主要食物。拉普捷夫海冰间湖养育了由厚嘴海鸦和黑足三趾鸥为主的生物群体链。在春季迁徙期间,这些冰间湖是虎头绒鸭等鸟类的家园。拉普捷夫海冰间湖网也维持大量稳定的海豹种群,而这些海豹又引来了其主要天敌——北极熊。	H	H	M	H	H	M	H

续表

海域的地理位置及概况	C1	C2	C3	C4	C5	C6	C7
	见附件 2 表格图例						
10. 弗兰格尔－杰拉德浅滩和拉特曼诺夫环流 • 位置:本区域从弗兰格尔岛周围水域沿德龙海峡中间线向西经 180°延伸,然后沿 30 米等深线向杰拉德岛延伸,包括杰拉尔德海沟的一部分,并延伸到塞德兹－卡门角东部约西经 173°处。北边边界通常沿 100 米等深线。这个区域位于俄罗斯联邦的专属经济区和领海内。 • 深海底栖动物和海底动物的生物量非常高。在弗兰格尔岛周围形成了陆地固定冰和冰间湖。弗兰格尔岛以外冰间湖的形成是北极和西伯利亚反气旋之间相互作用的结果。该区域基本上是没有人类活动的地方。在春季,本区域成为每天有数百只北极露脊鲸的洄游路线,且在夏季和秋季成为白鲸、北极熊、太平洋海象和灰鲸的洄游路线。但本区域没有特有物种得到证明,只有了解不多的若干被称楚科奇海的物种在这里出现。在冬季,毗邻弗兰格尔岛的冰间湖形成一个拥有大量环斑海豹和须海豹及其掠食者——北极熊的区域。本区域成为海鸟、海象和鲸目动物的觅食区。	M	H	H	H	H	H	H
11. 楚科奇沿海水域 • 位置:本区域从东西伯利亚海阿永岛的西部和北部边缘延伸,包括恰翁湾(俄罗斯恰翁斯卡亚湾)和科柳钦湾(俄罗斯科柳钦斯卡亚湾),传统上延伸到典型海岸 35 米处。它完全位于俄罗斯联邦(内河入海口、领海和专属经济区内海洋水域)的管辖范围内。 • 相较于大部分西伯利亚大陆架海区,恰翁湾及其他入海口和泻湖港湾海藻生物群落大大增加了沿海区域的生产力。在受到保护的海湾和河流入海口,沿海区域底栖生物量很高。有些生物群落特别罕见,即沿恰翁湾东部海岸生长的墨角藻状海藻群落、海藻、海带和贻贝床,它们是较温暖的全新世时期环境的遗物。其特有生态系统的浅海湾和沿岸沼泽成为包括绒鸭、长尾鸭和海雀在内众多水鸟的脱毛和产卵区。在冬季,大部分楚科奇半岛沿海区域成为大量环斑海豹和须海豹及其天敌——北极熊的活动区域。该区域还成为灰鲸加利福尼亚州－楚科奇种群和北极露脊鲸的洄游路线。	M	H	H	H	H	H	H

附件2－11 对西北大西洋地区符合具有重要生态或生物意义的海洋区域标准的区域的描述〔1〕

海域的地理位置及概况	C1	C2	C3	C4	C5	C6	C7
	见附件2表格图例						
1.拉布拉多海深对流区 • 位置:本区域位于拉布拉多海深海盆的中央环流之中。该区域没有固定的地理坐标;相反,它的划界是根据物理海洋学属性动态确定的。 • 拉布拉多海是全球海洋环流系统的重要组成部分。它是北大西洋冬季深层海水交换表层海水的深对流作用的唯一所在地。在对流过程中,二氧化碳、氧气和有机碳等海水成分从表面输送到深层。这个区域还为成年飞马哲水蚤提供了中水越冬避难所,而飞马哲水蚤则是养育拉布拉多岩床及更远的下游区域浮游动物种群的一个关键物种。海洋—冰—大气相互作用的逐年变异性导致对流强度和程度的剧烈的年际变化。然而,从长远来看,亚极表层海水的持续变暖和淡化很可能是导致整个对流弱化的一个因素。因此,人们可能会期望通过西北大西洋生态系统扩大这一领域内的显著生态变化。	H	M	—	M	L	L	M
2.南拉布拉多海海鸟觅食区 • 位置:本区域位于拉布拉多海南部、纽芬兰东北部。已查明的海鸟栖息地跨越加拿大专属经济区和毗邻远洋水域,但被描述为符合具有重要生态或生物意义的海洋区域标准的区域仅限于远洋部分。每个海鸟物种所使用的具体区域很可能随季节和年度变化而变化,因此,从性质上讲,这个区域是动态的。 • 纽芬兰和拉布拉多以外水域养育了全球重要的海洋脊椎动物,包括估计每年有4000万只海鸟。近期的很多跟踪研究突出了南部拉布拉多海的重要性,特别是作为海鸟觅食生境,包括越冬黑腿三趾鸥和厚嘴海鸦,并且养育了利奇的风暴海燕。这种生境跨越了南部的孤儿盆地到北纬56°,包含大陆架、斜坡和毗邻近海水域。而养育这些海鸟的生境则横跨加拿大专属经济区和毗邻国家管辖范围以外区域,这种描述代表了位于远洋区域内的部分,其中代表20个种群的三个海鸟物种的核心觅食和越冬区相互交织。	M	H	M	M	M	M	M

〔1〕 详细内容载于《促进描述具有重要生态或生物意义的海洋区域的西北大西洋区域讲习班报告》的附件四的附录,UNEP/CBD/EBSA/WS/2014/2/4。

续表

海域的地理位置及概况	C1	C2	C3	C4	C5	C6	C7
	见附件 2 表格图例						
3. 孤儿海丘 • 位置：本区域位于北大西洋，弗莱明海角北部，并从水下不到1800米深处上升到海面。孤儿海丘是一个不规则形状的地貌，因东南部毗邻的一个海山而得名。边界沿孤儿海丘和小海山而划，以便将这两种地貌都包括进去。东部沿4000米等深线，南部和西北部沿3000米等深线。在东南边，与3000米和4000米等深线连接，以便包含4000米等深线附近的小型地貌。在西部，沿等深线（约2750米）划界，以期将3000米等深线与北部和南部之间孤儿海丘的斜坡包括进去。 • 孤儿海丘提供了一个硬地层岛屿，并且成为一个独特且复杂生境：从孤儿盆地周围深海松软沉积物中升起的岛屿。由于被隔开，海山往往养育特有生物种群和独特的动物群组合。虽然孤儿海丘与相邻的大陆斜坡接近，但它更深，且似乎拥有独特的动物群系。在进行水下拍照和录像调查期间，已在孤儿海丘发现了脆弱且长寿的珊瑚和海绵。泰勒锥形循环已得到确定，为保持这一地貌上的幼虫提供了一个机制。	H	—	—	H	L	H	H
4. 弗莱明海角和格兰德沙洲的斜坡 • 位置：本区域以600米和2500米等深线为界，并位于加拿大专属经济区范围以外。 • 纽芬兰的弗莱明海角和格兰德沙洲斜坡包含西北大西洋渔业组织监管区的国际水域中已查明脆弱海洋生态系统中的大多数群聚分类指标。这个区域还包括所有当前西北大西洋渔业组织保护其监管区域内珊瑚和海绵的保护区，并且是国际水域中格陵兰大比目鱼渔场的一个组成部分。它也是很多受威胁和被列入濒危物种清单的物种的栖息地。在被描述为符合具有重要生态或生物意义的海洋区域内发现了大量海洋类群生物多样性。	H	M	H	H	M	H	M
5. 东南浅滩和格兰德班克尾部上的毗邻区 • 位置：本区域位于纽芬兰东南部格兰德班克的南部。该地区从200海里（加拿大专属经济区）向100米等深线延伸。 • 东南浅滩和毗邻区（简称格兰德班克的尾部）是一个高生产力的生态系统，维持了一个动态的海洋生物网达数百年。东南浅滩是一个古老的海滩遗址，提供了一个水浅、比较温暖、沙质生境，是特有近海毛鳞鱼的产卵地。该地区还是美洲黄盖鲽的幼崽成	H	H	H	M	H	H	L

续表

海域的地理位置及概况	C1	C2	C3	C4	C5	C6	C7
	见附件2 表格图例						
长地，也是已经消失的美国欧蝶、已经消失的大西洋鳕鱼和条纹狼鱼（被加拿大联邦濒危物种法案列为特别关注物种）的产卵地。这里也出现过紫贻贝和蛤楔形的特有种群。由于有丰富的饵料鱼的存在，“尾巴部”是包括座头鲸和长须鲸在内很多鲸类动物的重要觅食区，并且有大量的海鸟经常来此，包括在非繁殖季度从超过15，000千米远的南大西洋繁殖地飞到这里觅食的物种。	H	H	H	M	H	H	L
6. 新英格兰和科纳里塞海山 • 位置：本区域包括以新英格兰和科纳里塞海山山脉命名的海山。鉴于这两个海山山脉之间相距约300千米，这一区域包括这两个山脉的独立多边形。新英格兰海山地貌延伸到美国的专属经济区，但这里所描述的区域完全在国家管辖范围以外。 • 新英格兰和科纳里塞海山是罕见的硬基地层岛屿，拥有从深海上升到浅海的独特复杂生境，有一个地方离水面不到200米。由于其被隔离，海山往往拥有特有生物群落和独特的动物种群。新英格兰和科纳里塞海山脉都拥有复杂的珊瑚和海绵群落，包括众多特有物种。与周围深海区域相比，底栖多样性非常高。海山山坡和更深层次海峰环境（距离水面超过2000米）目前仍然没有受到人类活动的任何直接影响，尽管有些较浅海山已有商业捕捞活动。	H	H	—	M	—	H	M
7. 热液喷口区 • 位置：本区域沿大西洋中部海脊走向，从北纬30.125°、西经42.1183°的失落之城热液喷口区一直到北纬23.3683°、西经44.95°蛇坑热液喷口区。整个地貌位于国家管辖范围以外。 • 热液喷口是以温度高于周围深海区为主要特点且具有富硫化学特征的特有生境。少数地方性物种适应这些恶劣环境，并且可以高密度生长。这一区域沿大西洋中部海脊走向，从失落之城热液喷口区起，并且包括已经得到证实的断裂支线和横跨大西洋地质路线的活热液喷口。据估计，失落之城热液喷口区一直活跃了3万多年，拥有独特的特点，是一个低温高碱热液喷口。	H	H	—	H	H	H	H

附件 2-12 对地中海地区符合具有重要生态或生物意义的海洋区域标准的区域的描述[1]

海域的地理位置及概况	C1	C2	C3	C4	C5	C6	C7
	见附件2表格图例						
1. 北亚得里亚海 • 位置:位于意大利、斯洛文尼亚和克罗地亚海岸以外的亚得里亚海北部盆地的一部分。该区域大致以9米等深线划界,包含连接安科纳(科内罗)和伊洛维克岛的直线区域。该区域位于北亚得里亚海盆地北部,平均水深35米,受波河地幔柱的强烈影响。 • 它包括移动沙底、海草草场、硬底群丛和被称为“特雷扎”和“特格努伊”的特有露出岩石。该地区对几种受威胁物种非常重要。它拥有最高密度的地中海宽吻海豚种群,是地中海蠵龟的最重要觅食地之一,是很多脆弱物种[蓝鲨(大青鲨)、沙洲鲨、凤尾鱼等]的幼苗生长地。由于其从西部到东部沿海环境因素存在重要梯度,该区域拥有大量底栖和浮游生境。它也是地中海中最高产的区域之一。	M	H	H	M	H	M	L
2. 雅布卡/波莫凹陷区 • 位置:本区域涵盖三个最大水深分别为270米左右的不同相邻凹陷区。本区域从200米等深线向外延伸4.5海里。该区域包含相邻的凹陷区,雅布卡(或波莫)凹陷区位于中东亚得里亚海,拥有200~260米的最大水深。 • 这是一个敏感且极为重要的亚得里亚海底层资源产卵及育苗区,尤其是欧洲鳕鱼。这个区域拥有的挪威龙虾的种群最多,尤其200米以上深度对幼苗特别重要。基于现有科学数据,它是巨型魔鬼鱼高密度产区,这种鱼是《地中海特别保护区和生物多样性议定书》附件二所列以及世界自然保护联盟红色名录所列出的特有物种。该凹陷区可以为一些处于关键生活阶段的鼠鲨以及鲭鲨提供良好环境,这两种物种已经处于极度濒危(世界自然保护联盟,2007年)状态,都被列入《地中海特别保护区和生物多样性议定书》附件二。关于底栖物种,可以看到几种类型的珊瑚(石珊瑚和海葵)。	H	H	M	M	H	M	L

[1] 详细内容载于《促进描述具有重要生态或生物意义的海洋区域的地中海区域讲习班报告》附件四的附录,UNEP/CBD/EBSA/WS/2014/3/4。

续表

海域的地理位置及概况	C1	C2	C3	C4	C5	C6	C7
	见附件2表格图例						
3. 南亚得里亚海爱奥尼亚直线区 • 位置:本区域位于南亚得里亚海盆地南部中心和爱奥尼亚海的北部。在西侧,它包括亚得里亚海的最深部分,并且包括阿尔巴尼亚沿海地区(萨扎尼岛和卡拉布勒尼半岛)。它还涵盖圣玛丽亚迪莱乌卡附近的斜坡。该区域位于南亚得里亚海盆地南部中心和北部爱奥尼亚海。 • 它的特点是坡陡、盐度高,最大深度为200~1500米。与地中海的海水对流是通过奥特朗托海峡进行的,该海峡中有一个800米深的岩床。该区域拥有居维叶氏中喙鲸(《地中海特别保护区和生物多样性议定书》附件二所列物种)的重要生境,也是巨型魔鬼鱼、条纹海豚、地中海僧海豹和蠵龟等其他大型动物的重要生境,所有这些大型动物都已被列于《地中海特别保护区和生物多样性议定书》附件二。底栖动物包括深海冷水珊瑚群落和深海海绵聚合,形成了重要的生物多样性库,并且促进了有机物质的营养循环。金枪鱼、旗鱼和鲨鱼也是这个区域常见的物种。	H	H	H	H	M	H	M
6. 西北地中海中上层生态系统 • 位置:本区域位于从南巴利阿里群岛到利古里亚海的区域,包括狮子湾和第勒尼安海的一部分。 • 本区域的特点是其拥有能够使其承载相比而言特别多物种多样性和丰度地貌和海洋特性。本区域的海洋水团是其生产力和重要生物和生态意义的基础。对于包括金枪鱼和类金枪鱼在内的某些大型中上层鱼类种群而言,西地中海就是一个重要的繁殖和觅食区。来自大西洋的海龟(红海龟和棱皮龟)以及来自东部和中部地中海的蠵龟主要分布在该岛的北部和加泰罗尼亚海。巴利阿里群岛是两个海龟种群之间的连接区。该区域还包括63个重要鸟类区,并且拥有地方特有的巴利阿里海鸥和环嘴鸥的重要群体。	H	H	H	H	H	H	M
7. 西北地中海底栖生态系统 • 位置:本区域位于意大利、摩纳哥、法国和西班牙海岸以外。该区域的水深范围约为2500米,占地面积为196,000平方千米。 • 从海洋学条件、地貌和生态系统来讲,本区域既是西部盆地特殊性的代表,也是拥有单一营养网的生态系统的代表。凭借其海底、岩床和斜坡的广泛地貌特征,本区域拥有多种具有从中滨海带到半深海区相关保护重要性的生境,并且拥有以工程师物种(改变其环境的物种)为特征的重要生物多样性。大多数物种和生境是脆弱的,且都以复原力低为特点。	H	M	H	H	M	H	M

续表

海域的地理位置及概况	C1	C2	C3	C4	C5	C6	C7
	见附件2表格图例						
8.西西里海峡 • 位置:西西里海峡位于西西里岛和突尼斯之间,包括潘泰莱里亚(意大利)、佩拉杰群岛和兰佩杜萨(意大利)以及马耳他、戈佐和科米诺岛(马耳他)。 • 在这一区域,有西部和东部地中海盆地之间的水体和生物体交流。在更广阔的海峡内,有重要生态和生物组成成分相对有限的区域空间内共存,被认为是地中海中生物多样性热点地区。西西里岛附近有海山和深海珊瑚,包括属于脆弱物种的白珊瑚护堤,并且为很多物种提供重要生境。在这一区域,复杂的海洋条件导致生产力很高,并为鱼类产卵提供了良好条件,使得西西里海峡成为包括蓝鳍金枪鱼、旗鱼和凤尾鱼在内很多具有重要商业价值的鱼类以及一些底栖鱼类的重要产卵场。该区域也被认为是濒危白鲨的重要幼苗成长地。西西里海峡被认为是极度濒危马耳他鳐鱼的最后一个重要生境。	M	H	H	H	M	H	L
9.加贝斯湾 • 位置:加贝斯湾拥有626千米长的直线海岸线,由三个大地貌为代表:(1)本区域包含大量沿海地层(盐滩、海滩、泻湖、沙丘和湿地)和沿海生态系统(绿洲、河谷和特有植被群落);(2)北以拉斯-卡布迪亚为界、南以与利比亚边界为界以及东以50米等深线为界的海洋区域。这里有很多岛屿生态系统,其中最重要的是杰尔巴、克尔肯纳和克尼斯岛生态系统;(3)加贝斯湾地区,占到突尼斯海岸的33%。 • 加贝斯湾的海岸线是以地势低洼的沙地、沙地/泥泞海岸甚至沼泽海岸为特征。加贝斯湾是地中海海洋动物幼苗生长地和孵化器,而且波西多尼亚海草生物群落被认为是世界最大的。波西多尼亚海草形成加贝斯湾最具特色和最重要的海洋生态系统,并且在多个方面受到威胁。加贝斯湾的海草草场是地中海最大的。本区域有与地中海海草相关的大部分底栖生物群落。加贝斯湾潮汐的高度是地中海中独一无二的,在那里,这种现象几乎不存在。中海海水层的垂直幅度独一无二,具有独特的生物多样性和多样化的动物。加贝斯湾已详细记载的物种数量达1658种,占地中海已查明全部物种的14.8%。无脊椎动物种类最多,在加贝斯湾已经发现的特有生物多样性中约占68%。鉴于其特殊的生物、生物地理和气候特征,这一区域被认为是观察地中海其他地区未来气候变化可能产生的后果和影响的活实验室。	H	M	H	H	M	M	M

续表

海域的地理位置及概况	C1	C2	C3	C4	C5	C6	C7
	见附件2表格图例						
10. 苏尔特海湾 • 位置:本区域由大约750千米海岸线组成,并且包括米苏拉塔和班加西之间的海域,拥有地中海海岸最南端沙滩。 • 苏尔特海湾是南地中海沿岸一个非常大的自然区域,完全位于利比亚国家管辖范围内。其自然特性为蠵龟和小凤头燕鸥等几种濒危或受威胁物种的繁殖提供了良好的沿海生境。该区域对金枪鱼和许多软骨鱼类等大量中上层鱼类各个生命阶段、养护和生产率都极其重要,其中包括许多被《地中海特别保护区和生物多样性议定书》附件二列为濒危和受威胁的物种。本区域也是蓝鳍金枪鱼的六个产卵区之一。	M	H	H	H	H	H	H
11. 尼罗河三角扇 • 位置:本区域位于地中海东部沿岸的南部,包括尼罗河三角洲和西奈半岛以外的大陆架和斜坡。 • 东地中海尼罗河三角扇的生态和生物学意义源于该区域的地质特征和自然现象(尼罗河的淤泥沉积、物理和生物海洋学及气候特点)。本区域的重要地貌特征包括高活性冷泉、峡谷(亚历山大峡谷)、冲积扇、悬崖和大陆架。关于本区域深海底栖生境的知识稀缺,但已知本区域拥有与气态烃化学共生生物群落有关的特有生境。本区域是由特有软体动物和多毛类物种组成的脆弱生态系统的家园。此外,据预测,本区域也有深海珊瑚群落生长。本区域的生物多样性指数也相当高,因为本区域是浮游和底栖生物群落主要组成部分的家园。与蓝鳍金枪鱼渔业活动一样,本区域的小型中上层渔业活动非常重要;此外,尼罗河三角扇被称为地中海蓝鳍金枪鱼为数不多的产卵地之一。另外,由于其生产率高,中上层鱼类和海龟聚集在本区域的岩床部分,使其也成为鸟类的觅食地和繁殖地。	H	H	H	H	H	H	M
12. 东地中海东部峡谷 • 位置:东地中海东部峡谷位于黎巴嫩和叙利亚海岸沿线。 • 东地中海东部峡谷是一个由深峡以及热液喷口和海底淡水泉组成的系统,并且具有特别重要的生物意义。地中海东部沿海区拥有最大的后鳃目软体动物地层区,且其水域冬季水温最高,使它能够成为软骨鱼类、海洋哺乳动物、爬行动物和硬骨鱼类等许多重要生物物种的避难所和产卵地(其中有很多物种已被列为世界自然保护联盟红色名录的脆弱/濒危物种)。	H	H	H	H	—	H	M

续表

海域的地理位置及概况	C1	C2	C3	C4	C5	C6	C7
	见附件2表格图例						
13. 地中海东北海域 • 位置：本区域位于希腊、土耳其、塞浦路斯和叙利亚之间东北地中海海域。 • 本区域包括重要的生物学特征，是包括蓝鳍金枪鱼以及海龟、绿海龟和地中海僧海豹等濒危物种的产卵地。本区域还有接近受到威胁的地中海鸥和欧洲沙鸥的地中海特有亚种（欧洲绿鸬鹚）的地中海特有亚种。	M	H	H	M	—	—	—
14. 阿卡马斯和赫里索胡湾 • 位置：本区域由两个地方组成：阿卡马斯和波利斯/亚利亚。阿卡马斯岛屿的西部和西北海岸是其延伸部分。波利斯－亚利亚的海洋部分是一个几乎统一的沙质或沙/鹅卵石海滩向50米等深线的延伸。 • 阿卡马斯包括绿海龟和蠵龟的重要巢居海滩以及僧海豹休息和繁殖地所在岩石海岸的毗邻洞穴。它包括蛇螺属（有盖蛇螺属）珊瑚礁和广阔的波西多尼亚草地。该岛西海岸的拉腊－托克塞弗拉海龟自然保护区是一个Natura 2000保护地，也是《巴塞罗那公约》之下的一个对地中海有重要性的特别保护区。波利斯－亚利亚保护区是蠵龟的重要交配和筑巢区，也是幼年和成年绿海龟的交配和觅食地，并且拥有广泛的波西多尼亚草地。	H	H	H	H	—	M	M
15. 希腊海沟 • 位置：本区域包含中地中海次区域（东爱奥尼亚海）一部分和东地中海次区域（地中海东部海域）的一部分。本区域从希腊伊奥尼亚群岛到克里特岛南部延伸，并进一步沿东北方向向安纳托利亚西南海岸延伸。 • 本区域是将地中海中部与东地中海连接起来的主要海底地貌。由于其地貌条件的特殊性，它对东地中海受威胁、深潜海洋哺乳动物的生存非常重要。此外，由于本区域东部（罗得岛环流）特殊海洋条件，本区域也对拥有极贫营养背景的地中海东北海域的生物生产力有利。	H	H	H	H	H	—	—
16. 中爱琴海 • 位置：本区域从巴巴卡勒（在土耳其大陆上，莱斯沃斯的希腊岛北面）开始延伸，横跨爱琴海延伸到西部，包括斯克儒斯岛。西部边界向南沿阿提卡海岸线延伸到法尔科奈拉无人岛，然后沿着基克拉泽斯群岛的南部岛屿，沿希腊火山弧直到罗得岛。它沿罗得岛北部海岸线直到土耳其海岸线。土耳其海岸线成为本区域的东部界线。	M	H	H	M	L	H	M

续表

海域的地理位置及概况	C1	C2	C3	C4	C5	C6	C7
	见附件2表格图例						
• 中爱琴海的特点是拥有数百个小岛和海湾,形成一个拥有丰富生物多样性的多种生境。重要的生物学和生态学特征包括拥有海草甸和珊瑚地等脆弱生境,为一些稀有或脆弱物种(如僧海豹、各种鸟类、鲸鱼和鲨鱼)等提供栖息地和极其重要繁殖区。该地独特的地貌特征包括热液喷口、盐水渗漏以及海底火山。由于本区域具有丰富的生物多样性且拥有许多脆弱物种,故很多地方都受到法律保护。	M	H	H	M	L	H	M
17. 北爱琴海 • 位置:所述地区位于希腊和土耳其国家管辖内的北爱琴海和超出国家管辖的水域。 • 本区域因跨境河流的河水、上升流和来自黑海含丰富营养的水的流入而具有很高的生产力。该区域包括爱琴海的一些最重要的渔场。这里有鲸类和珊瑚等稀有物种,并且是地中海最大的海洋公园之一,该海洋公园拥有重要的地中海僧海豹种群。	H	H	M	L	H	H	L

附件2-13 西南太平洋地区符合具有生态或生物重要性的海域标准的区域的描述[1]

区域位置和简述	C1	C2	C3	C4	C5	C6	C7
	见附件2表格图例						
1. 菲尼克斯群岛 • 位置:菲尼克斯群岛包括基里巴斯群岛以及周围的海山。 • 菲尼克斯群岛具有不同水深、若干生物区和几个浅海山。该区域有6座海山,表层水的强涡流区和上涌现象时有发生,加强了丰富营养物(矿物质)的浓度,供浮游植物和浮游动物所用。该区域营养丰富,产生了丰富的生物多样性和具有经济重要性的物种,如鲨鱼、长嘴鱼、金枪鱼及其他副渔获物种。那里有5个重要鸟区,因此菲尼克斯群岛对濒危物种的特定生命阶段具有重要意义。那里有许多种类的海蟹和海龟,其他高度洄游鱼种常见。1900年在菲尼克斯捕获了大量的巨头鲸。那里有世界自然保护联盟物种红色名录所列的若干物种,海洋生物地理信息系统(OBIS)数据库显示大量物种。	M	H	H	H	H	H	H

[1] 详细内容载于《关于具有重要生态或生物意义的海域的西南太平洋地区讲习班报告》附件五的附录,UNEP/CBD/SBSTTA/16/INF/6。

续表

区域位置和简述	C1	C2	C3	C4	C5	C6	C7
	见附件2表格图例						
2. 浦阿卡奥阿海山 • 位置:约为西经164°和南纬21°。 • 一个以海面300米内一座海山和海面以下约1000米的另一座海山为特征的海山系统,海面有强涡流,这很可能是由于强劲的上涌现象导致。它似乎有丰富的底栖生物多样性,可能具有很高的地方特殊性,这与孤立的海山系统有关。	M	—	—	H	L	M	H
3. 诺福克山脊海山 • 位置:北部边界:新喀里多尼亚南部;南部边界:视物种而定,如果从鱼类种群来看,为约东经30°(诺福克岛南部)。 • 新喀里多尼亚2005年进行的一次生态区域分析确认了诺福克山脊海山具有重要的国际意义。	H	H	M	H	H	H	H
4. 雷米托群岛:加罗林群岛西南部和新几内亚北部 • 位置:西北和东南最远界线为北纬6.9°、东经137.7°和南纬2.8°、东经146.6°。 • 拥有一些全世界最具生物多样性的珊瑚礁。该区域支撑了高度的海山多样性,一个海上重要鸟区(白额鹱集中在此地进行非繁殖性觅食),一个金枪鱼捕获率很高的区域和曾经捕获大量巨头鲸的区域。	H	H	M	—	M	M	M
5. 卡达夫岛和劳区域南部 • 位置:南纬18°~23°和东经173°~179°。 • 卡达夫群岛周边是非常多产的堡礁系统,其中的大星盘礁是斐济第二大的堡礁系统。它支撑两个地方鸟类物种。劳群岛南部包括一些火山岛和若干孤立的环礁灰岩海洋岛屿,拥有海草床、海洋片礁、拓展的堡礁系统、海山、海底峡谷和劳山脊等生境。这种孤立的海洋状况提供了各种独特生境和物种多样性,为海鸟、绿海龟和玳瑁龟提供了重要的繁殖和筑巢区域。该海洋区域还为座头鲸、小须鲸、大须鲸和巨头鲸等许多大型鲸类以及许多小型鲸和海豚种群支撑了一个重要的迁徙走廊。海洋生物地理信息系统确认该区域是非常丰富和多产的内在珊瑚礁、近海浮游和深水底栖渔业之内所有物种的渔场。	H	H	H	H	H	H	H

续表

区域位置和简述	C1	C2	C3	C4	C5	C6	C7
	见附件2表格图例						
6. 克马德克－汤加－路易斯维尔交界处 • 位置：该区域的中心点为约南纬25°，西经175°。 • 该区域具有海山和海沟生境，每个环境内均有特有动物。克马德克和汤加海沟有地方鱼类物种，两个海沟内端足类物种丰富。路易斯维尔海山有一个半深海海山动物群。	H	—	M	M	M	H	H
7. 莫诺威海山 • 位置：南纬25.7°～25.94°，西经182.5°～183.0°。 • 莫诺威海山包括一个活跃的火山锥，其火山喷口在约1200米深度有广阔的热液喷口。喷口生物群落包括管虫、浓厚的蝙蝠状贻贝床、石蟹和大头鱼。这座海山位于一系列喷口生物群落的最北端，沿克马德克回弧，该回弧拥有广泛相似的动物群。	H	—	M	M	H	H	H
8. 新不列颠海沟区域 • 位置：新不列颠海沟和热液喷口集群位于巴布亚新几内亚的东北部，包括新爱尔兰和新不列颠之间的通道。 • 该区域呈现很高的物种出产力和丰富性。该区域延伸，将新爱尔兰西部、北部乃至东部的适合钓鱼的海山集群和热液喷口集合包括在内，标示具有重要生态或生物意义的地点。	M	L	M	M	M	M	H
9. 新赫布里底群岛海沟区域 • 位置：位于新喀里多尼亚和瓦努阿图之间，北至南纬17.921°、西经166.975°，南至南纬21.378°、西经170.961°。 • 新赫布里底群岛海沟区域包括深海和较低半深海特征和瓦努阿图国家管辖区内的海山，但横跨部分新喀里多尼亚水域。该地点围绕三大主要群岛——埃法特岛、坦拿岛和埃罗芒阿岛。这一区域覆盖包括海山、深海沟（深达7600米）在内的一系列生境。	H	H	—	M	L	H	H
10. 拉罗汤加外礁斜坡 • 位置：位于南纬21.12°和西经158.46°。 • 现有数据显示，拉罗汤加外礁包含12种地方鱼类物种，出现在水深300米处。现有海洋生物地理信息系统数据指出，该区域包括珊瑚世界自然保护联盟的几个脆弱和濒危物种，鲸鱼和鲨鱼等世界自然保护联盟的其他动物也栖息在该区域。如海洋生物地理信息系统数据所反映的，该区域还对浅水物种具有重要价值。	H	—	H	—	—	H	—

续表

区域位置和简述	C1	C2	C3	C4	C5	C6	C7
	见附件2表格图例						
11. 萨摩亚群岛 • 位置:约南纬 15°,西经 166° ~ 西经 174°。 • 该群岛的岛屿包括位于南太平洋西部区域的一个生物多样性热点,这些岛屿还显示了显著的连通性,从微小动物群(如珊瑚幼虫)到大型动物群(鲸类和龟类)。	H	H	H	H	H	H	H
12. 苏沃洛夫海鸟觅食区 • 位置:苏沃洛夫是库克群岛(太平洋中部)北部的一个偏远环礁,位于南纬 13.14°,西经 163.05°。 • 苏沃洛夫是太平洋中部若干海鸟物种的重要繁殖和觅食区。苏沃洛夫的生物种群被认为对维持和管理其他岛屿上的海鸟种群具有重要意义。苏沃洛夫的重要性反映在其作为一个重要鸟区的地位上,是库克群岛最重要的海鸟筑巢和觅食地。	—	H	M	—	M	—	—
13. 图瓦卢南部/瓦利斯和富图纳/斐济高原北部 • 位置:中心点为南纬 12.36°、西经 180.122°。 • 该区域因捕获活动多和出产力高而为人熟知,并拥有多条大型海底峡谷。该公海袋形区部分位于沿瓦利斯和富图纳高原区,深度为 3000 ~ 5500⁺米。该地马林鱼和金枪鱼的捕获量一直很大,海山丛立。这一具有重要生态或生物意义的海域包含世界自然保护联盟物种红色名录物种;是海龟迁徙路线;拥有很大比例的潜在深海珊瑚生境。	L	—	M	H	H	M	M
14. 斐济拉礁/洛玛伊米提 • 位置:维提岛和瓦努阿莱武岛之间的深水道和海底峡谷,覆盖亚萨瓦群岛边缘至大海礁西边的卜莱水域,穿过拉礁通道,覆盖美梦拉海洋保护区附近的深水区和洛玛伊米提省至东南部的岛屿。 • 拉礁/洛玛伊米提区域是巨型动物群(鲸类物种、鲨鱼、海龟、海鸟)的热点区域,还是深海物种的多样性中心。尽管总面积较小,但海底地形多样,包括水道、海底峡谷和海山。该区域周边的浅珊瑚区在全球具有重要的海洋价值。	M	M	H	M	M	H	M
15. 南塔斯曼海 • 位置:位于 36°南纬(NW)、40°南纬(NE)和 45°南纬(S)之间。 • 南塔斯曼海是物理和化学海洋学、锋面密度和初级出产力快速变化的一个区域。南太平洋区域内鸟类最密集区在该区域,此地包含繁殖和非繁殖海鸟觅食区。西北部的两座海山以高风险著称,表明可能存在未受到深水拖网捕鱼影响的冷水珊瑚种群。	M	H	H	H	H	M	M

续表

区域位置和简述	C1	C2	C3	C4	C5	C6	C7
	见附件2表格图例						
16. 赤道高出产力区 • 位置:纬度为大约赤道的北纬5°至南纬5°,经度为约西经120°至约东经165°。 • 中太平洋高出产力区域拥有大规模的海洋特征,包括太平洋南赤道流的西向水流。西向上涌冷水流将丰富营养带给中太平洋的表层水,在一大片区域支撑较高的初级生产。底栖和浮游生物联系紧密,4000～5000米深海平原的底栖二级生产与表层初级出产力密切相关。从历史上看,该区域曾盛产巨头鲸。此地大规模的海洋特征受到厄尔尼诺现象的严重影响,以及气候变化的潜在影响。	H	L	L	—	H	L	L
17. 中路易斯维尔海山链 • 位置:南纬31°～40°至西经172.30°～167°。 • 这些海山拥有各种深水鱼类物种,是新西兰红鱼的产卵场。该区域捕鱼(主要是新西兰红鱼)活动广泛,但此区域有一系列的海山和平顶海山特征,具有广泛的地形特征和深度(以及因此而来的不同生境和动物种群),其中的一些或部分区域没有捕鱼活动发生。渔业副渔获物的物种记录包括冷水珊瑚、海绵动物和深海棘皮动物,在新西兰附近的海山上频繁发现这些动物。这些海山可能有多产、多样和底栖无脊椎动物种群,对新西兰红鱼和其他鱼类种群具有重要意义。	H	H	M	M	M	H	M
18. 太平洋霰石高饱和状态区 • 位置:南纬12°～16°和西经174°～156°。 • 西南太平洋区域,位于南赤道海流之中,目前的霰石饱和率当今最高,预计下降至关键阈值3和3.5以下。因此,该区域作为一个受海洋酸化影响最慢的区域具有特殊的生物和生态价值,其恢复速度可能最快。	H	M	—	—	—	—	—
19. 克利珀顿断裂带海燕觅食区 • 位置:西北和东南最远界线为北纬12.9°、西经137.9°和北纬0.2°、西经130.6°。 • 它包括新西兰圆尾鹱的主要非繁殖觅食区,该种海燕是在新西兰北部繁殖的濒危海鸟。该地近赤道,位于太平洋赤道上通地带的北部。该区域具有很强的赤道海流和平行逆流,这使海水混合,初级出产力高。	M	H	H	M	M	L	M

续表

区域位置和简述	C1	C2	C3	C4	C5	C6	C7
	见附件2表格图例						
20. 北豪勋爵脊海燕觅食区 • 位置:西北和东南最远界线为南纬22.7°、西经160°和南纬31.9°、西经165.9°。 • 根据国际鸟盟标准该区域为一个重要鸟区。	M	H	M	M	—	L	—
21. 新西兰北部/斐济盆地南部 • 位置:从斐济盆地南部延至新西兰北部和克马德克脊西部,中心点为南纬31°、东经176°。 • 它包括供繁殖期黑风鹱使用的主要觅食区,黑风鹱是一种濒危海鸟,在新西兰北部大堡礁和小堡礁岛繁殖。	M	H	H	H	L	L	—
22. 塔韦乌尼和林格尔德岛 • 位置:包括塔韦乌尼和林格尔德岛的斐济岛东北部,中心点位于南纬16°、西经179°。 • 该区域位于斐济岛东北部周边水域,面积紧凑,支撑着多种生物种群和生境。它支撑着全球和区域重要的海龟种群、座头鲸、海鸟和半迁徙礁鱼,预计冷水珊瑚密集。该地是斐济最重要筑巢地,周边玳瑁龟和绿海龟的主要觅食地,是绿海龟在斐济剩下的最后一个筑巢地。该地还包括四个海洋重要鸟区,根据筑巢地周边的海上延伸情况确认为觅食地。	L	H	H	M	M	M	M
23. 马尼希基高原 • 位置:约西经155°,南纬18°。 • 马尼希基高原是位于太平洋西南部的海底高原。由于1.25亿~1.20亿年前中白垩纪时期的火山活动,马尼希基高原在名为汤加雷瓦三重交界地的三重板块交界处形成。旨在确认重要的海底矿物沉积情况的长期调查指出,有以沉积物为食的生物出现,但是尚未确认是哪些生物。	M	L	—	L	M	L	M
24. 纽埃-贝弗里奇和哈兰珊瑚礁系 • 位置:纽埃附近,南纬19°,西经169.50°,向东南延伸125海里,将贝弗里奇礁包括在内。 • 孤立的纽埃岛是全世界最大的单个珊瑚岛,不属于任何群岛。纽约附近水域被确认为是濒危座头鲸的重要迁徙路线的一部分。在纽埃水域可看到若干其他濒危海洋哺乳动物。有报告称,从近岸区域至离纽埃裙礁约100千米处还发现了地方黑带海蛇。贝弗里奇礁是从海底陡升的孤立片礁,因其可能由于孤立存在而包含若干地方特有物种而列入这一区域。	H	—	M	—	L	—	M

续表

区域位置和简述	C1	C2	C3	C4	C5	C6	C7
	见附件2表格图例						
25. 帕劳群岛西南区域 • 位置：主要帕劳群岛西南深海区。 • 该区域包含若干近海海洋环境的显著特征。在该区域，集群海山、高能涡流和各种深水底栖生物种群集聚的现象表明，深海、远洋船舶和海洋鸟类物种在此地交汇。	M	M	M	—	—	M	L
26. 汤加群岛 • 位置：南纬15°～23.30°和西经173°～177°。 • 汤加群岛周边水域具有独特的地貌特征，尤其是汤加海沟。它是濒危海洋座头鲸种群的最重要繁殖地，支撑具有全球重要意义的8个海鸟物种种群。	H	H	H	H	M	M	M

附件2－14 大加勒比和中大西洋西部地区符合具有重要生态或生物意义标准的海域的描述〔1〕

区域位置和简述	C1	C2	C3	C4	C5	C6	C7
	见附件2表格图例						
1. 中部美洲堡礁 • 位置：中部美洲礁区由1000千米长的连续堡礁组成，据认为是西半球第二大堡礁区。它平行于海岸，始于墨西哥最北部的尤卡坦半岛，一路经由伯利兹和危地马拉，止于洪都拉斯的海湾群岛。 • 礁区分布有多样化的动植物资源，众多丰富的养育/捕食场所和海洋水体对生物幼体的运输和分散至关重要。本区域丰富的资源对其居民而言有着重要的生态、美学和文化价值。	H	H	H	H	H	H	M
2. 米斯基托沙礁 • 位置：北纬14.254214°，西经82.47672°。 • 该区域是尼加拉瓜国家保护区系统的一部分，经《拉姆萨尔公约》认证，被国际鸟盟认定为一处重点鸟区。它方圆512公顷，包括米斯基托沙礁及其他陆地结构。它包括了为海龟提供食物，并	M	M	M	M	M	H	H

〔1〕 详细内容载于《关于具有重要生态或生物意义的海域的区域讲习班报告》附件四的附录，UNEP/CBD/SBSTTA/16/INF/7。

续表

区域位置和简述	C1	C2	C3	C4	C5	C6	C7
	见附件2表格图例						
为各种幼鱼和未成熟鱼类提供保护的海草床。据估计在此生活的鱼类至少有300种,包括在自治区域海域内的角鲨和鳐。此外,还发现有约120种鱼类居住于珊瑚礁,现被开发的种类不到5%。其中包括笛鲷鱼(笛鲷科)、海鲈鱼(鮨科)、锯盖鱼(河鲈科)和鲨鱼(真鲨科)。	M	M	M	M	M	H	H
3.科恩岛 • 位置:北纬12.63761°,西经82.202877°。 • 已有关于生活在尼加拉瓜加勒比海沿岸浅海水域的约300种鱼类的生物群落的总体信息;近期已汇编了有关发现于沿大陆架坡的深海鱼类的信息,包括笛鲷鱼(笛鲷科)和黑鲈;它们属于被捕捞的第二大深海鱼群。所有鱼种在加勒比海各地均有发现。与不断游动的鱼类(如浮游鱼类)不同,它们与具体的深海底层生境相关联,每一种类显然与其栖息地有着密切的关系。	M	M	L	M	M	M	M
4.托图格罗-科罗拉多沼泽区 • 位置:从托土盖罗国家公园向北延伸至与尼加拉瓜交界的科罗拉多沼泽区。 • 因其对海龟,尤其是绿海龟的自然历史的重要性,50余年来(自1955年起),托图格罗-科罗拉多沼泽区已被广泛研究。托图格罗海滩被称为大西洋区域现存最大的绿海龟群栖地。该区域还生活着棱皮龟,罕有玳瑁分布。托图格罗-科罗拉多沼泽区还包括海岸泻湖、海鸟筑巢和捕食区、海牛集中区以及海龟聚集和筑巢区。	H	H	H	H	H	H	H
5.卡维塔-甘多卡 • 位置:从卡维塔国家公园向南延伸至与巴拿马交界的锡克绍拉河入海口。 • 卡维塔和甘多卡-曼萨尼约区域包括几处重要的海草分布区,也是哥斯达黎加加勒比海沿岸最重要的珊瑚礁区域。卡维塔是哥斯达黎加造礁珊瑚种类最多的地点(31种),也是软珊瑚种类最多的地点(19种)。在甘多卡发现了哥斯达黎加加勒比海沿岸最重要的红树林区连同一处海岸泻湖。甘多卡还有棱皮龟及玳瑁的筑巢区。最后,该区域还是多刺龙虾、海螺、白海豚、海牛的聚集区以及海鸟的捕食区。	H	H	H	H	H	H	M

续表

区域位置和简述	C1	C2	C3	C4	C5	C6	C7
	见附件2表格图例						
6. 佩德罗浅滩,南部海峡和莫兰特群岛 • 位置:该区域域位于牙买加西南至东南方向海域中,位于牙买加的佩德罗浅滩和沙礁(北纬16.43°~17.35°,西经77.20°~79.02°);莫兰特沙礁和周围的深海峡;洪都拉斯和尼加拉瓜的罗莎琳德浅滩(北纬16.26°,西经80.31°,北纬16.433°、西经80.517°),哥伦比亚和牙买加的塞拉纳浅滩(北纬15.41°~16.04°和西经79.40°~80.03°),艾利斯浅滩(北纬15.57°~16.10°和西经79.16°~79.28°)和新浅滩(北纬15.47°~15.56°和西经78.31°~78.49°)所包围的区域内。 • 该区域包括偏远的环礁及有关浅滩和深海区域。它们显然共享共同的海洋动力学,显示出在复杂构造底栖生物栖息地和复杂地形的阵列中形成的较高生物多样性和出产力。目前,整个区域提供了大量皇后海螺、多刺龙虾和珊瑚鱼渔场,因缺乏针对其可持续利用的区域考虑而受到威胁。	H	H	M	M	M	H	H
8. 卡拉克尔/利贝泰堡/蒙特克里斯蒂(伊斯帕尼奥拉岛北部的两国区域) • 位置:海地东北部。 • 特点是岸礁/堡礁,红树林和海草床。	L	M	M	H	M	L	L
9. 普拉塔浅滩和圣诞浅滩海洋哺乳动物保护区 • 位置:位于多米尼加共和国北部海岸以外约80海里,从圣诞浅滩的银色浅滩西部边缘延伸至彭塔巴兰德拉和米切斯之间的萨马那湾。 • 本区域有着供北大西洋座头鲸繁殖的独特环境。座头鲸来自北大西洋的高纬度地带,每年4月至10月到多米尼加共和国海域进行繁殖活动。在所有迁徙的鲸鱼中,有85%的鲸鱼造访普拉塔浅滩和圣诞浅滩及萨马那湾沿岸区域。	H	H	H	H	L	H	L
10. 海葵海洋保护区 • 海葵海洋保护区是围绕有人居住的开放的海洋区域,并包括圣安德烈斯群岛的沿海和海洋珊瑚礁。圣安德烈斯群岛是哥伦比亚在西南加勒比的一个行政省。 • 本区域包括有加勒比区域最大、出产力最高的海洋珊瑚礁;提供了罕有、独特和不寻常的礁石环境;包括高完整性和低人为影响的偏远区域;拥有支撑相当数量的海洋生物多样性层次的连续栖息地。该区域有192种濒危物种,对保护受全球关注的濒危及受威胁物种而言,该地是一处重要场所。	H	H	H	H	—	H	H

续表

区域位置和简述	C1	C2	C3	C4	C5	C6	C7
	见附件2表格图例						
11. 萨巴浅滩 • 位置:北纬17.25°,西经63.3°。 • 萨巴浅滩是一处独特和具有高度重要性的区域。从生物物理学而言,这是一处淹没环礁,是加勒比区域最大活跃成长型环礁,也是世界上最大的环礁之一,面积为1850平方千米(50米等深线以上)。该区域因其独特的生态、社会经济、科学和文化特点而颇具重要性,还有着丰富的珊瑚礁、渔场及藻床。	H	H	H	H	H	H	H
12. 东部加勒比区域 • 位置:从位于北纬18.1280°和西经63.0300°的安圭拉岛起始的岛弧,沿曲线方向直至位于北纬10.02°~11.12°和西经60.30°~61.56°的多巴哥岛。 • 本区域有着各种丰富的生态系统,以及众多小岛屿,许多岛是火山岛,一些岛由石灰岩构成。本区域支撑了许多高产的生态系统,如珊瑚礁、海草床和红树林沼泽。此区域还具有一些不同寻常的特点,如大型海底火山,以及海底热水流火山口和海山。本区域有大量生物幼体,可作为具有重要商业价值的物种(如加勒比多刺龙虾和皇后海螺)的潜在来源。该区域还为诸如海龟、鱼类和海鸟等若干迁徙物种的生存提供了必要条件。	M	M	H	H	L	H	M
13. 马尾藻海 • 位置:马尾藻海被其以西的墨西哥湾流、以北的北大西洋暖流、以东更为分散的加纳利洋流、以南的北赤道洋流及安的列斯洋流包围,范围在北纬22°~38°,西经30°~60°。 • 马尾藻海拥有标志性的浮游生物生态系统,世界仅有的终生浮游藻类漂浮马尾藻海草是该生态系统的基础。该区域分布有多元化的相关生物群落,包括10种特有物种,为各类物种(许多是濒危或受威胁物种)的关键生活阶段提供了必要栖息地。马尾藻海是欧洲和美洲鳗鱼的唯一产卵地点,欧洲鳗鱼被列为极度濒危物种,马尾藻海还位于许多其他标志性和濒危物种的迁徙线路上。各种海洋学过程影响着出产力和物种多样性,该区域在氧气生产及碳封存的全球海洋进程中发挥着不成比例的巨大作用。马尾藻海的海床有两条大型海山链,是专门型、脆弱型和地方型群落的家园,是预示了其他许多孤立海山存在的模型。	H	H	H	H	H	H	M

续表

区域位置和简述	C1	C2	C3	C4	C5	C6	C7
	见附件2表格图例						
14. 希努大陆边缘 • 位置:希努大陆边缘区域涵盖了北纬9.1214°~10.438°,以及西经76.3430°~76.659°的场所。 • 希努大陆边缘位于哥伦比亚海岸以外深为180~1000米的加勒比海中。它的特点是拥有典型的水流系统的地质构造,如沟渠、海谷和大陆裙,还有与高层次的生物多样性有关的山脊、山坡、圆顶和波谷等构造形式。还有深水珊瑚,尤其是纹指珊瑚,从生态学的角度看,它的重要性渐增。冷泉中的氧化甲烷也变得具有更高的环境重要性。由于这些场所的自然属性,此地符合加勒比海南部区域具有生态或生物学重要性海域的标准,然而未来可能出现的油气勘探会使该区域变得脆弱。	H	—	—	H	M	H	H
15. 马格达莱纳和塔尤罗纳洋底 • 位置:马格达莱纳和塔尤罗纳洋底包括北纬11.334°~11.5540°,以及西经74.228°~75.333°的区域。 • 马格达莱纳和塔尤罗纳洋底位于哥伦比亚加勒比海沿岸中部区域,深度为200~3000米。它的特点是有着具有高度生物多样性的海谷和海山。还有深水珊瑚,尤其是纹指珊瑚,从生态学的角度看,它的重要性渐增。由于这些场所的自然属性,此地符合加勒比海南部区域具有生态或生物学重要性海域的标准。	H	—	—	H	—	H	H
16. 亚马逊-奥里诺科影响区 • 位置:北纬14.517°,东经45.144°,南纬0.565°,西经60.981°(该区域包括了来自巴西北部、法属圭亚那、苏里南、圭亚那和特立尼达岛东部的有出产力的水流)。 • 本区域包括巴西北部、法属圭亚那、苏里南、圭亚那和东特立尼达的有出产力的水流。奥里诺科河流域面积为110万平方千米,其中70%在委内瑞拉,30%在哥伦比亚。连同亚马逊河,这两条主要河流在将溶解物和颗粒物从陆区域运输到海岸和海洋的过程中发挥着至关重要的作用。与从巴西北部经由法属圭亚那、苏里南、圭亚那直至特立尼达和多巴哥的海域有关的整体高产证实了这一点。拥有高出产力的同时,还有着高层次的生物多样性,包括有海龟、哺乳动物、无脊椎动物、鱼类和鸟类等濒危、受威胁和特有物种。	H	H	H	H	H	H	H

续表

区域位置和简述	C1	C2	C3	C4	C5	C6	C7
	见附件 2 表格图例						
17. 曼努埃尔 · 路易斯区块和阿尔瓦多浅滩 • 位置:涵盖两处主要区域,包括曼努埃尔 · 路易斯区块(以南纬 00.50°、西经 44.15°为中心,面积为69 平方千米),和阿尔瓦多浅滩(以南纬 00.17.5°、西经 44.49.5°为中心,面积为 30 平方千米)。 • 曼努埃尔 · 路易斯区块是巴西已知最北端的珊瑚群落。在一些区域,多孔螅科在礁墙上占优势,其次是八放珊瑚(巴西特有物种)。这里集中了巴西 50% 的硬珊瑚物种,其中有六种之前未曾报告在东北相邻海岸出现。火珊瑚是该区域的特有物种。此地拥有丰富的加勒比珊瑚礁生物,这些生物在南美洲东海岸未曾出现,提供了额外的证据以证明这些礁体或许是加勒比海和巴西沿岸之间主要的动物区系步进的踏石。该区域是重要的软骨鱼类捕食和繁殖区。	M	M	H	H	—	H	H
18. 巴西北部和费尔南多 – 迪诺罗尼亚浅滩链 • 位置:涵盖巴西北部链(南纬 1° ~4°、西经 37° ~39°)和费尔南多 – 迪诺罗尼亚链(南纬 3° ~5°、西经 32° ~38°)。 • 北巴西洋流与海底地形交汇所产生的上升流促进了出产力。链区嵌于贫营养环境中,因存在珊瑚礁构造,生物多样性和地方特殊性高,费尔南多 – 迪诺罗尼亚和洛卡斯环礁被视为“热点”。该区域是海龟、软骨鱼类、珊瑚鱼和浮游鱼类的产卵场和(或)捕食地。该区域是在费尔南多 – 迪诺罗尼亚繁殖的海鸟的捕食地,包括了大西洋内最重要的海鸟移徙走廊中的一部分,因有着濒危物种和鸟类聚集,这两处场所都具备成为国际鸟盟重点鸟区的资格。一些列于国际自然与自然资源保护联合会濒危名录上的鸟类、软骨鱼类和海龟在该区域出现。鲨鱼、珊瑚鱼和龙虾是该区域渔业捕捞的对象。渔业开发是此区域的传统活动。使用了漂浮钩线和鬼网,海龟也成为附带捕捞物。洛卡斯环礁的地方特殊度在本区域最高,与巴西其他沿海岛屿相比,费尔南多 – 迪诺罗尼亚的物种丰富度最高。	H	H	H	M	M	H	H
19. 巴西东北部大陆架外缘区 • 位置:东北大陆架外缘区起始于巴西外大陆架和上陆坡,深度为 40 ~2000 米,位于南纬 3° ~16°,从南布兰卡一直到塞阿拉州,该地的巴西大陆架狭窄,坡折陡峭,50 ~80 米。 • 大陆架外缘区是一处海洋农牧交错带,来自大陆架和上陆坡的不同组分的、底栖的、海底的和底栖浮游群落以及邻近的深海生物群在沿着大陆外缘的狭长区域内共存。与大陆架海峡、沟壑及更深的海谷有关的生物礁结构代表着传统渔场。巴西东北大	M	H	H	H	L	H	M

续表

区域位置和简述	C1	C2	C3	C4	C5	C6	C7
	见附件2表格图例						
陆架外缘区包括独特的栖息地和不寻常的地貌特征，如大陆架外缘礁，这里是在大陆外缘分布的罕见及特有珊瑚鱼类的最后的避难所，其中包括受威胁（国际自然与自然资源保护联合会）的真鲷－石斑鱼集合体商业物种，这些品种的鱼类资源目前在巴西专属经济区管辖范围内已枯竭。大陆架外缘是许多海龟、鲸鱼、鲨鱼和珊瑚鱼种类的生命周期中重要的栖息地，包括迁徙走廊和鱼类产卵聚集场所。该区域包括了大西洋内最重要的海鸟移徙走廊中的一部分，因有着濒危物种和鸟类聚集，此场所具备成为国际鸟盟重点鸟区的资格。该区域是巴西东北海岸以外海域座头鲸繁殖场所的一部分。	M	H	H	H	L	H	M
20. 大西洋赤道断裂区和高产体系 • 位置：该区域跨越大西洋的赤道部分，幅员约为190万平方千米，东起圭亚那海盆（西经10°）的西部边界，西至巴西大陆架边缘的东北端（西经32°）。 • 由于海底地形、表面和深海环流模式以及赤道初级出产力状态的限定，该区域结合了赤道大西洋的底栖和浮游生物的栖息地。特别的浮游和底栖生物多样性模式也是此地的特征。	H	H	M	M	H	H	M
21. 阿波罗荷斯浅滩和维多利亚－特林达德链 • 位置：阿波罗荷斯区域是巴西大陆架的一处扩大处，位于巴西东海岸，在巴依亚以南，圣埃斯皮里图州以北。 • 此地有着南大西洋区域最高的海洋生物多样性，巴西最大的珊瑚礁，还有较大规模的若干种特有和濒危海洋物种。此地拥有各种不同的栖息地，如红树林、海草草甸、红藻石床、水下和浮现礁体，还有一组小型的火山岛。阿波罗荷斯还有着独特的生物构造，如大型蘑菇型礁石结构——“诗佩罗伊斯”，还有着独特的地理构造，如“布拉卡斯”——大陆架平原上独特的洼地（多达20米深和70米宽）。该区域是若干旗舰物种（如座头鲸、海龟和海鸟）的重要繁殖场和（或）捕捞地。维多利亚－特林达德链位于巴西中部沿海，由七座海山和一组岛屿（特立尼达和马丁瓦兹群岛）组成。山与海洋岛屿的基质由珊瑚藻的活珊瑚组成，上面经常可以看到不同种类的珊瑚、海绵动物和藻类。山与岛拥有受到保护的珊瑚鱼群，拥有重要的生物质和众多物种，很多鲨鱼出没其中，有重要渔业资源在那里产卵的奇观。此外，维多利亚－特林达德链的珊瑚中至少有11种本地特有的鱼群。另外，这一区域也是特立尼达圆尾鹱、大西洋白斑军舰鸟和大西洋黑腹军舰鸟等本地特有海鸟的唯一繁殖地。	H	H	H	H	M	H	M

续表

区域位置和简述	C1	C2	C3	C4	C5	C6	C7
	见附件2表格图例						
22. 巴西南部海域 • 位置：始于丘伊（巴西－乌拉圭边界）（南纬34°），至圣玛尔塔格兰德角（圣卡塔琳娜州）附近（南纬29°）。最西端是海岸线（西经53°），最东端是4000米等深水线（西经39°）。 • 受到副热带辐合带以及来自拉普拉塔河（阿根廷/乌拉圭）和帕斯托湖的大陆径流的共同作用，地形要素有利于较高的生物出产力，使该区域成为浮游鱼群和底栖鱼群的重要繁殖、养育和捕食场所，也是受威胁鲸类、海鸟及海龟物种的重要捕食场所。							

附件2－15　地中海地区符合具有重要生态或生物意义标准的海域的描述[1]

分数说明：该区块的重要性如何？4＝完全，3＝非常，2＝有些，1＝少许，0＝完全不

区域名称	编号	区块名称	C1	C2	C3	C4	C5	C6	C7	注释
阿尔沃兰海	1	吉布提海山	4	3	4	4	4	4	3	
	2	阿尔沃兰海顶部	4	3	4	4	4	4	3	
	3	莫特里尔海山	4	3	4	4	4	4	3	
	4	奥利沃斯浅滩海山	4	3	4	4	4	4	3	
	5	埃马拉加海岸	2	3	3	2	3	3	2	非国家管辖范围以外区域：阿尔沃兰海域重要的海鸟觅食地
	6	阿尔梅里亚湾	3	3	3	3	3	3	3	非国家管辖范围以外区域：在近海觅食的海鸥和燕鸥的重要繁殖地
	7	阿尔沃兰岛	3	3	3	3	2	2	4	支撑了世界上最重要的奥杜安海鸥群落之一
	8	查法里纳斯群岛	3	4	4	4	3	3	4	非国家管辖范围以外区域：支撑了全球一级第二重要的奥杜安海鸥群落

〔1〕 详细内容载于UNEP/CBD/SBSTTA/16/INF/8号文件内的综合报告的附录。

续表

区域名称	编号	区块名称	C1	C2	C3	C4	C5	C6	C7	注释
阿尔沃兰海	9	阿尔曼苏尔海山								
	10	托罗克斯海山								
	11	直布罗陀海峡	4	3	3	2	3	4	1	因其独特的位置,对在地中海和大西洋间移徙的鸟类群落的长期存活而言十分关键
	12	阿尔沃兰海	3	3	3	2	3	3	2	高产(主产)区域;作为在当地繁殖的鸟类群落的捕食区,作为候鸟和客鸟最重要的越冬区域
	13	奥利沃斯浅滩海山	3	3	4	4	3	4	2	分布有黑珊瑚、红珊瑚、海绵动物、珊瑚群落、藻团粒、海龟、鲸类和商业物种
	14	阿尔沃兰海和阿尔及利亚	0	2	3	1	2	1	2	红海龟的栖息地
	16	阿尔沃兰海	2	4	4	3	4	3	1	分布有普通海豚、条纹原海豚、宽吻海豚、居维叶突吻鲸、巨头鲸
	89	阿尔沃兰海西南部	2	3	0	0	3	2	0	小型浮游鱼类的重要适宜栖息地[沙丁鱼和(或)凤尾鱼]
巴利阿里岛区域	17	阿吉拉斯海山								/
	18	埃米尔－博多海山								/
	21	巴利阿里海	3	4	4	4	4	4	3	金枪鱼产卵场,抹香鲸栖息地
	23	埃布罗河系统	3	3	3	3	3	3	2	集中在埃布罗河三角洲(海鸥、燕鸥)和巴利阿里群岛(鹱)繁殖的国际濒危和其他受保护海鸟种群重要捕食区域
	25	帕洛斯海山	4	3	4	4	4	3	3	分布有珊瑚、柳珊瑚、海绵动物、海龟、鲸类、软骨鱼类和商业物种

续表

区域名称	编号	区块名称	C1	C2	C3	C4	C5	C6	C7	注释
巴利阿里岛区域	26	埃米尔－博多海山	3	3	4	3	2	4	3	分布有珊瑚群落、珊瑚红藻、柳珊瑚、珊瑚(包括一些黑珊瑚)、苔藓虫类、海龟、鲸类和商业物种
	27	梅诺卡海谷	3	3	3	3	4	4	2	分布有柳珊瑚、珊瑚、海绵动物、珊瑚群落、珊瑚红藻、鲨鱼和商业物种
	30	西班牙大陆架＋巴利阿里群岛	0	2	3	2	2	2	2	红海龟的栖息地
	90	巴利阿里海								抹香鲸重要的栖息地
利喻湾区域	19	帕拉莫斯海谷								/
	20	克莱乌斯角海谷	4	3	4	4	2	4	3	冷水珊瑚,鹿角珊瑚,218 米,水下机器人,可潜水
	22	里昂湾	3	3	3		4			浮游生物高产主产海域
	24	埃布罗河系统	2	3	3	3	3	3	2	高产区域;国际濒危和其他受保护海鸟种群的重要捕食区域:来自耶尔群岛、科西嘉岛和巴利阿里群岛的鳠形目鸟类,来自卡马格的海鸥和燕鸥,来自大西洋的越冬海鸟
	28	里昂湾－耶尔群岛	3	4	1	2	4	4	0	/
	29	里昂－条纹海豚栖息地	2	2	1	2	2	4	0	/
	73	里昂湾海谷								拉卡兹－迪希埃海谷,鹿角珊瑚,300 米,可潜水,捞网;卡西德恩海谷,鹿角珊瑚,210～510 米,可潜水
	81	加泰罗尼亚海岸								小型浮游鱼类的重要适宜栖息地[沙丁鱼和(或)凤尾鱼]

续表

区域名称	编号	区块名称	C1	C2	C3	C4	C5	C6	C7	注释
地勒尼安海	31	多边形 5		3						黑口锯尾鲨的哺育区
	32	第勒尼安海北部	2	1			2			浮游生物高产主产水域
	33	科西嘉岛 – 撒丁岛 – 托斯卡纳群岛	1	2	3	2	2	2	2	集中在科西嘉岛 – 撒丁岛 – 托斯卡纳群岛繁殖的特有和其他受保护海鸟种群的重要捕食区
	36	多边形 10		3	3	3	3	3		角鲨、团扇鳐、海星、短尾真鲨、黑口锯尾鲨、黑腹乌鲨的哺育区域
	37	多边形 11		3						扁鲨很可能的哺育区
	38	多边形 5 之二		3						角鲨的哺育区
突尼斯高地	40	金枪鱼繁殖区域	3	4	4	4	1	3	3	/
	41	突尼斯高地区域 1		2	3			3		大白鲨的哺育区
	42	突尼斯高地区域 2		2	3			3		若干鳐类和白鲨的哺育区域，红海龟的繁殖和越冬区域，藻团粒床
	43	西西里海峡	3	3	3	3	3	2	2	高产区域：在突尼斯（赞布拉岛）和西西里（埃加迪群岛）及潘泰莱里亚岛筑巢鸌形目鸟类的重要捕食区域
	44	马耳他 – 外加贝斯	2	3	3	3	3	2	3	来自马耳他鸟盟鸌鸟项目的新数据显示了马耳他东南广泛区域在这种地中海特有物种捕食过程中的重要性
	45	突尼斯 – 内加贝斯	0	3	3	3	3	3	3	红海龟的栖息地
	46	西西里海峡，爱奥尼亚海	0	2	3	1	2	1	2	红海龟的栖息地
	47	多边形 8		3						大白鲨潜在哺育区域
	48	多边形 9		3				3		大白鲨潜在哺育区域

续表

区域名称	编号	区块名称	C1	C2	C3	C4	C5	C6	C7	注释
突尼斯高地	49	兰佩杜萨岛周边海域	2	4	3	3	4	2	2	长须鲸冬季捕食场所
	50	马耳他岛周边海域	1	4	3	3	2	1	2	普通海豚
	74	西西里海峡中的冷水珊瑚,和鹿角珊瑚								乌拉尼亚浅滩,冷水珊瑚,鹿角珊瑚,509 ~ 613 米,水下机器人(本研究);利诺萨海槽,冷水珊瑚,鹿角珊瑚,669 ~ 679 米,水下机器人(本研究);马耳他外海,冷水珊瑚,鹿角珊瑚,453 ~ 612 米,水下机器人(本研究);马耳他外海,冷水珊瑚,鹿角珊瑚,392 ~ 617 米,水底拖网
	87	内突尼斯高地,北部部分		2						/
	88	西西里岛西南部	2	3	0	0	3	2	0	小型浮游鱼类的重要适宜栖息地[沙丁鱼和(或)凤尾鱼]
亚得里亚海	51	亚得里亚海北部和中部	0	3	3	3	3	3	2	红海龟的栖息地
	52	多边形 1		2	2	2				海绿角鲨的哺育区域
	53	多边形 2		3						角鲨的哺育区域
	82	亚得里亚海中西部	1	3	0	0	3	2	0	小型浮游鱼类的重要适宜栖息地[沙丁鱼和(或)凤尾鱼]
爱奥尼亚海	54	爱奥尼亚海	0	2	3	1	2	1	2	红海龟的栖息地
	55	多边形 6		3						团扇鳐的哺育区域
	56	爱奥尼亚海东部	1	4	4	3	3	2	2	普通海豚、瓶鼻海豚、居维叶突吻鲸、长须鲸、抹香鲸

续表

区域名称	编号	区块名称	C1	C2	C3	C4	C5	C6	C7	注释
爱奥尼亚海	75	塔兰托湾的深水珊瑚,和鹿角珊瑚								圣玛丽亚迪莱乌卡角,深水珊瑚,鹿角珊瑚,300~1100米,拖网,水下ROV;加里波底外海,深水珊瑚,鹿角珊瑚,603~744米
	78	深水珊瑚礁群								
爱琴海	59	爱琴海北部	2	4	4	3	3	2	2	普通海豚、港湾鼠海豚、僧海豹、突吻鲸
	77	萨索斯岛外海的深水珊瑚,和鹿角珊瑚珊瑚								萨索斯岛外海,深水珊瑚,鹿角珊瑚,300~350米,拖网
	83	爱琴海西北部	2	3	0	0	3	2	0	小型浮游鱼类的重要适宜栖息地[沙丁鱼和(或)凤尾鱼]
	84	爱琴海北部	2	3	0	0	3	2	0	小型浮游鱼类的重要适宜栖息地[沙丁鱼和(或)凤尾鱼]
黎凡特海	57	希腊海沟	2	4	4	3	4	3	2	抹香鲸、居维叶突吻鲸
	61	金枪鱼繁殖区域	3	4	4	4	1	3	3	
	62	金枪鱼繁殖区域	3	4	3	1	0	0	0	重要性:蓝鳍金枪鱼的三处产卵地之一
	63	僧海豹1	4	4	4	2	0	0	2	非国家管辖范围以外区域。重要性:土耳其沿岸最大的和唯一可见的僧海豹群落
	64	僧海豹2	4	3	3	4	2	2	3	非国家管辖范围以外区域。重要性:非常原生态的区域,完整的囊链藻和波喜荡草场,重要的海豹(繁殖)栖息地,奥杜安海鸥的繁殖场所

续表

区域名称	编号	区块名称	C1	C2	C3	C4	C5	C6	C7	注释
黎凡特海	66	罗德环流	4	3	2	1	4	2	0	受强烈的上升流驱动,具有非常重要的海洋学特征。生物重要性不为人熟知,但我们已在上升流区域的外围抽样了大量鱼卵和幼鱼(鲱鱼和旗鱼)。该区域有丰富的头足类动物。因此该区域对鲸类而言也十分重要。(土耳其渔民所报告的最大数目的搁浅鲸鱼事件就发生在此地)
	67	罗德环流	3	2			4			浮游生物高产主产水域
	69	塞浦路斯-土耳其-叙利亚	0	3	3	3	3	3	3	红海龟和绿海龟的栖息地
	70	多边形7		3						犁头鳐的哺育区域
	71	土耳其南部、叙利亚沿海	1	4	4	3	4	2	2	突吻鲸,僧海豹
	79	埃拉托色尼海山								
	86	罗德环流	3							
尼罗河三角洲海区	68	埃及大陆架	0	3	3	3	3	3	2	红海龟和绿海龟的栖息地
	72	尼罗河三角洲、以色列南部沿海	2	3	3	3	3	2	1	普通海豚
	80	冷泉								